大活动
大营销

（第2版）

欧阳国忠◎著

清华大学出版社
北 京

图书在版编目(CIP)数据

大活动 大营销 / 欧阳国忠 著. —2 版. —北京：清华大学出版社，2015（2020.1重印）
ISBN 978-7-302-40109-4

Ⅰ. ①大… Ⅱ. ①欧… Ⅲ. ①市场营销学 Ⅳ. ①F713.50

中国版本图书馆 CIP 数据核字(2015)第 089488 号

责任编辑：陈 莉 高 屾
封面设计：周晓亮
版式设计：方加青
责任校对：邱晓玉
责任印制：宋 林

出版发行：清华大学出版社
　　　　　网　　址：http://www.tup.com.cn，http://www.wqbook.com
　　　　　地　　址：北京清华大学学研大厦 A 座　　　邮　编：100084
　　　　　社 总 机：010-62770175　　　　　邮　购：010-62786544
　　　　　投稿与读者服务：010-62776969，c-service@tup.tsinghua.edu.cn
　　　　　质 量 反 馈：010-62772015，zhiliang@tup.tsinghua.edu.cn
印 装 者：北京九州迅驰传媒文化有限公司
经　　销：全国新华书店
开　　本：170mm×240mm　　印　张：21.75　　字　数：252 千字
版　　次：2015 年 6 月第 1 版　　2015 年 6 月第 2 版　　印　次：2020 年 1 月第 5 次印刷
定　　价：58.00 元

产品编号：062258-02

从"营销活动"到"活动营销"

  中国是一个文明古国，也是一个文化大国，同时也是一个活动的大国，各种活动无处不在，大型活动更是文化传承、品牌传播、影响力塑造的不二选择，各种声势浩大、仪式感震撼的活动吸引着大众追随的目光。但是，**在全世界的活动品牌里，却缺乏中国人打造的世界级品牌活动**。比方说，奥运会是希腊人创办的，世博会是英国人创办的，达沃斯论坛由瑞士克劳斯·施瓦布于1971年创办，世界小姐大赛由英国埃里克·莫莉于1951年创办，以及美国人创办的全球财富论坛、奥斯卡、格莱美、环球小姐大赛，还有威尼斯电影节、戛纳电影节等，这些顶级的活动品牌中几乎没有中国创造的影子。

  由此可见，各种有影响的体育赛事、国际会议、选美活动、园艺博览会等国际大型活动营销平台几乎都被发达国家所把控。**他们制订了标准和游戏规则，而我们由政府耗费大量人力、物力和财力去申办。**当他们轻松通过大型活动平台将文化输入异国，将敛集的钱财拿回本国时，我们却还在为赢得活动的承办权欣喜若狂。这样无疑是给国际活动机构注入了兴奋剂，刺激了更多国际活动来中国圈地、圈钱、圈资源。与其临渊羡鱼，不如退而结网。现如今，越来越多的中国人意识到了这一点，纷纷出手，以期将"国产"活动做大做强，走出中国，影响世界。

过去一统天下的广告时代正在向活动营销的时代转变。

从全球各大品牌活动受追捧的火热情况来看，活动营销已然成为当今营销领域的新贵，主导未来只是时间长短而已。由于媒体种类和数量的猛增，以及媒体生态环境的变化，过去的媒体有限、资讯稀缺的状况，已悄然转变为资讯泛滥、注意力稀缺的局面。而**活动营销是一种到达率最高、投放最精准、与客户接触最直接、传播转化率最高、性价比最好的营销方式**。总而言之，活动营销的效果很好，市场很大，前景诱人，发展空间巨大！

随着社会经济发展和人们生活水平的提高，越来越多的活动应需求而生。企业、政府有越来越多的钱拿来做活动，人们有越来越多的钱会在活动中消费。形成强烈反差的是，**活动营销目前在我国还缺乏标准，不成体系，不上规模，没有形成可以简单复制和大批量经营的商业模式**。只有复杂的事情简单化，简单的事情重复做，才能将产业做强做大。而简单化的过程，其实就是标准化的过程。

分布在全国各地的大量公关公司、文化传播公司等活动策划与执行机构"小而不全"，呈现出"散、乱、差"的产业状态：活动市场很散，活动现场很乱，活动营销效果很差。绝大部分活动机构为了生存和眼前的利益，做完一单就放下这一单，再接着埋头做下一单。于是乎，执行队伍一遍又一遍地低水平重复简单的失误，活动一遍又一遍地留下相似的遗憾与不满，极少有公司潜下心来，做活动产业的系统研究与活动创意的持续研发。这就直接造成了活动市场致命的"两缺"——缺乏活动及活动营销的执行与评估标准；缺乏在全国市场具有号召力的机构品牌。任何行业都一样，在市场不成熟的情况下，才会有大发展的机会。毋庸置疑，接下来的几年，中国的活动机构将进入一轮大洗牌、大整合的阶段。

若将活动营销视为一棵大树，那么活动是根和茎，营销则是花与果了。营销活动是基础，是初级阶段；活动营销是目标，是手段，是活动的价值体现。要进行活动营销，首先要有上规模、上档次、成熟的营销平台。有影响力的活动就是营销平台。刚创办的活动，就像一棵小树苗，得给它不断施肥、浇水，让它接受阳光、雨露。营销活动就是在给活动施肥、浇水、播撒阳光。只有长成"大树"的活动，才会有营销价值。也就是说，活动只有做出一定规模和品牌来，才能成为一个具有活动营销价值的平台。遗憾的是，目前在我国活动领域，见到的大多是"树苗"，而非"树木"。

举办活动是非常辛苦的，很多的活动策划人与运营者都感叹：活动真不是人办的！一场大型活动办下来人都要脱一层皮。但为了当地城市品牌或企业的生存与发展，又不得不继续办活动。明知办活动难却还要硬着头皮办下去，这样的恶性循环导致了活动累人却难见效益。对于活动操办者来讲，要跳出这个事倍功半的怪圈就得解决一系列关键的问题：什么是营销活动，什么是活动营销？如何将单纯的营销活动提升到一个高层次的活动营销层面上来？要解决这些问题，我们就得深入了解活动，了解活动营销的基本规律。从另一个角度来讲，也正因为办活动很难、很累，我们通过长期积累和总结，经过案例梳理与理论提升，把它变得不难、不累了，这样的研究才有更大的价值，从事这项探索的团队和机构才有更远大的发展前景。

营销活动是为活动打工，而活动营销则是借助活动创造价值和财富。

多年来，中国的绝大部分活动仍然停留在营销活动的层面上，而不是真正意义上的活动营销。营销活动事实上只是为活动打工，而活动营销才是借力活动来推广品牌的好手段、好方法。在我们周围，大量的活动停留在初级层次上，活动无品牌知名度，目标客户缺乏对该活动的认知。活动的操持者把大量的时间和精力都花在向客户解读我们的活动是什么，主办单位是谁，会有哪些嘉宾参加，活动规模怎么样。把大量的时间全浪费在向我们的受众、客户解读我们的活动是什么上，活动的意义和价值却得不到彰显，其核心原因就在于我们的活动还缺乏品牌知名度，缺乏长远的规划与卓有远见的运作，活动的主办方与承办方都缺乏对活动营销的真正理解，还处于就事论事，办一次活动就为了实现当前诉求的层面上。大量的活动还处在首届、第一届、第二届这样的培育期，能超过五届的活动就算是凤毛麟角了。更为常见的是，许多活动都是首届之后就销声匿迹，没有了延续，更别说长远的品牌发展了。

通常来说，实现活动营销要分五步走：质疑—观望—试探—尝试—合作。

如同客户购买一件品牌商品一样，参与者、赞助商、嘉宾对于一个活动的参与、赞助或者决定是否出席，都是**对这次活动从认识到认知，再到认可，最后到认购的过程**。从认识到认购要经历这么几个阶段：首先是质疑阶段，第二阶段是观望，第三阶段是试探，第四阶段是尝试，第五阶段才是合作。然而，大多数活动都缺乏品牌度和影响力，所以客户对此类活动都只停留在质疑和观望的阶段。在这样的状态下，对于活动举办方来讲情况就非常糟糕了：第一，吸引赞助商很难，赞助商不会为一个没有影响、没有品牌、没有回报力度的活动提供赞助；第二，吸引参会者也很难，参会者无法信任一个没有名气与影响力的活动，他们的诉求难以在这里得到满足；第三，邀请重量级的嘉宾也非常难，在众多活动的邀请下，他们是要权衡活动重要性和预估出行价值的。所以说，要办好一个活动，就得影响和争取这三方面的人，在这三个方面都要做到位。

我们都要明白，企业赞助活动不是购买活动本身，而是购买活动的影响力。

中国大量的活动吸引不到企业赞助，核心原因就在于活动缺乏影响力。一个活动要赢得企业的赞助，核心的一点是主办方应该明白：企业要赞助一个活动，买的不是活动本身，因为活动的归属权属于主办方，活动本身和企业是没有关系的；**企业买的是活动所带来的影响力**，企业为的是要把自身品牌裹挟在活动的大众关注度中传播出去，以达到广而告之、促进销售的目的。就像企业赞助电视台的一个电视栏目，买电视台广告，实际上不是去购买节目本身，节目本身的版权还是属于电视台的，企业买的是节目收视率所代表的大众注意力或者说"眼球经济"。企业买报纸广告，买的是阅读率。这就叫做营销的二次售卖。**活动运营者一定要擅长于把活动的意义、嘉宾的层次和活动话题的吸引力等一切卖点变成媒体影响力，把影响力再售卖给我们的赞助企业，这样我们的活动才能赢得**更多企业的支持和紧密的合作。

小活动，大传播。通过媒体的放大效应做大受众规模，这样才能将活动卖个好价钱。

缺乏规模，也是一个活动不能成功持续运作下去的原因。一个活动的现场可能就是三五百人、一千人参与，如果缺乏传播的核心工具，就很难形成影响力。**国际上的大活动，赢得这么多的企业赞助，他们就应用到了媒体传播的概念。**比如奥运会，它有转播权，从而吸引了全球几乎所有国家的媒体来关注奥运会。像世界杯足球赛也是一样，凡是大型的活动，都更容易吸引全球众多的媒体来购买其转播权，所以这些大型品牌活动的影响力就非常大。而中国的活动却不是这样，往往对媒体的传播不甚重视，几乎就是在自娱自乐，自己办活动、自己策划，办完以后也只是一些在会场的"自己"人知道活动的相关情况。因而，**活动就应该往"小活动大传播"的方向和层次去努力**。参与一个活动的人可能只有三五百人，但如果很会利用媒体的传播力，便能吸引全国甚至全球成千上万、上千万、上亿万的受众来关注活动。因此，在做活动时我们要做好媒体营销，利用媒体营销来扩大影响，打造规模。

品牌是仓库，是将活动运营者长期的辛劳和智慧付出积蓄在一起，当量变到达质变时，就能产生超值的回报。

活动缺乏品牌的累积，这也是应该引起我们重视的现状与问题。不论是从品牌的系统规划、品牌Logo等形象设计上，还是在商标注册上都非常缺乏。**在中国，90%以上的活动都没有进行商标注册**。从筹办开始，运营机构就是将活动视为一种急功近利的赚钱工具。只是为了能够短期运营获取利益，因此缺乏长期系统的规划，更无从谈起品牌或品牌的积累。比较一下国外的很多活动，奥斯卡至2014年已经办了87届，仍然红红火火，而我们的"金鹰节"却办得年年亏损，规模越办越小。过去每一届是四天的时间，而且办得热热闹闹，现在一天就收场了。当然，金鹰节组委会一直在积极求变，近两年来关注度又有所提升。但为什么会出现这种情况呢？究其原因还在于品牌没有积累到一个可以得到业内与大众认可的程度。奥斯卡已走过87年的历史，而金鹰节却只办了10届。"厚积"才能"薄发"，这个过程必须要经历。品牌还是逆转器，能将我们从茫茫人海中去寻找客户的状态，变为客户主动找上门来。

一项活动办得好与坏，有8个评价指标。

一项活动能否办成功，实际上是受多方面因素影响的：第一是活动的策划高度，活动有没有意义；第二是活动主办方的实力；第三是活动到场嘉宾的层次；第四是参与人群；第五是举办场地；第六是活动事前传播的影响力如何，有多少媒体关注；第七是活动的赞助商档次和额度如何；第八是活动办了几届，办的届数越多，经验越多，积累的资源也越多，成功的把握性也就越大。

获得企业高额赞助和社会认同，是活动价值的最好检验。

获得高规格、高价值的赞助，也是一个活动影响力及成功与否的佐证。如果一个活动的赞助商是一家从没听说过的企业，这个活动的档次就不会很高。比方说像奥运会、世界杯足球赛等世界级影响力的品牌活动，他们的全球战略合作伙伴全部都是像可口可乐、阿迪达斯、耐克等这种世界顶尖级别的企业。选择品牌活动的赞助商一定是有一个门槛的，要有一个标准进行筛选，不然活动的品质和品牌就会受到损害。大型活动都会有活动的营销或赞助的方案，但最终有没有冠名商及其他赞助商，则要看主办方的影响力与营销运营能力。

打造活动产业链，使得一次性投入产生一连串收益。这是活动营销的最终目标。

缺乏系统的构建，这也是我们的活动产业没有成功做大做强的原因之一。我们办活动、做活动营销是为了获取会议费吗？如果这样，就变成卖苦力的工作了。因此，就需要我们对活动进行系统的构建，打造一个活动产业链。比如湖南卫视的"超级女声"，其产业链中就有艺人经纪。艺人通过包装营销之后，其价值得到成千上万倍的提升。如周笔畅被包装出来后，可以以500万的身价转卖给唱片公司。同时这些艺人还可以接拍广告、举办个人巡回演唱会、出唱片。"超级女声"声名鹊起之后，电视台便可以引来更多的企业争相赞助、冠名。而后，其还有更多活动经济的延伸，如"超女娃娃"等衍生产品。甚至我们还可以做活动品牌的文化衫、领带、服装等。一个活动做成功之后，可以开发出一系列衍生产品，最终形成经济产业链。比如时下最火的真人秀节目"爸爸去哪儿"，除了节目本身的活动之外，还有主题曲、游戏发掘、图书出版、大电影、纪录片等，围绕着节目形成了一条系列的产业链。这样，一个活动的附加值就自然地提高了。而目前，我国大量的活动还只是为活动而办活动，所得到的回报可以说少得可怜。只有上升到活动营销的层面上，通过活动，借力活动形成产业链，提升活动附加值，才能做大做强活动产业与活动经济。

成功实施活动营销受四要素制约。

要成功实施一项活动营销，就需要成熟的营销产品、营销平台或渠道、营销工具、客户，这四个要素缺一不可。首先，我们要将营销的产品菜单化。光靠嘴说，介绍不清楚服务产品，就难以进行大批量营销。其次，活动平台是活动营销的基础和根本，单个活动往往还不足以撑起一个大的营销平台，这就需要具有实力的活动资源整合商，将分散在各地、各个领域有品质的活动聚合在一起。规模效应才能降低运营成本，品牌效应才能聚集更多资源，构建专业化队伍才能提高运营效果。"环球活动网"率先致力在全球构建活动超市的商业模式，经过八年努力已聚合了大批有价值的品牌活动，平台效应已见成效。再就是营销工具，只有科学适用的模具化营销工具，才能广招营销人员，在全国建立起网络化的营销队伍。最终，我们要借力打力，从传播上做大文章，通过打造品牌、扩大影响力，吸引到更多的客户；再通过长期积累，系统地构建活动产业链和产业群。只有这样，我们才能最终实现从"营销活动"到"活动营销"的大跨越。

目录

第一章

活动营销就是这么回事

当我们还在质疑活动营销为何物时，活动营销已悄然充斥了我们身边的每个角落。奥运、世博，这些举世瞩目的活动与众多国际品牌实现了营销的捆绑；"超级女声"与蒙牛的联姻一夜走红；立白洗衣液与"我是歌手"持续合作；世界小姐落户三亚。很多的城市都在如火如荼地开展着属于它们的活动营销……

　　中国通过举办2008北京奥运会、2010上海世博会，以及三次举办《财富》全球论坛，达沃斯夏季论坛落户大连、天津，创办亚洲博鳌论坛，承办APEC峰会等一系列活动，非常出色地打造了世界影响力，从而成功地撬动了活动营销的经济效应。

　　要运用好活动营销这一新兴的营销工具和手段，我们就必须首先了解活动营销的内涵与外延，弄清楚活动营销的基本规律和运行机理。

活动营销的概念

　　活动营销是围绕活动而展开的营销，以活动为载体，使企业获得品牌的提升或者销量的增长。**它是精心策划的具有鲜明主题、能够引起轰动效应的、具有强烈新闻价值的一个或者系列组合的营销活动，以实现品牌的有效传播和带动促进产品的销售。**它不仅集广告、促销、公关、推广等众多的营销手段为一体，而且整合了品牌营销、关系营销、数据营销，打破了传统营销方式，运用一种非常规的产品信息传递手段，努力获得更加强烈、更加实效的传播效果，用活动开辟出了营销的蓝海。

　　对活动营销本身来说，活动是手段、是方式、是媒介、是平台，营销是目的、是结果、是诉求、是最终归属。

构成活动营销的四大必备要素

要了解活动营销，我们就需要从了解活动营销包含哪些要素开始，或者说，要实现一次完整的活动营销，需要哪些必需的参与者？

首先，活动营销的第一要素肯定是活动。皮之不存，毛将焉附？没有活动，就不可能产生活动营销。活动是传播和促销的媒介与平台。

第二要素，是赞助商。要举办活动，必定会产生费用。没有赞助商提供资金，活动也就无法举办。如果将活动营销视做广告和促销行为，那么赞助商即是指想通过活动提升品牌、带来人气、拉动消费的广告主和需求方。

第三要素，是受众。其也可称之为活动的参与者与消费者。

第四要素，是媒体。活动信息通过活动现场进行第一次传播之后，需要通过网络、手机、电视、报刊等大众媒体进行再次传播。大众媒体是过滤器，也是放大器。只有引入大众的参与，几百上千人到现场的小活动才能实现无边界的大传播，而媒体则是引入更多关注的工具与手段。

一项活动中的三个角色

一项活动就如同一台戏一样，其举办需要搭台的、唱戏的和看戏的。光搭好了台，没有唱戏的，那是空台。光有唱戏的，没有舞台，也就没法施展技艺。有前两项，没有看戏的，那就是自娱自乐，没有营销对象，也就无从谈起活动营销。

由此可见，**要想办好一场活动，搭台、唱戏、看戏，三者缺一不可。**

搭台者

他们要承担活动策划创意、全程执行、媒体推广、活动招商等一系列复杂琐碎的工作。搭台者包括主办方、承办方、协办方、活动设备和服务供应商，以及其他支持单位。但是，起核心关键作用的一定是活动的运作团队。很多活动，主办、协办、支持及指导单位挂一长串，那都是虚张声势，装点活动门面用的，而真正干活的是承办单位。一项活动最可怕的是，牌子打得很响，操作的团队却是草台班子。这样的活动，虎头蛇尾草草收场的多，活动营销的价值不大。什么样的人干出什么样的事，什么样的团队干出什么样的活。所以，活动营销挑选活动运作团队至关重要。

唱戏的

在活动的平台上主要依靠三种人来"唱戏"。

最重要的是主打嘉宾，如会议论坛中的演讲嘉宾，演艺活动中的明星大腕，体育赛事中的运动健将。他们是一场活动的核心、亮点，眼球主要靠他们来吸引，注意力要靠他们来聚集。嘉宾的分量决定了活动的影响力。譬如2008北京奥运会百米跨栏赛场上，很多人都是冲着中国飞人刘翔买票进场的，所以当刘翔决定放弃比赛时，不少人也纷纷离场了。譬如第一届金鹰节的巨星演唱会，因为刘德华的出席，引爆了整个长沙，那一届金鹰节一炮而火。

第二是领导。大家都习惯于用出席领导级别的高低来衡量一场活动档次的高低。甚至于有的地方政府办活动，请领导成了头等大事，不惜花重金托人进行公关活动。所以，在领导的外围就聚集了各色忙碌的"经纪人"。领导是用来撑门面和培养感情的，所以只需要他们出出场，最多上台念一下稿就成。领导在观众眼里面子大光环多，活动组织者则将领导奉若神仙。大家各取所需，皆大欢喜。

第三是主持人。大型晚会论坛活动的主持人、庆典活动的司仪、拍卖活动的拍卖师等，他们是一场活动的门面，是将活动各个环节串起来的一根"金线"。出色的主持人能为活动增色很多。所以，中央电视台、凤凰卫视的明星主持人就成为了国内各种活动的香饽饽。中央电视台规定主持人不能私自接活主持公众活动，所以很多地方就先攻领导这一关。领导同意了，一切就顺理成章了。这可乐坏了凤凰卫视的主持人，他们个个明码标价，要价不菲。

其实，站在活动平台上的都应该有"主角"意识，因为在舞台上无小事，你的一举一动都尽收观众眼底，不像电视转播，可以剪辑、可以重来。

看戏的

一场活动办给谁看？这是活动营销的出发点和落脚点。一场活动辛辛苦苦筹备大半年，到头来没人响应参与，那是活动运作的最大失败。笔者曾受邀出席在人民大会堂举行的一个论坛，邀请函上写的是下午2点钟开始，但是到2点半了，能容纳300多人的会场里还是寥寥几十个人，活动操办方的负责人急得团团转。赞助商看到此等情形，只能叹息和摇头，赞助费用的尾款肯定是没法再支付了。

对于一场活动来说，现场的人气保障是非常重要的，是活动能否成功、能否获得赞助商认可的前提条件。由于可变因素很多，容易导致原来在回执中确认出席的人临时"放鸽子"，所以我们在邀约出席活动人员时，一定要按超出会场容纳人数的1/3来执行。宁肯会场爆满，总比冷冷清清的好。况且，在中国当下的大环境中，肯定会有不少迟到或临时决定不出席的人。没有办活动经验的组织方，基本无法估计到这种情形，所以事先也就没有准备解决问题的预案，比如事先联系学校的学生备用、拆掉多余的凳子等。尤其是在人民大会堂、钓鱼台国宾馆等把控很严的场地办活动，临时叫人来补场十分困难，因为门口的警卫只认正规的请柬。因此，事先一定要做好准备措施。

分门别类看活动

标准不一样，活动的类别呈现也就不一样。在此书中，我们着重介绍与营销有关的活动。我们不妨按以下几种常见的标准来进行活动分类。

按活动主办方来划分

1.政府活动

政府活动主要是节庆活动、旅游活动等。目前全国各地有上万个节庆活动，基本上还处在政府出资出力包打包唱阶段。每个节庆活动预算少则上百万，稍具影响的都会上千万，如广州亚运会开闭幕式花费达3.8亿元。政府活动是政府的公关行为，关系到政府的形象，因此，政府活动必须大气、正规、有气势、具备较大的影响力。**但将来的节庆活动，将会逐步向"政府主导，市场运作"的方向发展**，政府花巨资直接投入的现象会逐年减少。

各种旅游活动已逐步成为各地景区带动消费的常规武器，但是活动策划及运作水平、影响力打造等，还有非常大的空间需要提高。像"两会"、阅兵式、外交礼仪纯属政府行为，在此不多做介绍。

2. 媒体活动

随着媒体数量和种类的增多，媒体之间的竞争日趋白热化。于是，几乎所有的媒体都开始充分运用自身的传播和策划优势，积极举办各类活动。

首先，它们通过举办活动来提升自身品牌，扩大社会影响力；第二，通过活动来为客户进行整合营销，维护客户关系，从而增加创收；第三，通过活动来促进报刊发行，提高电视收视率、广播收听率，从而提高竞争力；第四，通过活动来制造媒体所需要的报道内容。**活动可以为媒体制造新闻热点和新闻源，这正是媒体活动的需求。**

中央电视台每年会举办上百场各类活动。各地电视台亦把选秀节目及真人秀节目当成摇钱树和提高收视率的催化剂。报纸杂志则更是将活动视为救命稻草，通过举办汽车展、房产展、各种论坛年会、评选活动等进行立体化创收。媒体自身实际上只是起到了一个平台、一个权威性象征符号的作用。

3. 企业活动

企业是活动营销的主角，尤其是随着广告时代向公关时代的转变，企业越来越意识到活动营销的重要性。如果一家企业拿1000万到中央电视台打广告，估计砸下去连一个水泡都不会冒上来。而如果企业投入1000万来进行活动营销，若操作到位，绝对能闹他个风生水起。**对企业而言，尤其重要的是大型活动所制造的现场，这也是促销产品的强磁场。**

企业活动从功能上又可分为以下几种类型。

(1) 广而告之型。这类活动是用来塑造企业形象，进行高级公关，打造产品品牌的。专业的人做专业的事，由于此类活动要求层次高、影响力大、环节多、耗时长、操作复杂，企业一般不自己单独举办，而是通过冠名赞助的形式，被动挑选或主动去寻求与企业自身诉求相匹配的、已有的大型品牌活动相嫁接，如体育赛事、音乐会、明星演唱会、高端论坛、慈善夜等。也有很多大企业以自己为主，通过提出营销需求或竞标的形式，向公关公司征集营销活动方案，活动的策划、执行、媒体推广等则会选择外包给专业公司。

(2) 促销型。这类企业活动如新产品上市发布会、路演、经销商大会、营销誓师大会、商务宴会及其他促销活动等。不同行业的产品特点不同，所以他们主推的活动形式也不一样。银行、保险等金融机构经常采用邀请著名经济学家做主题讲座的活动形式；汽车商钟爱参加车展、为高端论坛提供指定用车和举办高尔夫球赛、高档车试乘试驾等形式；房地产商则热衷于参加房展和在新楼盘举行冷餐聚会、高端主题沙龙等；保健品行业常打巷战、进社区。

(3) 庆典型。每个企业都会举办年会，只不过有规模大小，隆重与否之别。年会上企业管理者总结一年得失，论功行赏，展望下一年的宏伟计划，激励员工效忠企业，力争上游。大部分年会还包括举办联欢晚会，表演丰富多彩的节目，中间穿插着趣味横生的游戏和刺激的抽奖环节。有的企业年会，还会请来行业相关领导、专家、客户代表等嘉宾。大的企业年会执行基本外包，且非常讲究活动创意和品质，近几年常见媒体报道不少企业拿出千万资金举办年会。在相互比较中，很多中小企业的年会质量要求也越来越高，必将朝着由自己人员操办"过家家"转为外包给专业的活动执行公司。企业庆典活动还包括周年庆、奠基仪式、签约仪式等。目前，国内大部分企业的庆典活动还有些过于传统，拱门、彩旗、横幅、腰鼓队、礼炮、剪彩等就是几种千篇一律的老花样。发达国家企业的庆典活动就非常讲究形式创新，以富有创意的元素吸引媒体报道，现场规模不盲目求大而追求能令人耳目一新，给人留下深刻印象。

(4) 培训激励型。随着竞争的日趋激烈，企业越来越重视内部培训，包括新员工培训、公司常规内训、新业务集训、野外拓展训练和会议旅游等。

4. 专业机构活动

随着活动市场的兴起，越来越多的公司投入到了活动产业中来，以前活动的策划、执行与传播基本都是各地的公关公司在执行，如今，大量的文化传播公司、广告公司、策划公司、咨询公司等也都介入了进来，活动领域突然出现了战火纷飞的战国时代。大多数活动专业机构是以承办活动为主营业务，另外也有一些公司以自主策划的会议、论坛、评选、赛事等活动为主营业务，它们基本采用挂靠某个行业协会、挖深吃透行业资源、实施电话营销的模式来拓展业务。例如，有的机构专门代理国际型的选美大赛在中国的承办权，如世界小姐、国际小姐、环球小姐、世界超模赛等。有的机构以举办明星巡回演唱会为主。有的机构则倾力打造自己的活动品牌，如迷笛音乐节，作为国内第一个原创音乐节，2010年首次走出北京，2011年拓展到在北京、上海、山东日照、江苏镇江四个城市举办。2014年，太湖迷笛民谣与世界音乐节在苏州吴江区七都镇太湖迷笛音乐公园盛大举行，吸引了两万多乐迷前往。

目前，中国的活动机构还处在初级发展阶段，大多"小而不全"，缺乏全国性的品牌，执行队伍职业素质参差不齐，经营不成规模。 在欧洲，一个稍大的活动公司一年要承接400多场大型活动，平均一天就有一场。不久的将来，在中国必定会产生这样的"活动巨无霸"，大家只要想做活动，一下子就能想到一个活动机构，就像我们想买日用品时就能想到沃尔玛超市，想买电器时就自然想到国美、苏宁一样。

5.公众自发活动

公众自发活动大致有两种情况：一种是熟人聚会，如朋友聚餐、校友会、同乡会等；另外一种是有同样兴趣爱好的人的聚会，属于交友性质的活动，如读书会、电影沙龙、自驾游、爬山、踏春、秋游、笔会、相亲派对等。

按活动形式来划分

1.会议

中国是一个会议大国，每天在全国各地都会有上万个会议在同时召开。年会、研讨会、论坛等会议活动，是行业人士进行沟通信息、交流心得以及业务洽谈的平台，每个行业每年都会举办大大小小不计其数的会议。会议活动举办最多的城市是北京，对北京第三产业和旅游业的发展贡献非常大。近年来，随着会展旅游的发展，一些旅游热点城市的会议经济也日益凸显出来，如三亚、杭州、厦门等。如何盘活季节性强的旅游城市的淡季市场，引入会议是一种非常有效的解决之道，运作空间比较大，如北戴河、泰山、张家界、黄山等地。

　　国际会议也纷纷看好中国市场，《财富》全球论坛就曾于1999年9月27日至29日、2001年5月8日至10日、2005年5月16日至18日、2013年6月6日至8日先后在中国上海、香港、北京、成都相继举办。《财富》全球论坛由美国时代华纳集团所属的《财富》杂志主办，从1995年开始，每年在世界上选一个最具有经济活力的城市举行一次，邀请全球跨国公司的董事长、总裁、首席执行官及世界知名的政治家和学者参加，共同探讨全球商界所关心的问题。每年《财富》全球论坛的举办，都会成为举办城市及所在国家的时代盛会，吸引全球的目光，用"万众瞩目、翘首以盼"等辞藻来形容，都显得有些未尽其意。在"为他人作嫁衣裳"的背后，《财富》杂志的品牌价值迅速提升，"论坛经济"红红火火。每年的《财富》全球论坛和《财富》世界500强企业评选，已经成为《财富》杂志在美国乃至全球传媒界所向披靡的利器。

　　世界论坛的另一巨头世界经济论坛，即达沃斯论坛，其夏季论坛也于2007年开始落户中国。2014年9月10日至12日三天，"夏季达沃斯：2014新领军者年会"在天津举行，李克强总理在论坛上致辞讲话。

　　2014年4月8日至11日，博鳌亚洲论坛以主题为"亚洲的新未来：寻找和释放新的发展动力"召开2014年年会，至此，博鳌亚洲论坛落地中国已走过14年的发展历程。

博鳌亚洲论坛的应运而生

　　跨入新世纪，在经济全球化和区域化不断发展、欧洲经济一体化进程日趋加快、北美自由贸易区进一步发展的新形势下，亚洲各国正面临巨大的机遇，也面临许多可以预见和难以预见的严峻挑战，一方面要求亚洲国家加强与世界其他地区的合作，同时要求增进亚洲国家之间的交流与合作。如何应对全球化对本地区国家带来的挑战，保持本地区经济的健康发展，加强相互间的协调与合作已成为亚洲各国面临的共同课题。

亚洲国家和地区虽然已经参与了APEC、PECC等跨区域国际会议组织，但就整个亚洲区域而言，目前仍缺乏一个真正由亚洲人主导，从亚洲的利益和观点出发，专门讨论亚洲事务，旨在增进亚洲各国之间、亚洲各国与世界其他地区之间交流与合作的论坛组织。鉴于此，1998年9月，澳大利亚前总理霍克、日本前首相细川护熙和菲律宾前总统拉莫斯倡议成立一个类似达沃斯"世界经济论坛"的"亚洲论坛"。亚洲论坛的概念一经推出即获得了有关各国的一致认同。

在此背景下，博鳌亚洲论坛成立大会于2001年2月26日至27日在中国海南博鳌举行。包括日本前首相中曾根、菲律宾前总统拉莫斯、澳大利亚前总理霍克、哈萨克前总理捷列先科、蒙古前总统奥其尔巴特等26个国家政要出席了大会。此外，中国前国家主席江泽民、马来西亚前总理马哈迪尔、尼泊尔前国王比兰德拉、越南前国家副总理阮孟琴等作为特邀嘉宾出席了成立大会，并发表了重要讲话。大会宣布博鳌亚洲论坛正式成立。

会员大会为论坛的最高权力机构，每年举行一次。会员大会由论坛秘书处负责筹备，有关会议事宜提前一个月通知所有会员。理事会为会员大会的最高执行机构，对会员大会负责；理事会负责论坛工作的总体监督和指导，每年举行一次会议。理事会理事由论坛正式会员在会员大会上通过投票方式产生。

博鳌亚洲论坛的宗旨为：立足亚洲，深化亚洲各国间的经济交流、协调与合作；同时又面向世界，增强亚洲与世界其他地区的对话与经济联系；为政府、企业及专家学者等提供一个共商经济与社会等诸多方面问题的高层对话平台；通过论坛与政界、商界及学术界建立的工作网络为会员与会员之间、会员与非会员之间日益扩大的经济合作提供服务。

国内各种论坛形形色色，而能够形成国际品牌影响力的却几乎没有，且运作很不规范，操作队伍也不够专业。要保证一场大型会议的成功，科学、周密的前期策划至关重要，年会主题、论坛议题的确定则是重中之重。由于年会嘉宾多，环节多，对嘉宾接送、时间控制、各个环节如何实现无缝链接等问题，也只有事先做好非常周全的安排，加上专业队伍的执行，在实际的落实中才能做到忙而不乱，环环相扣。

还有一点值得反思，那就是论坛的"作秀"倾向。一些论坛对形式的迷恋大于对实效的追求，每年兴师动众请来超强大阵容，或者是超豪华阵容。而每位嘉宾在台上演讲的时间却只有区区的10～20分钟，只见主讲台上走马灯式地不断换人，在这一闪而过的宝贵时间里，却不知他们能讲出多少内容与大家分享。专题论坛经常是七八个人，大家"七嘴八舌"，就像是在赶场。一场包装精美、气势宏大的论坛最终便陷入走过场、交友公关功能大于交流智慧的怪圈，花重金来聆听者，下次再接到某某论坛邀请函时就一定会"三思而后行"了。

2. 展览

近年来，我国展览业的发展非常迅猛，一直经久不衰的糖酒会与后来兴起的汽车博览会、房地产展一度成为会展业的三驾马车。

广交会(全称中国进出口商品交易会)是中国会展业当之无愧的龙头老大,从1957年春季创办,至2014年11月4日已办到第116届了。近年,随着人们生活水平的提高、旅游市场的发展以及国家对文化、科技、三农的重视,婚博会、旅游交易会、文化产业博览会、科博会、农博会、茶博会等已成了会展业的新星。仅文化产业博览会除北京文博会外,深圳文博会也办得非常红火,厦门文博会、山东文博会也在寻求自身特色。

图书展、书画展等文化行业展览各出新招,吸引参观者。与各种节庆相伴而生的展览也越来越多,如上海电视电影节、中国广告节的展览日趋走旺。中国会展城市北京、上海、广州、深圳、杭州、成都、苏州、宁波、厦门、青岛等纷纷加大投入力度,优化软硬环境,向国际会展城市迈进。

落户中国的国际展,也让世界看到了中国的巨大发展潜力。2010上海世博会,上海赚足了人气,投资回报率令人称奇。2014年的APEC,一下子让北京成为了举世关注的焦点。近年来,国际奢侈品展在中国所产生的销售额也令世界厂商们瞪大了眼睛。

2014青岛世界园艺博览会于2014年4月25日至10月25日举行,迄今为止,"世园会"共举办了30余次,基本在欧美、日本等发达国家举办,发展中国家只举办过四次,即"1999年中国昆明世界园艺博览会"、"2006年中国沈阳世界园艺博览会"、"2013中国锦州世界园林博览会"与"2014年青岛世界园艺博览会"。接下来,2016年唐山世界园艺博览会于2016年5月至10月举办。为什么中国的城市如此热衷花巨资举办世界园艺博览会呢?这与中国城市正在大力进行城市改造,并想借助大型国际活动加速城市发展、提升城市品牌和国际影响力有关。

世界园艺博览会的四个级别

世界园艺博览会是由国际园艺花卉行业组织——国际园艺者协会(AIPH)批准举办的国际性园艺展会，分为综合性和专业性两大类。综合性世界园艺博览会是由参展国政府出资，在东道国无偿提供的场地上建造自己独立的展览馆，展示本国的产品或技术；专业性世界园艺博览会是参展国在东道国为其准备的场地中，自己负责室内外装饰及展品设置，展出某类专业性产品。按照国际组织的规则评定，综合性世界园艺博览会分为一般世界园艺博览会和特殊博览会两种。专业性博览会分为A1、A2、B1、B2四个级别。

A1类：大型国际园艺展览会。这类展览会举办每年不超过1个。A1类展览会时间最短3个月，最长6个月，最小面积50万平方米。在展览会开幕日期前6～12年提出申请，至少有10个不同国家的参展者参加。此类展览会必须包含园艺业的所有领域。

A2类：国际园艺展览会。这类展览会每年最多举办两个，当两个展会在同一个洲内举办时，它们的开幕日期至少要相隔3个月，展期最少8天，最多20天。其要求至少有6个不同的国家参展。

B1类：长期国际性园艺展览会。这类展会每年度只能举办一届。展期最少3个月，最多6个月。

B2类：国内专业展示会。

在中国举办的，除"1999年中国昆明世界园艺博览会"属于A1类外，其他在沈阳、锦州、青岛、唐山举行的世界园艺博览会都属于B1类。

3. 演艺

演艺活动包括演唱会、音乐会、话剧歌剧、舞蹈芭蕾、曲艺杂坛、实景演出、节庆开闭幕式晚会、电视台晚会、大片首映礼等。北京、上海、广州等国内一线城市的演艺活动非常丰富。尤其是北京，剧院多、剧团多，国际国内的演艺高手云集，工人体育馆、保利大剧院、梅兰芳剧院、人艺小剧场、北京大学百年讲堂等每天都有好戏连台。在鸟巢也经常举办如宋祖英、成龙、滚石等巨星演唱会。赵本山的刘老根大舞台、郭德纲的德云社也是近年来异军突起的演艺场所。

号称娱乐之都的长沙，整个城市人口不多，房价也一直在低价徘徊，但是其演艺业之发达却享誉全国，几大能容纳上千人的演艺歌厅场场爆满，还有不少观众是从全国各地"打飞的"来体验观赏的。

近些年，我国的演艺活动还逐步呈现出一个新的发展趋势：项目特色化，特色品牌化，品牌公司化，公司资本化。打着张艺谋旗号的印象系列实景演出，其运作机构北京印象创新公司获得了巨额风险回报。目前，其他不同机构操作的类似实景演出，在全国有遍地开花之势。大型景观歌剧张艺谋版图兰朵在紫禁城、鸟巢演出后，2010年3月27日成功在中国台湾台中市洲际棒球场上演。承德的《鼎盛王朝·康熙大典》、泰山的《中华泰山·封禅大典》、张家界的《天门狐仙——新刘海砍樵》等一系列的实景演出成了众多城市、景点吸引游客的利器。

随着中国经济的持续高速发展，中华儿女从过去贫穷时期的文化自卑，如今已转变为文化自信。特别是2008北京奥运会和2010上海世博会的成功举办，令全球华人更加自豪。2008北京奥运会开闭幕演出向全世界很好地推介了中华上下五千年文明与瑰丽文化，中国元素受世界瞩目。所以，打着中华文明烙印的文艺演出将逐步为全世界人们所接受、所喜爱，将来也必定会诞生像经典芭蕾舞《天鹅湖》和音乐剧《猫》一样的作品，在全球长演不衰。如今，已有不少"中国元素"开始在全球巡演，如少林功夫表演团全球巡演、女子十二乐坊全球巡演，杨丽萍历经艰辛打造的大型生态舞《云南印象》在全球巡演后又推出《藏谜》，中国对外文化演出集团、中国歌剧舞剧院等更具有走出去的资源和实力。

同时，通过一些世界知名的华人艺术家的演艺，也在一定程度上传播了中华文化。如著名美籍华裔作曲家谭盾，20多年来通过音乐把中国文化传到世界，受到各地音乐爱好者的尊重和喜爱。1999年，谭盾因歌剧《马可波罗》获得格莱美作曲大奖。他为电影《卧虎藏龙》的作曲获得2001年奥斯卡金像奖"最佳原创配乐奖"。他还为2008年北京奥运会创作了一首《拥抱爱的梦想》。如今，他正大力传播自己在祖国采风、吸取原生态方面的民族音乐元素，产生独特灵感而创作的《水乐》、《纸乐》。美籍华裔大提琴演奏家马友友，曾获得多座格莱美奖杯。钢琴家傅聪、朗朗、李云迪等通过在世界各国的演奏，也无形中推广了中华文艺与西方文化的交流。

4. 评选

各种评选活动都是与大赛相伴而生的，而且最终都会衍生出在盛典中发布的榜单或在颁奖晚会中揭晓的奖项。

《福布斯》中国年度富豪榜和胡润百富榜，如今已成了国内各大媒体争相转载、引用的重要主题和人们茶余饭后的谈资，于是它传播的资讯就成了"资讯中的资讯"，而它本身也顺理成章地成为了"媒体中的媒体"，从中可见评选活动在人为制造"资讯源"方面的威力。

胡润这位1970年出生、在中国人民大学进修了一年的英国小伙子，1999年出于个人兴趣，通过朋友的帮助和对中国媒体公布的民营企业家信息的收集，做出了一个仅有19人的中国大陆首富企业家排行榜，其中刘永好兄弟名列第一。随后，胡润给美国《福布斯》杂志发去传真，其内容受到该杂志的关注。当年，"中国大陆富豪榜"以英文的形式首次亮相。2000年，在《福布斯》杂志的财力支持下，中文刊发的"中国大陆富豪榜"让胡润一举成名。仅用了两年时间，他就完成了从安达信公司一位默默无闻的会计师到中国"媒体明星"的角色转换。"中国大陆富豪榜"一时成了人们街头巷尾谈论最多的话题之一。再后来，胡润首创"胡润百富榜"，旗下拥有《胡润百富》杂志及系列论坛和活动。2004年首创"胡润慈善榜"。如今，"胡润百富榜"已成为追踪记录中国企业家群体变化的权威机构，是现在国内财经榜单里影响最大的一个榜单。

自从1979年皮尔·卡丹先生率领其本国模特在北京民族文化宫举行时装表演，将"时装模特"的概念引入中国，各种"国际秀"的机构就将世界东方的这块神秘土地盯得越来越紧。特别是近几年，随着中国经济的飞速发展，环球小姐大赛、世界小姐选举、世界模特小姐大赛等活动主办者的目光更为急切地盯紧了中国这块"巨无霸蛋糕"。选美赛事既能让商家和举办者从中获取高额利润，又可使参与者一夜成名、身价倍增；而且，它还能满足大众的审美需求，这种看似"多赢"的结果，也许正是"美女经济"得以笑傲江湖的原因。

目前正在加剧争夺中国受众的"国际舞台秀"有以下几个。

"环球小姐大赛"——"环球小姐"选美大赛是环球小姐组

织于1952年创办的。除"环球小姐"大赛以外，环球小姐组织还举办另外两场选美赛事，即美国小姐和美国20岁以下小姐选美比赛，这三项比赛均由美国哥伦比亚广播公司电视网负责现场直播。参加"环球小姐"选美的佳丽必须事先在各自国家获得国家选美大赛冠军，然后才有资格角逐环球小姐头衔。最终获得环球小姐比赛冠军的佳丽将可以收到巨额奖金，享受很多服务，并可在当选的一年里作为环球小姐组织的一名正式员工和形象代表进行全球旅行，与国家元首、知名人士举行会谈，参加官方和社会性慈善活动，录制各种电视节目以及接受各种职业培训等。截至2014年，其已举行到第63届，每年都有来自百余个国家的佳丽参加。每当大赛举行之日，各国政要、社会名流、商界巨子、艺坛明星纷至沓来，盛况空前，由此为主办国或地区带来了旅游、经贸、文化交流等各项产业的发展。

"世界小姐大赛"——"世界小姐"选美活动开始于1951年，这项活动原本是英国新年庆典的一部分，最初称为"节日比基尼竞赛"，后来英国新闻界给这个活动冠名为"世界小姐"。"世界小姐"的创始人埃里克·莫里最初只计划举办一届活动，但是当后来的"环球小姐"评选活动加入竞争后，他决定每年举办一次评选活动。2000年埃里克去世后，他的妻子茱莉亚·莫里继承了他的事业并担任"世界小姐"组织机构主席。现今的"世界小姐"比赛以促进世界和平、树立杰出妇女榜样和帮助饥饿残疾儿童为主要宗旨。2003年举办的第53届世姐总决赛在中国三亚举办。全球通过卫星电视收看世界小姐比赛活动的观众达12亿人之多。

此外，还有国际小姐选美大赛、世界精英模特大赛、世界模特小姐大赛、世界超级模特大赛等选秀在中国进行，而且经常有中国选手冲入前三甲。

1980年新中国第一支时装表演队——上海时装表演队成立。在当时，"模特"一词甚至比其职业本身更令中国人感到陌生。自1989年新丝路主办国内第一次正规的模特大赛、广州电视台推出第一届"美在花城"广告新星大赛以来，各种名目的大赛便开始层出不穷，越来越多的中国内地城市开始举办选美比赛。尤其是近年来，各种选美及模特大赛在国内大有一浪高过一浪之势。特别是一进入7月，就仿佛进入了一年一度的"选秀季"，各种纷繁复杂的"舞台秀"粉墨登场。各种"舞台秀"的名称不一定叫选美比赛，通常会冠以形象小姐、形象大使、广告新星、都市丽人、青春之星、网络小姐、模特大赛、主持人大赛之类的名称。

除各种选美、电影奖项、人物评选之外，各种各样的音乐大赛和排行榜也非常热闹。

"全球华语音乐榜中榜"——创立于1994年，是Channel-V的大型旗舰活动。2014年，第18届"全球华语音乐榜中榜"在澳门举办，一直秉承传播优秀华语音乐文化为己任，是唯一在港澳台陆两岸四地都举办过的大型颁奖活动。

"CCTV-MTV音乐盛典"——它是中央电视台和MTV全球音乐电视台强强联手，于1999年首度推出的内地年度流行音乐颁奖晚会，被认为是国际顶尖音乐盛事与中国本土音乐资源的完美结合。其宗旨在于扩大华语歌曲在全球的影响力，为国内外音乐人提供更多交流和展示的机会。每届音乐盛典共设有20多项大奖，这些奖项是对过去一年中国内地、港台地区音乐发展的一个回顾和总结。

"全球华语歌曲排行榜"——诞生于2000年9月30日，由北京音乐广播电台、广东人民广播电台、香港电台、上海东方广播电台、台湾中广公司、台北之音HIT FM、新加坡醉心频道933、马来西亚丽988主办。无论是已挟数十年唱片工业风云的港、台地区流行歌坛，还是方兴未艾的包括京、沪、粤地区在内的内地流行音乐界；无论是曾有过辉煌历史的新、马地区华语歌坛，还是在海外默默耕耘的欧美华语歌手，每年都会聚集在"全球华语歌曲排行榜颁奖典礼"上一决高低，尽显风采。

"东方风云榜"——由上海文广集团旗下的东方广播电台创办于1993年10月。在全国率先推出的一年一度的"'东方风云榜'群星耀东方十大金曲颁奖演唱会"已经成为中国内地乐坛最受关注的音乐盛事之一。鉴于"东方风云榜"已日趋成熟并具有潜在的巨大商业价值，主办方特别申请了我国第一个流行音乐排行榜专用商标。

"音乐先锋榜"——由广东人民广播电台等省内50家省市电台、广东电视台共同主办，广东电台音乐之声、广东电视台节目中心承办的"音乐先锋榜"前身为"广东新歌榜"，于1987年在广东人民广播电台诞生，是国内第一个原创歌曲排行榜。多年以来，其一直不遗余力地推动本地原创音乐的繁荣与发展，使广东成为中国流行音乐的大本营，大批优秀原创歌曲通过广东电台电波的传送而蜚声大江南北，众多音乐人和制作人以他们的代表作而成为国内流行乐坛的佼佼者，一大批中国歌坛最优秀的歌手从此走向全国，红遍全国，红遍整个华语歌坛。

"音乐风云榜"——由北京光线电视传播有限公司于2001年创办。有媒体称之为"中国格莱美"。它本着纯粹、公正的宗旨，评选结果依据观众票选、唱片销量、评委会评选及中国音乐风云榜每周上榜成绩综合而来，各项指标所占比例为观众投票占40%、评委会评选占25%、唱片销量占20%、每周上榜成绩占15%。

"中国歌曲排行榜"——由北京音乐广播联合15家省市级电台

成立的(全国)卫星音乐广播协作网共同推出，坚持"鼓励原创，力推新人"的操作思路，每星期推出5首新歌作品，每年发布的新歌作品多达260余首。如今，这一排行榜已成为中国本土流行音乐作品最重要的推广阵地之一。

5. 体育赛事

评选与赛事是有区别的。评选侧重于对入围者过去在某些方面的业绩进行比较、选优。而赛事侧重于参赛者、选手之间的现场竞技。体育赛事是一种很常见的活动类型，在发达国家也是与商业演出一样商业运作非常成熟的一种活动类型。体育赛事是一条巨大的产业链，涵盖门票收入、体育明星经纪、媒体转播权、广告等产业。

越来越多的国际体育赛事在中国举办，如2008北京奥运会，2010广州亚运会，2011深圳第26届世界大学生夏季运动会，2014南京夏季青奥会等。

国际体育明星中也越来越多地闪现中国人的影子。美国NBA职业篮球赛让姚明成为了世界级"巨人"，世界青年台球(斯诺克)锦标赛让丁俊晖享誉全球，法国网球公开赛则让李娜创造了中国人的神话。

北京时间2011年6月4日，在法国网球公开赛这个被誉为上演奇迹的赛场上，29岁的李娜成为本次奇迹的主角。在罗兰·加洛斯夺冠后，李娜成为亚洲首位获得网球大满贯赛事冠军的选手，也被誉为继姚明、刘翔之后的又一张中国体育"名片"，其身后的新一轮商业博弈即将上演。据悉，夺得法网冠军后，李娜将获得近1140万元人民币的奖金，世界排名升至第四位，并以职业生涯总奖金4189万元人民币居WTA赛季奖金排行榜首。由此开始，李娜商业价值呈几何级数飙升，在《福布斯》杂志公布的2012—2013年度全球收入最高女运动员排行榜中，李娜以约1.1亿元的收入排名第三。2014年

1月25日，李娜第三次跻身澳大利亚网球公开赛决赛，并最终收获女单冠军，同年宣布退役。但李娜作为亚洲第一位大满贯女子单打冠军得主，其影响力仍然不容小觑。

回顾李娜的成长经历，带给中国体育赛事的经营管理者们诸多反思。以前在国家队，什么事都是国家大包大揽。后来，李娜单飞之后，情况就完全不一样了，报名、签证、订机票、订训练场地，都得自己来；整个团队每天要花10 000～15 000元人民币，均由李娜自掏腰包；在欧洲，为了省钱常常是租车去比赛。这就是职业化，一个非常庞大繁琐的过程，一个充满艰辛、充满希望的过程。中国目前这种全民办体育、政府办体育的体制迟早会在改革中与国际进行对接。到那时，中国体育的职业化水准会大大提高，各种体育赛事的俱乐部才会真正壮大起来。

6. 庆典

随着人们生活水平和情趣的提高，大家越来越追求一种形式感的仪式。譬如，国家有国庆，企业有年庆，学校有校庆，城市有节庆，新人结婚有婚庆，一部电影公映前有全球首映礼，一款产品上市前要有新品发布会，项目开工会举行奠基仪式，工程完工则少不了举办落成典礼。各种庆典的花样不断翻新，规模也越做越大，对庆典的策划与执行要求也越来越高。当然，与之相应的庆典市场也越来越大。

按不同标准，活动还有很多不同分法。如按功能，活动可分为整合资源型、推广品牌型、拉动销售型；按行业，可分为媒体活动、科技活动、公益活动；按规模，可分为大型、中型、小型活动等。本书主要探讨的活动类型是与品牌、营销、创收相关的商业活动。

《财富》论坛的营销启示

《财富》论坛的基本模式

(1) 大型宴会。会议期间一般安排2～3场大型宴会,包括开幕晚宴、正式晚宴和闭幕晚宴。宴会上由各国政要、《财富》杂志及东道主致欢迎辞、闭幕词或做重要演讲。正式宴会前后分别安排盛大的表演和烟火等活动。各场宴会在风格上往往刻意有所区别。

(2) 早餐会。早餐会有两场,一般是邀请东道国部长级官员做主题演讲。

(3) 午餐会。午餐会一般1～2场,安排政要或嘉宾做主题演讲。

(4) 领导人及嘉宾演讲。领导人及嘉宾演讲安排在宴会和餐会上举行。

(5) 代表主题发言及讨论。一般有一个总主题和数个分主题,每个分主题安排1名主持人和2～3名代表发言。此外,其还安排2～3场专题讨论。

(6) 现场对话会。在大会会场举行,安排代表之间对话或嘉宾与记者、代表之间的对话。

(7) 赞助商致辞。分别穿插在餐会、嘉宾演讲、现场对话会和代表主题发言间进行。

(8) 记者活动。与会新闻记者出席上述宴会、餐会及嘉宾演讲。此外大会还安排2～3场记者招待会和吹风会,邀请与会政要讲话。

记者不参加会议的专题发言及讨论。

(9) 夫人活动。与会代表的夫人除出席正式宴会之外，大会会安排一系列餐会、游览等文化活动。

《财富》全球论坛留给我们的营销启示

1. 树立论坛的权威性

为确保高水平的会议质量，《财富》论坛年会对论坛参加者的资格有严格的规定，出席者仅限于各大跨国公司的董事长、总裁和首席执行官，并且只通过邀请方式组织。与会者来自世界各地，他们都有经营全球性业务的共同挑战。共同的目的和地理上的广泛分布，将会激发有用的讨论，建立起新的业务关系。各公司不能委派其他人士出席，但跨国公司的领导人可以登记一位有合适地位的随行高级人员参加会议。

2. 充分挖掘媒体的品牌价值

美国《财富》杂志从1930年问世创刊已有80多年历史，而其从1955年开始打造的"全球500强排名"问世已有60年历史。《财富》通过杂志搭台，论坛唱戏，将其品牌价值发挥到了极致。

3. 一举多赢，实施全球战略

为了达到"激荡脑力"的目的，每次论坛的地点都选择在当今世界经济最具活力的地方，主办者认为只有蓬勃的生机和活力，才能活跃与会者的思维，才能使他们在世界经济激烈竞争的大格局中准确把握自己公司的定位，才能使经济巨头们满载而归。

论坛不仅能给承办地带来直接投资，更重要的是能极大提升承办地的无形资产，让世界更多地了解当地的文化，从而最终实现多赢。如"2001《财富》全球论坛"举办期间，香港政府安排了丰富的文化节目。出席《财富》论坛的嘉宾们不仅欣赏了川剧绝活"变脸",而且每天清晨,许多嘉宾及配偶跟随香港中国武术总会副会长龙启明教授学习太极拳,并了解中国健身方法;一些来宾的配偶还到香港中华厨艺学院学习制作拉面等美味中餐;还有些嘉宾来到以中国茶圣陆羽命名的茶室品茗,欣赏中国的茶道和书法,学习鉴赏玉石、翡翠的技巧,最后以一场精彩的时装表演作为尾声。第一部分表演名为"东方掠影",展出了20多套服装服饰,这些服装把具有中国传统特色的民族图案揉合于现代服装之中,采用手织布料或色彩缤纷的刺绣作搭配;第二部分名为"灵感女神",展示了香港本地时装设计师的最新作品。

4. 积累经验,不断开拓新思路

《财富》论坛通过一年接一年的举办积累了很多经验。论坛有相对固定的操作模式,有一套非常严密的运作程序。每年变化的只是论坛的地点和论坛的话题。这样就可以避免很多不必要的消耗。"1999上海《财富》全球论坛"全部会期才不过3天,但大会连着小会,小会套着小会,大小会之间又穿插着午餐会、记者招待会和各种吹风会。3天内共开了45个会,有名有姓点卯发言的就有145人。个个会都挺重要,所有发言者全是名人。所有这些繁杂的环节却都能在论坛组织者的精心安排下有条不紊地进行,这无疑得益于长期经验的积累和职业化队伍的培养。

"世界经济论坛"的操作模式

世界经济论坛(World Economic Forum)为国际上颇具盛名的大

型民间机构，是由日内瓦大学教授施瓦布先生于1971年在瑞士创立的，原名欧洲管理论坛(European Management Forum)。它将企业界、政界、学术界和媒体结成伙伴关系，以促进全球经济、政治和文化状况的改善。论坛自成立开始每年初在瑞士滑雪胜地达沃斯小城召开年会。因论坛的影响在全球逐年扩大，1976年改为会员制组织，1987年更名为世界经济论坛。

各国政府首脑以及一些主要国际组织领袖的积极参与，使"世界经济论坛"成为全球政界和商界风云际会的独特舞台。2000年世界经济论坛的第30届年会参会代表就已超过3000多人，与会各国领袖达30多人，共举办大小会议共330场。年会帮助领袖们在飞速发展的今天确立了对政治、经济、社会、科技和文化变化的长远眼光。

论坛组成要素的核心是其会员与合作伙伴。会员是遵守论坛"致力于改善全球状况"宗旨的影响全球未来经济发展的1000多家顶级公司。他们向论坛缴纳会费，同时享有论坛独特的内部网络和前沿科技资源。合作伙伴是与论坛合作更加紧密，对论坛活动贡献更大，同时受益更大的企业组织，论坛有选择地与其会员在双方同意的前提下建立合作伙伴关系。会员与合作伙伴是论坛应对全球事务，制定全球议程的中心。

除了会员与合作伙伴，论坛的组织要素中还包括其下设团体：全球未来领导人和技术先驱，他们是每年在全球精选出的100位年轻的企业或政界领袖，以及信息和生物技术领域的尖端人才、论坛研究员和对话伙伴。这些组成要素填补了论坛会员与合作伙伴在知识和观点上的差异，共同构成论坛全方位、多视角的对话机制，推动着论坛不断向前发展。

中国能否打造出一个世界级的论坛品牌，中国的论坛要向"世界经济论坛"学习什么？带着这个问题我们来看看世界经济论坛的操作模式。

1. 论坛的领导机构设置

论坛设有两个以会员为基本组成部分的外部管理机构：施瓦布基金会和论坛委员会。基金会在施瓦布主席的直接领导下与国际公共社会和企业团体共同制定论坛的长远发展方向和目标。委员会代表论坛会员与合作伙伴的利益，其目标是实施论坛的长远战略，并且保证论坛会员和伙伴长期积极参与论坛的活动。委员会成员本身就来自核心会员和伙伴。

论坛的内部管理机构是理事会，负责日常管理和监督论坛资源的有效利用。理事会由4位总干事组成，他们在领导小组的协助下管理日常事务和推进员工发展。理事会也是论坛与其组成要素以及更广泛的国际社会交流和联系的纽带。

论坛的固定员工大概有120人左右，他们是支撑论坛三大事业中心(全球议程中心、全球企业中心和区域战略中心)的专业技术人员，他们代表了论坛会员需求的多样性，他们来自全世界各大公司和学府，多为论坛会员或伙伴所举荐。论坛的三大中心由一个机构发展和资源交流中心所支撑，其主要职能是知识管理、内外交流和保证论坛资金运行。

2. 论坛的主要活动

论坛的主要活动包括达沃斯年会和7个区域高峰会，即中国企业高峰会、东亚经济高峰会、欧洲经济高峰会、印度经济高峰会、南美经济高峰会、南非经济高峰会和美国会议；与一个长期合作的工作小组一起关注和探讨全球面临的重大挑战；每年发表全球竞争力报告，该报告已成为目前联合国确定各国经济发展的重要指标。

3. 年会和区域高峰会的组织

智力支持体系

年会和高峰会的主要智力来源都取自论坛组成要素中的各个环节，并通过理事会将基金会和委员会在全球的资源充分调动，使论坛能够及时、全面、准确地在全球收集最热点、难点的问题，形成年会和高峰会的主题及各讨论焦点，并将这些焦点问题在其会员中进行充分酝酿，最终形成年会和高峰会的主题与议程，并在论坛资源所及范围内选择最适当的发言人进行讨论。每年1000多位全球一流企业的领袖和其他代表在达沃斯所进行的自由、非官方、非正式的交流，是达沃斯得以魅力长存的根源，这种魅力被称为"达沃斯精神"。论坛的区域高峰会不同于年会的一大特点是其得益于会议所在国家和区域的政府、公众和企业组织的领袖针对当地情况与参会代表进行的面对面的直接交流，这是高峰会的关键竞争力之一。

资金支持体系

论坛的基本资金来源是基金会所收的会费和知识合作伙伴的年度资金支持，这些费用除用于支付成本外，由理事会所管辖的资源管理中心进行资金运作，以维持论坛的正常运转和发展。而年会和区域高峰会的资金完全来源于会议收入本身，包括会议费和合作伙伴赞助费(包括实物)。实际上，年会和高峰会的大部分支出包括宴会、会间茶点、交通和通信设施(包括论坛员工国际旅行)费用、会场使用的电脑、投影和同传设备，甚至部分会场费都是由不同合作伙伴赞助或资助的。因此论坛的每一次会议实际上都是一次成功的商业运作，而其收入用于论坛自身的发展和改善服务。例如论坛在日内瓦新建的超现代派的总部即是这些年论坛成功资金运作的佳作。

大型活动的组织和分工

年会和高峰会的组织分为两大部分：会议组织和后勤支持。其中会议组织由论坛固定员工、临时员工和论坛在全球和各区域的长期合作伙伴共同完成。如前所述，论坛的固定员工是按其组织结构中的不同需求所设置的专业人员。他们平时各司其职，到会议期间即按主题、专业、区域等方面进行组合，在一个领导小组的指导和协调下共同工作。储备高峰会时，他们与该区域的长期合作伙伴，如中国的中国企业联合会进行密切的联系，以确定该峰会的主题、会议日程、讨论内容、发言人名单、所邀请政要和公众人物的名单、邀请方式以及联系方式，以及参会代表的邀请、注册和确认等。在会前和会中，其还将邀请数额不等的临时雇员和志愿者参加会议的周边组织工作，如协助注册、打印文件、引路、整理会场、接听电话等。而会议的后勤工作自1996年以来交给一家叫做"全球会议管理"(Global Event Management)的法国公司全权代管。后勤支持包括会场的选择和布置、所有宴会和活动的安排、参会代表的住宿和交通联系(仅负责联系和安排，费用自理)等。经过这样分工，论坛将非技术的工作完全外包，使其员工队伍保持精悍和专业化。

论坛及其大型活动的资料整理

论坛在年会和各高峰会会中和会后都会印发和出版各分会议题的总结和报告，这些总结将会议期间讨论的重要正反观点、趋势和新问题进行如实归纳，以供与会者参考，会后这些资料还将在高峰会报告中出现。论坛的网站也将详细登载年会和各高峰会的内容。论坛每年还发表年报，并不定期发表各种文件。除此之外，论坛还拥有一家刊物"世界联系"(World Link)，并与众多国际著名媒体如CNN、《时代周刊》、《新闻周刊》等有着长期的联系与合作。

第二章

活动营销崛起的原因

当价格战、广告战、公关战、促销战等各种战术让营销界泛起一片红海时，活动营销悄然辟开了一片蓝海，掀起了"眼球经济"的新浪潮，给政府、企业、媒体带来了全新体验和品牌制胜的法宝。

从姹紫嫣红、争奇斗艳的各种晚会，到坐而论道的多样论坛活动；从音乐、电影、艺术等排行榜，到各式各样的选美大赛和年度人物评选；从最有影响力的企业投票，到十大精品楼盘对决；从对战争、科技等事件直播的竞争，到积极策动各种文化考察活动等"媒介事件"……在电视屏幕上，在报纸杂志上，在网络新媒体上，在广播的电波中，处处都有大型活动的身影和声音，让我们目不暇接。越来越多的城市、企业、媒体对"活动"产生了浓厚的兴趣，大家"八仙过海各显神通"，纷纷投身到无比热闹的"活动营销"之中。

活动营销吸引眼球的四大原因

这些年来，活动营销越来越吸引眼球，方兴未艾的背后有着诸多原因。

通过举办大型活动进行整合传播符合信息时代的发展规律

如今的信息时代，也是资讯泛滥的时代，人们的注意力反而成了稀缺资源，所以各个媒体都在想方设法吸引大众的眼球。**谁赢得了眼球、赢得了注意力，谁就能赢得眼球经济。**

媒体既然是文化的创造者之一，策划者就应该加强策划，努力使自己变成各种各样"热闹话题"的"始作俑者"。媒体在制造的新事件中提供新视点，"人为"制造电视文化的热点和兴奋点，从而使媒体成为文化热潮和文化现象的发源地，引导正确的文化走向。这种"始作俑者"的角色意识是媒体取得突破性发展的重要法宝。

一座城市要打造城市名片，企业要塑造产品品牌，都需要通过媒体的广泛传播才能得以实现。 媒体是放大器，媒体的传播能将城市和企业的信息成千上万倍地放大。**而活动恰恰可以通过高水平的策划无中生有，按城市和企业所需制造新闻亮点。** 一个好的创意活动可以整合到大量媒体进行跟踪报道，实现传播效果最大化的整合传播，形成具有冲击力的媒介事件。

大型活动能极大提升媒体及企业的整体品牌价值

一家企业发展态势如何，很重要的一个考量指标就是其品牌在受众心目中的人气指数如何。有了知名度还只是万里长征迈出第一步，更重要的是要在受众心目中形成具有强大凝聚力的"美誉度"，即我们平常所说的"好名声"。老百姓心中有杆秤，他们会随时用它来掂量你在他们心目中的分量。

举办参与性强又带有社会公益性质的大型活动，是企业或城市造大势、聚大气，提升品位、档次和品牌含金量的最佳途径；是锻炼队伍，鼓舞士气，提高整体协同作战能力的绝好舞台；也是能给大众，尤其是客户展现实力，开阔视野，增强购买力或投资信心的心理暗示窗口或心理拉力器；同时还是合纵连横，结交新合作伙伴、凝聚新客户，制造良好外部环境的公关平台。

最高明的营销是要善于控制稀缺的资讯源， 要做"媒体内容的制造商"，制造话题、卖点，让其他的媒体去跟风、去追随，从而使自己的行为成为值得其他媒体再度开发和发散传播的新闻素材，从而占领高端辐射的源头，占领制高点引领时代潮流。在活动的推广中，让媒体免费为自己做广告，就像他们免费为世界杯做广告一样。如蒙牛与"超级女声"、加多宝与"中国好声音"、立白洗衣液与"我是歌手"的捆绑合作就是一个个成功活动营销的范例。

世界的新闻高地在纽约，中国的新闻高地则在北京，所以很多活动为了制造全国影响力，都会选择在北京举行新闻发布会或启动仪式。即使是区域性活动，要想引起全国受众的关注，就得打破区域限制，面向全国甚至世界，以"大思路、大格局、大项目、大手笔"的理念来运作活动。如"飞机穿越张家界天门洞"事件，当时就吸引了国内外几百家媒体的关注，一下子为张家界带来了关注度，引爆了张家界的旅游市场。

活动中蕴含着巨大商机

央视充分利用和发挥其强势的传播平台、强大的社会资源动员和整合能力，围绕每年一届的主持人大赛、歌手大赛、模特大赛、相声大赛、书法大赛、烹饪大赛等重大活动、比赛、事件制作的特别节目，往往成为全国观众一时关注的焦点和热点。目前，央视重大活动特别节目所具有的独特广告传播价值已经超越那些传统节目，为越来越多的企业所重视。在这些独特的收视资源背后蕴含着巨大的"活动经济"，可以毫不过分地说，每一项大型活动对于中央电视台来说就是一棵神奇的"摇钱树"。

企业往往因为冠名或赞助某一特别节目而迅速提升品牌的知名度和好感度，而消费者提起某项活动也往往很自然地联想到赞助该项活动的企业和品牌。比如哈药六厂、隆力奇冠名全国青年歌手大奖赛，鲁花花生油赞助全国烹饪电视大赛，黄金搭档冠名"CCTV服装设计暨模特电视大赛"，水井坊、郎酒、蓝色经典天之蓝冠名

"CCTV中国经济年度人物"，中国人寿、郎酒红花郎冠名"我最喜欢的春晚节目"评选活动，加多宝冠名"中国好声音"，立白洗衣液冠名"我是歌手"。2010年，"我最喜欢的春节联欢晚会节目评选"活动的冠名权卖出了1.109亿元的高价。2014年，"我是歌手"第3季，冠名费高达3亿。而"爸爸去哪儿"第3季，以5亿与伊利再度高调牵手。喜之郎、百事可乐先后冠名光线传媒运作的音乐风云榜，白沙集团支持航空特技飞行等，都使赞助企业与活动一起成为当时全国观众关注和新闻媒体炒作的焦点。

各种类型的活动本身就是一个有限资源

一项活动初创时，并不需要大量资本投入，更多的是一种智力投资。活动一开始也许大家并没有发现它的无限商机，当活动年复一年像滚雪球一样越滚越大时，它的价值才日渐显现出来，如"世界小姐大赛"。而后来要想介入者，就必须翻越人们心理上"先入为主"的重重障碍，先行者也会为后来者设置"进入壁垒"，后来者要得到大众认同就必须付出高昂的代价。

一个具有独特创意的活动，就是一个具有巨大商业潜质的独特资源，而这种资源就像其他物质方面的矿藏一样，其本身是有限的。中国有句俗话，叫"好事不过三"。面对第一个跟风者，别人还会夸他脑瓜子聪明；面对第二个跟风者，别人就有些轻视了，但也许还能忍耐；当第三个跟风者出现时，别人就会骂他弱智了。比如广东卫视已创办了一个"明日之星"的选美大赛、凤凰卫视也在选美活动的狭缝中抓住了一条差异化竞争的尾巴——"中华小姐环球大赛"，别的卫视再想进入此类活动，就会自讨没趣了。此所谓"先入为主，占山为王"。抢得先机，也就抢占了商机。

于是，众多机构在"觉醒"举办活动能带来社会效益与经济效益双丰收后，便纷纷行动起来，开展各式各样赛事的"圈地运动"，抢占形形色色评选活动之"山头"，细数一下各种节庆、选美、评比活动及颁奖盛典就可知各地争夺大型活动"资源"的激烈程度。

活动营销就是这样崛起的

国际品牌活动带来了眼球经济

知识经济时代同时也是注意力经济时代。在此背景下，注意力成为知识经济时代稀缺的资源。世界经济乃至世界城市的竞争，正在演变为争夺眼球、争夺注意力的竞争。达沃斯和博鳌就是鲜活的例证。如世界经济论坛年会会址的达沃斯，本是瑞士穷乡僻壤的一个小镇，而现在早已成为全世界注意力的中心。每年的年会，仅世界主流媒体就有600多家云集于此，世界各地无不注目这里。我国海南省琼海市的小岛博鳌，也因为亚洲论坛首届年会的举办，一举成名天下惊。

由一本名为《财富》的杂志举办的年度论坛，在三天的时间里，能够让世界各国的工商巨子和政界要人从日理万机中抽身出来，来到同一个地方，围绕一个话题开一次会议。他们不仅要为差旅和食宿自掏腰包，还要向论坛方交纳一定的会费，但他们依然乐此不疲，并且引以为荣。每年度《财富》论坛召开之时，举办地所在国的国家领袖也会亲临，发表主题演讲，这也让其他论坛的举办者羡慕不已。这本杂志举办的论坛所产生的眼球效应也是全球性的。每逢论坛举办之时，全世界的各种媒体都会跟风而至，纷纷将自己的镜头聚焦于此。论坛所讨论的话题以及论坛上的奇闻逸事经过各种媒体的传播，为全世界人们所津津乐道。在这种强大的"眼球效应"作用下，论坛举办地也成为世人瞩目的焦点。这也是很多城市争相举办《财富》论坛的重要原因。

在国外，论坛经济已经是一个聚宝盆。按照世界上权威国际会议组织——国际大会和会议协会(ICCA)的统计，每年全世界举办的参加国超过4个、参会外宾人数超过50人的各种国际会议有50万个以上，会议总开销接近3000亿美元。以美国为例，据其经济分析局的统计，目前会议产业的直接收入年均高达800～1000亿美元。而且在会议产业最发达的欧洲，如维也纳、巴塞罗那等知名城市，每年的经济收入有相当大部分来自会议产业。在较早兴起会议产业的新加坡，会议产业被看作是旅游业的一种延伸，称其为"一项重要的无烟工业"。论坛经济的巨大潜能和论坛产业的高额回报，使得越来越多的国家和地区的政府及民间组织加入到了国际会议市场竞争的行列，力求在丰厚的世界会议资源中抢得一杯羹，以至于如今任何一个有利可图的国际会议的主办权往往都是在10个以上的国家或地区几近白热化的竞争之后才能尘埃落定。

活动营销在中国的方兴未艾

活动营销的兴起，应该说是伴随着经济的发展和人们生活水平的提高而发展兴盛起来的。因为活动的参与性、互动性最强，生活水平提高以后，人们越来越需要参与更多的活动来得到休闲、娱乐。有一句话说得好，"生命在于运动，精彩来自于活动"，我们参加各种聚会、旅游，参加各类会议、论坛、展览、演唱会、音乐会、节庆等，这些活动都是在一个国家和人们的生活水平达到了一定发展阶段之后才得以兴盛起来的。

在发达国家，活动营销早已经是一种较成熟的营销模式了。如奥运会发展到今天，如果没有活动营销的借力打力，就不可能得到这样长远的发展和持续的兴盛。类似的还有世界杯足球赛、世界小姐大赛、世界超模大赛、达沃斯论坛等国际性的大型活动，应用"活动营销"让它们发展到了今天。一个活动的举办，需要大量的人力、物力、财力，活动营销助推赞助企业发展的同时也支撑了自身的发展。对于发达国家来讲，活动营销已经运作了几十年，已经进入了非常成熟的阶段，**而对于中国的市场而言，我们的活动营销还是一个刚刚萌芽兴起的全新阶段，大家还需要一个学习、理解和发展的过程。**

历数发达国家的著名品牌，如可口可乐、百事可乐、耐克、阿迪达斯等国际著名品牌，几乎都是在运用和借助活动营销来成就和维护自身品牌的。比如我们看到的世界级的各类大赛，尤其是体育比赛，都会有各类世界级的品牌倾力赞助。像日本的松下、索尼、丰田、本田，韩国的三星、现代等，都很好地借力了奥运会在本国举办的千载难逢机遇，通过奥运会这个超级大型活动进行全球营销，迅速发展壮大，最终得以成为世界级品牌，成功推向全世界消费者的。在2010年南非世界杯足球赛上，中国企业英利集团首次以汉文广告的形式出现在这样一个国际大型活动现场。这标志着中国品牌已开始有意识和实力进行国际性的活动营销了。尝到好处的英利集团，在2014年巴西世界杯足球赛上持续赞助，汉字"中国英利""光伏入户"在赛场上交替出现。

在中国，活动营销目前还是一个新的营销模式，它正带动着中国营销方式的新突破。比方说三亚，世界小姐大赛在那儿落地，中国也有这样一个活动品牌与此并进，那就是新丝路模特大赛，在三亚签了一个十年合同后又续签了十年。三亚因为有了世界小姐大赛、新丝路模特大赛等活动的举办，知名度大大提高。只要提到这些活动，人们就会自然想起三亚，想起那里时尚、动感、靓丽的海滩。还有一个典型案例，就是博鳌，博鳌这个小镇也是因为博鳌论坛的创办、发展和影响力的提升，使得大家将关注的目光投向了它，从而提升了影响力，人们纷纷涌向这个小镇，为它带去了无限的发展机会。还有亚布力中国企业家论坛，也是把地方城市品牌和本身的活动品牌捆绑起来共同营销的。这样的活动，前景是非常广阔的。

让营销效果倍增的不二选择

活动营销有几种操办形式：第一种，是企业、城市品牌通过赞助媒体或活动专业机构所举办的大型活动来营销。这种方式较为普遍，占主要地位。第二种，是企业、城市品牌、媒体等为推广自己的品牌与形象自行举办活动，吸引大众关注。无论是活动本身来打造自己的品牌，还是企业通过活动打造品牌，抑或是企业与活动捆绑、共赢的模式，我们都可以称之为活动营销。这样的案例在全球的著名品牌和著名活动的策划与成长中比比皆是，每一个都能带给人新的启迪。

活动营销越来越多地被更多的企业和城市所看中和运用。很多企业的营销总监都感叹：明明知道我们的广告费浪费了一半，却不知道浪费在哪里。大多的企业和城市都是通过常规的广告形式来推广品牌、促进营销的。实际上这种模式已经过时了，已经成为了一个附加值很低的营销模式。原因何在？首先就在于媒体的生态环境变了，过去的媒体是一种稀缺资源，媒体非常少，资讯发布渠道非常少，受众获取资讯的渠道也非常少。这样使得我们的媒体资讯变得非常稀缺，所以那个时候媒体的影响力非常大。但是发展到今天，从过去的报纸媒体到电视媒体，再到互联网媒体甚至手机媒体、户外媒体，媒体无处不在，我们的媒体就变成是相对过剩的了，从而使得我们的注意力成了稀缺资源。**营销就需要在众多的媒体中采取独到的方式来吸引受众的目光。**

对企业来说，与常规的电视广告投放不同，重大活动报道所提供的创意性广告投放空间非常大，其广告价值被挖掘得更为充分。**忙碌的今天，很多的受众是没有过多的时间去关注那么多媒体和信息的。**这样的话，如果我们广告的推广方式还是常规的，停留在老的套路上，靠通过硬板广告来推广，就会使得受众接受的几率变得非常小。就像天女散花一样，真正能落到你头上来的花朵会是一种很渺茫的期待。活动营销新贵就是在这样的状况下诞生的，因为活动营销更多、更直接地和消费者、和消费终端接触，比如说展览、会议，吸引聚集来的受众都是我们直接的客户。所以，活动营销的到达率、接触率是非常高的。同时，**活动营销还有具有直观、体验和互动性强等特点，**它符合现代人所需要的了解一个产品的各方要素：我们都想要体验一个产品好不好，我们一定要直接观看、触摸或者使用它，感觉这个产品不错的时候才会下定决心购买。如汽车的试乘试驾，服装的试穿，为客户带来体验的感觉只有在活动营销中才可以得到全面的体现。活动营销有直接的互动，同时从活动的营销层面中产生出核心的消费者以后，能够进一步地产生下一步的口碑传播。比如说，我们在一个营销场合，把握住了一群核心客户，他们受到了非常好的服务，或者说体验到使用的快感之后，他会把这种使用过的好感受、好心情以及切身经验直接通过现在的微博、手机短信、彩铃等个体化的媒体方式向外传播，产生病毒式营销的效果。

所以说，相对于活动营销而言，其他的营销模式则可能是一种隔靴搔痒的方式，因为它很难大面积地、深入地直接接触到我们的客户或者潜在客户。**活动营销实际上是直接和我们的客户在做一个亲密的接触，是与我们的消费者、客户在共赢中一起"跳舞"，客户能通过这种亲身体验和参与，加深对我们的认可与忠诚。**这是其他营销模式无法比拟的。所以说越来越多的企业经营产品，像银行、保险，甚至一些时尚产品，如红酒等奢侈品，越来越多地注重活动体验的营销。

现代城市也越来越重视活动营销，比如说像世界级的城市节庆案例慕尼黑的啤酒节，一个地方能通过一个啤酒节吸引来500多万的游客，如果不是通过活动营销的话，是很难起到这样显著效果的。比方说戛纳，在举办戛纳电影节的时候，前后很长的一段时间都能将全世界最优质的游客吸引过来，从而实现旅游消费倍增的价值。比如说上海电影节，目前也正在努力向世界级的电影节看齐发展，吸引越来越多的来自全球的参展人和游客。像哈尔滨的冰雪节、青岛的啤酒节等，这些活动也越来越成为当地城市品牌发展的助推手，也会越来越多地提升当地城市品牌的吸引力，吸引更多的游客来到这里消费。所以说，活动营销这一片蓝海，在其未来广阔的运营空间中还是具有非常大的诱惑力的。

活动营销的应用与发展

政府、企业与个人对活动营销的重视和应用

无论对于企业还是城市，甚至于对于我们每个人来讲，我们都需要营销。 一个企业能否成功、能否做大，关键就看营销能不能做成功；一个城市是否能做得很有影响力，能否吸引更多的游客来游览，关键也在于营销做得如何；酒香也怕巷子深，就算拥有真才实学的人，要想成为一个知名人士，或者拥有更多的知名度，能实现或者带来更多的价值，照样要看他们的自我营销做得怎么样。所以，营销至关重要。但是，从过去到现在，为了顺应快速变化发展的社会，营销的手法不断翻新，我们需要不断地寻找新的能发挥最大价值的营销模式。比如说过去有直销，这是在全世界做得非常兴盛的营销方式，还有会议营销、整合营销、事件营销等。发展到现在，活动营销成为了一个新贵，也就是说活动营销这种新兴的营销模式越来越得到重视，并被开发利用，越来越被城市、企业、个人所看好所运用。

有一种说法，对于城市而言，城市即节庆，将其等同起来，足以看出政府对活动营销的重视。比如说现在，中国有博鳌论坛，有亚布力论坛，还有很多政府性质的活动，如中非论坛等。与此同时，全国至少有1万多个由政府倡导举办的节庆活动，这就说明了政府也是越来越重视和看好活动营销这种模式的，希望通过活动来营销我们的城市、营销我们的国家，来打造中国的影响力。还有一个现象就是，世界级的活动越来越多地落户在中国。如世界小姐大

赛落户三亚，该赛事落户中国后已办了很多届。世界超模大赛落户到中国，达沃斯夏季论坛落户在天津，全球财富论坛在中国香港、上海和北京都举办过，还有北京奥运会、上海世博会、世界园艺博览会等，这些世界级的会议、展览、体育赛事都先后在中国举办，这一现象足以说明中国各界对活动营销的日益重视。每次国家举行世界级的盛大活动时，国家主席、总理都要出席，并上台做主旨发言。这就足以说明活动的价值、意义、影响力以及政府对活动经济、活动价值的重视。

对于企业而言，蒙牛与"超级女声"的合作成了活动营销发展进程中一个划时代的标志事件。自从"超级女声"与蒙牛成功合作之后，使得这个新发展起来的企业在几年时间内销量便有300多倍的飞跃。有人将这个案例提出来，思考到底是蒙牛成就了"超级女声"还是"超级女声"成就了蒙牛。**蒙牛和"超级女声"的活动营销成功之后，这种全新的活动营销模式一夜之间给中国企业的营销带来了新思路，带动了中国大量的企业来审视和运用活动营销这一新的营销模式。**大家纷纷效仿，当然成败均有之。如雪花啤酒每年办的"勇闯天涯"活动，通过这样一个活动，在大大降低了雪花啤酒营销成本的同时，也大大提高了它的品牌影响力。还有青岛市政府和青岛啤酒举办的"青岛啤酒节"，对青岛城市品牌和青岛啤酒品牌影响力的拓展也是非常有帮助的。主管青岛啤酒营销与品牌宣传的原副总裁严旭，曾经在论坛上坦言，她到湖南卫视跑了好几趟以后，终于与湖南卫视达成了合作意向，实现了"青岛啤酒我是冠军"活动栏目的成功合作。还有一个例子，是联想集团，他们的华南区总经理到湖南卫视去参加活动，与在其他地方电视台得到的超乎热情的接待相比，在湖南卫视却没有得到同样的礼遇。这说明两个问题：一是湖南卫视通过"超级女声"的营销打造了自己的品牌，湖南卫视的品牌崛起之后引起了众多企业的关注，赞助商之间有了竞争；二是企业希望通过活动营销达到共赢的结果，所以看好这一片蓝海，看好与湖南卫视这样一个品牌电视台、品牌栏目的合作机会，更愿意去积极争取品牌活动的合作机遇。从"爸爸去哪儿"这档节目三季广告招商的大跃进我们就可见一斑：第一季"爸爸去哪儿"的冠名费仅2800万，由于节目的火爆，第二季由伊利QQ星以3.12亿夺得冠名权，而第三季则由伊利以5亿元天价再次夺得冠名权。

蒙牛和"超级女声"的成功合作引发了大量企业的关注，甚至盲目效仿，这就使得**越来越多的活动主办方、策划人、企业走入了一个误区，他们以为一办活动就必定像"超级女声"那样火**。这些走入误区的策划人、企事业单位甚至政府部门缺乏对活动营销的全面理解。比方说，一个活动能否真正起到活动营销的作用，受多方面因素的影响，如活动一定要有非常大的影响力，吸引很多人的注意，有了成规模的注意力以后，这样的活动才能成为活动营销的载体。如果缺乏影响力带来的注意力，这个活动实际上还是停留在营销活动的层面上。很多的活动在策划之初，包括在举办活动期间，就忽略了制造影响力的过程，忽略了要把制造影响力列入策划之中，将其作为活动营销操办过程中的必须程序。"超级女声"为什么能赢得企业的关注，并最终赢得消费者对这些赞助企业产品的关注呢？核心的就是影响力。影响力又是怎么来的？第一步，"超级女声"很好地开创了中国选秀节目分赛区的模式，它在全国各个省市开通分赛区，分赛区是制造影响力的一个非常重要的手段。因为每个区域的受众只对每个区域本地的事件感兴趣，湖南卫视的一个选秀活动，要怎么样才能使黑龙江、四川、浙江、广东等其他地区的观众对它感兴趣呢？必须要化为当地贴近性的题材和活动以后才能达到这个目的。所以湖南卫视"超级女声"开辟了这样一个举办分赛区的模式，很好地发动了全国各地的媒体去关注他们本地的超女们，关注本地"超女"的报名、竞赛，最后形成全国各个区域相互竞技的火热局面。这样，每个地方的受众会从关心本地的"超级女声"去报名海选，到每个地方的超女胜出之后汇聚长沙的全过程。实际上，每一个地方的超级女声就变成了当地人所关注的一个焦点，这就是贴近性的作用，最终汇聚到了一起，就形成了浩大的粉丝群与影响力。

共赢是活动营销发展的基础

"超级女声"的这一个创意选秀和举办大型活动的模式引发了各个地方的媒体来免费给"超级女声"打广告，大量的当地电视和报纸媒体来报道当地的"超级女声"和她们的比赛进展情况。我们进一步地思考，为什么全国各地的媒体都愿意心甘情愿地拿出自己的版面、时段和频率出来大量宣传"超级女声"，给"超级女声"免费打广告或者免费打工。**原因就在于"超级女声"策划的这些系列活动、分赛区活动的话题和新闻能为他们的报纸、电视、电台带来更多的注意力。**所以说，"超级女声"赢得如此巨大成功的核心原因，就在于以核心创意的核心要素给各个媒体提供了所需要的报道素材。他们只要参与报道"超级女声"，就能赢得更多的收视率、阅读率、收听率，这是各个媒体求之不得的。"超级女声"用自己的创意本身帮助了各地的媒体，用"超级女声"的话题给各个地方的媒体提供了他们所需要的新闻、信息内容，同时帮助了各地的媒体来提升他们的影响力。所以说，这一个活动的创意策划，实际上满足了共赢的需求，满足了湖南卫视和赞助商，同时也满足了各地的媒体、各地的受众这几个方面的共赢，每一方都是有所收获的。

2005年，在"超级女声"选秀中拔得头筹的李宇春登上了美国的《时代周刊》，成为轰动一时的封面人物，这是一个非常巨大的广告，这个广告价值不下亿元，给"超级女声"和李宇春带来了全球性的影响力。为什么《时代周刊》愿意为超女李宇春、为湖南卫视的"超级女声"免费做广告？这也在于"超级女声"的事件满足了《时代周刊》所需要的一个概念，他们认为中国这些民众可以用手机来决定自己的偶像，这个事件具有开创性的民主时代意义。我们再来看今天的风生水起的真人秀节目，特别是明星真人秀，光出场人物的神秘感就吊足了大众的胃口，所以节目组直到节目播出前都一直三缄其口，将神秘进行到底，而这些大牌明星参加真人秀，每一个人的粉丝都将为这个节目带来爆炸式的关注度。这些活动的影响力，不仅引爆了收视奇迹，带动了相关产业发展，更是让参与者火了一把，第一季"爸爸去哪儿"让名不见经传的张亮一夜成名，第一季"我是歌手"让黄绮珊惊艳复出。在节目与明星火热的背后，冠名权也成了众商家的争抢阵地。

我们举办一个活动，这个活动能否成为活动营销的载体，关键就在于这个活动是否具有好的创意，是否为一个品牌活动，是否具有影响力，能否吸引更多的注意力，有了这些我们才能把注意力售卖给我们的赞助商。当然，影响力打造的根源还来自于我们活动本身的创意、在于我们能策划出具有爆破力的点子，来激活我们的受众。这样，活动影响力、创造力自然而然就能打造成功。在我们周围，大量的活动都没有打造出影响力来，第一个原因就出在他们的策划创意很平庸。一个创意与策划很平庸的活动，就决定了它是没有影响力的，就像一个物种的基因，它的基因本身就不好，这个物种肯定是残缺的，是没有竞争力的，病态的物种迟早是要被淘汰的。在中国这样一个活动大国，鱼龙混杂的众多活动中非常缺乏核心创意的基因，这个基因遗传不良，所以很多的活动是注定没有前途的。活动市场需要通过优胜劣汰，通过市场的杠杆来调整，最后博弈出具有生命力、具有未来、具有市场前景的活动，这些活动存活并成长起来之后会成为今后的主流。这样，在未来具有全球影响力的活动中，才会有中国原创的一席之地。

环球活动网创办"奥马奖"的时候就考虑到这个问题，全世界没有一个系统和标准去评价活动本身的优劣和影响力，主办者就是想创办一个关于活动影响力评判的奖项，把全国的活动都纳入到一个平台体系当中来，最后就有了这样一个目标："奥马奖"源自中国、影响世界。就像现在，一批中国企业慢慢成长起来，将自己打造成世界级企业，许多中国企业品牌正慢慢地跻身于世界级企业品牌之林。相信在不久的未来，中国一定会有一批卓有影响力的活动品牌，崛起成为世界的活动品牌，受到全世界的关注，并影响全世界。这是一个不可逆转、不可阻挡的发展潮流。

"中国品牌节"的乘势崛起

近年来，论坛会议活动无疑成了一股不可忽视的力量，吸引了人们的关注目光。APEC、亚布力中国企业家论坛、博鳌亚洲论坛等，都成为一段时间的舆论风向标。品牌中国产业联盟与其"中国品牌节"的崛起，无疑为中国的论坛会议活动增添了一道耀眼的光环。

品牌中国立志成为品牌活动与传播第一平台，致力于为中小企业打造知名品牌服务，为知名企业创建世界品牌服务，想成为中国品牌标准建设的推动者、执行者和捍卫者。围绕着"品牌，让中国更受尊敬！"这一梦想，品牌中国打造了一系列的活动，其中"中国品牌节"在2006年8月8日第二届品牌中国高峰论坛期间，由品牌中国产业联盟主席艾丰发起倡议，得到全国人大常委会副委员长顾秀莲的肯定，并于2007年8月8日在北京拉开了首届的帷幕。

中国品牌节的设立目标就是要展示中国品牌形象，推进中国品牌国际化，让中国人也有一个品牌人自己的节日。历经七载洗礼，中国品牌节迅速地成长起来，已经成为中国规格最高、规模最大的年度品牌盛会，活动连续四届登陆CCTV-1《新闻联播》，覆盖目标受众人群超过8亿，成为宣传展示中国自主品牌的最佳综合平台。

让我们回顾一下中国品牌节走过的成长历程。

第一届中国品牌节

2007年8月8日，首届中国品牌节盛大开幕，由中国贸促会、全国青联、全国妇联大力支持，中国企业家杂志社、第一财经日报、分众传媒、品牌联盟主办，中国国际公关协会、中国会展经济研究会、中国民(私)营经济研究会、中国汽车工业协会、中国企业家俱乐部协办，品牌联盟(北京)咨询股份公司承办。社会各界代表、企业代表、品牌专家及800余家主流媒体代表2500余人出席了首届中国品牌节。

第二届中国品牌节

2008年8月8日，从奥运圣火到品牌圣火，第二届中国品牌节点燃中国品牌燎原之火。

第二届中国品牌节由中国贸促会、全国妇联和品牌中国产业联盟联合主办，全国青联、中国中小企业协会、中国国际公共关系协会、中国会展经济研究会、中国产学研合作促进会和全国工商联研究室作为支持单位，《中国企业家》、《华夏时报》、分众传媒、航美传媒和阿里巴巴作为媒体主办单位，北京大学中国经济研究中心提供学术支持，新浪网作为唯一网络平台。

第二届中国品牌节以"2008，点燃中国品牌燎原之火"为主题，对改革开放30年中国品牌进行了一次大盘点和大总结。活动历时3个月，举行开幕式、第六届品牌中国高峰论坛、大型电视慈善颁奖晚会、中国汽车自主品牌万里行(东南亚行)等四大版块14项主题活动。其中主体活动于2008年10月1日—3日在北京国家体育馆隆重举行，全国各界嘉宾逾万人出席本次盛会，所有活动将接触消费者数以千万计。

第三届中国品牌节

2009年8月8日，"提振中国信心，提升品牌价值"，第三届品牌中国节落户品牌之都青岛。

第三届中国品牌节以"树信心、立恒心、长雄心"为宗旨，从8月8日一直持续到8月11日，系列活动包括：开幕式、第八届品牌中国高峰论坛、品牌中国总评榜(2008—2009)、首届中国品牌博览会、品牌中国华谱奖慈善颁奖晚会、崂山之夜·品牌中国金谱奖颁奖晚宴、青岛品牌之旅、中国品牌经理人特训营、奥帆中心大型全海景实景演出品牌节专场等系列活动。

开幕式由嘉宾入场、各省市品牌代表团入场仪式、自主品牌汽车入场仪式、主承办单位领导致辞、首届中国品牌博览会剪彩、点燃中国品牌节主火炬等多个环节组成。主承办方代表艾丰、夏耕和企业家代表张瑞敏、刘永好共同点燃第三届中国品牌节主火炬。在刘东华执行主席的引领下，众多中国品牌优秀代表集体宣誓支持自主品牌。青岛市政府副市长吴经建、品牌中国产业联盟秘书长王永共同主持开幕式。

第四届中国品牌节

2010年8月8日，彭佩云题词"回归与跨越"，第四届中国品牌节拉开了"中国品牌革命"的序幕。

本届品牌节包括大型开幕式、第十届品牌中国高峰论坛及30个行业分论坛、第二届中国品牌博览会、"回归与跨越"大型电视晚会、品牌中国总评榜、品牌中国1000强的发布、中关村创新品牌之旅、总裁特训营、"品牌中国之星"模特大赛等十大系列活动，上百位品牌领袖、千家主流媒体，万名企业嘉宾以品牌的名义相约北京，包括博览会在内的系列活动总规模预计将达到10万人次。品牌节首次新闻发布会2010年5月6日在京举行。

此次品牌节邀请到有关部委、省市领导，外国政府及国际友人，品牌创始和品牌领袖、中外品牌专家、中外投资机构负责人、品牌经理人、当红影视明星和媒体代表等万名嘉宾出席系列活动；人民日报、新华社、CCTV、BTV、路透社、美联社、德新社等千家主流媒体报道本次活动。

第五届中国品牌节

2011年8月8日，第五届中国品牌节的主题是"诚信为本，创新为魂"，认为诚信是自主品牌可持续发展的根本，创新是自主品牌不断升级的灵魂。作为第四届中国品牌节主题"回归与跨越"的延续与深化，第五届中国品牌节从"重构诚信、深化创新"两个关键点着手，将高举"诚信"和"创新"两面大旗，通过旗帜力量号召越来越多的自主品牌加入到倡导诚信和推动创新的大军中，汇聚中国力量，彰显品牌责任。继续推进品牌革命，着力探寻自主品牌发展路径，提升自主品牌竞争实力，推动自主品牌群体崛起，为中国赢得更多尊敬。

第六届中国品牌节

2012年8月8日，第六届中国品牌节在北京举办，主题是"转型与驱动"，从低碳经营、品牌回归、经济转型、结构调整等多个热点问题着手，结合国家品牌、区域品牌、企业品牌及产品品牌等多个层面进行深度剖析，寻找中国企业品牌在新形势、新世纪、新经济背景下的发展路径，探索中国品牌转型之路，为中国品牌的发展谋划未来。

第六届中国品牌节由中国国际商会、品牌中国产业联盟联合主办。

第七届中国品牌节

2013年8月8日，第七届中国品牌节的主题是"梦想与尊严"。中国梦将引领中国自主品牌不断地完成"转型与升级"，最终实现"品牌，让中国更受尊敬"的伟大梦想！此次品牌节由中国国际商会与品牌中国产业联盟联合举办，得到中国商业联合会的支持。十一届全国政协副主席、著名经济学家厉无畏，品牌中国产业联盟主席艾丰，品牌中国产业联盟副主席冯并、侯云春、郎志正、沈建国、程路、杨子云，品牌中国产业联盟执行主席刘东华，品牌中国产业联盟执行副主席武铁军、任一农、王肇文、郑砚农，品牌中国产业联盟副秘书长李光斗、顾环宇、石岩、吴克忠、张吕清、陈默、袁圣尧、陆洪兴，以及丰田、高盛、新希望、三一重工、李宁、匹克、三元、蒙牛、完达山、天朝上品、古井贡酒、汾酒、骏丰频谱、步长制药等1000余家知名品牌与会，共话"中国梦"，共筑"中国梦"。

第八届中国品牌节

2014年8月8日，第八届中国品牌节暨首界贵州品牌节在贵阳召开，主题为"融合与崛起"。本次品牌节以"推动国家品牌形象、领航中国品牌发展、助力贵州品牌崛起、大力传播品牌梦想、彰显自主品牌尊严"为宗旨，以"千万宣传投入为贵阳形象造势，百名品牌专家为贵阳品牌把脉，百亿品牌项目为贵阳发展助力"为目标，提升贵州品牌战略意识、提升贵阳城市品牌形象、促进区域招商引资、带动中小品牌组合、整合、融合，加速贵州省及贵阳市的品牌崛起和经济发展。

这是一次立足贵州经济发展战略规划，倡导绿色生态发展理念，融合时代智慧资本资源，突破区域品牌固有局限，促进贵阳创新经济建设，实现贵州品牌集体崛起的品牌活动，由品牌中国产业联盟、贵州省工商联、贵阳市人民政府主办，艾丰经济发展研究院、贵州省国际国内公共关系协会协办，中国会展经济研究会支持，品牌联盟(北京)咨询股份公司承办。

从这八届中国品牌节的持续发力，我们可以看出，中国品牌节在不断地创新与发展，力图打造成一个撬动中国经济发展的大平台，一个中国品牌崛起的助推器，一场让更多中国人欢欣鼓舞的盛典。

中国品牌节的迅速崛起，细细分析，原因有四个。

其一，每一届品牌节都有与时俱进的主题，紧贴时下大众诉求，挖掘社会关注焦点，并将其深化，引领品牌责任，扛起品牌旗帜，彰显了其社会责任，造福于众，是以得到社会舆论拥护。

其二，每一届品牌节都力图与地方政府、企业、媒体联动承办，因而聚集了相当多的高端人脉与资源，无论从经济收益还是合作互动上，都实现了多方合作共赢，带动了地方经济的发展，是以受到多方参与者的欢迎。

其三，其架构起了一个中国品牌人的舞台，为中国的品牌人找到了尊严，是以得到业界同行的支持。

其四，坚持与创新。坚持主旨，内容创新，是以活动常办常新。

第三章

活动营销催生了"活动经济"

　　活动营销的兴起，催生了一个新兴产业的衍生，那便是活动经济。围绕着活动营销的开展，五花八门的配套服务风生水起，它们的繁荣助推了活动的兴盛，为大活动带来了大活力。然而，纷乱的活动经济产业亟需一个整合平台，让它们成为活动营销新贵的真正助推器。

大活动提升大活力

现如今，越来越多的人出现在活动产业、活动经济领域里。人头攒动、人声鼎沸的火热行业状况，就因为活动产业带来了可观的经济效益，带动了一个全新产业链的经济发展。

大活动提升大活力，对于活动的运营者、合作单位而言，需要思考如何通过活动去提升企业、媒体、城市自身的活力，通过办活动来提升自身的影响力。**活动有三个功能，第一个就是快速打造品牌的功能，第二是快速整合资源的功能，第三是盈利的功能。**大活动可以提升大活力，会创造更多的价值。很多城市、企业、媒体都在纷纷通过举办活动来提升自己的活力和影响力。也就是说，一个单位、一个企业、一座城市是否有活力，就看它在公众的视野里能否不断有动静；它能否给受众不断地制造出新的概念、新的影响力。而这些，只有靠活动才能给外界带来如此强烈的视觉与感官的冲击。

如今，很多企业都在想方设法打造自己的活动，试图通过活动来将自己的产品、品牌推向公众的视野。**通常来说，活动营销有两种方式：一种方式是借助外界的活动来实现自我的活动营销；还有一种方式是企业或者城市、媒体，通过自己策划、自己主办来打造一个活动，以实现自我品牌的推广。**如可口可乐，大量地借助与奥运会这样的世界级品牌活动的捆绑合作来实现它的全球活动营销。像联想集团也是通过与世界级活动的合作推广自己的品牌形象。伊利、蒙牛这些乳制品企业，则通过大量的音乐会来实现自我品牌营销。现在，有很多企业在研发自己产品的同时，对产品就有了一个明确的市场定位，并根据产品的目标市场，策划设计适合自身产品定位的一些活动来实现他们的活动营销。如雪花啤酒，每年打造的"勇闯天涯"行动，就是企业给自己量身打造的活动。企业自己就是活动的策划者、运营者，也是活动的推动者，他们通过自我打造的活动来实现自我活力的提升。

当然，运用得更多的还是通过与专业机构策划打造出来的活动相互合作，来实现自身的活动营销诉求。三亚市就是借助与世界小姐大赛、新丝路模特大赛这样一些有全国影响力、世界影响力的大型活动，来实现快速自我营销的。

这两种方式的运用，各有利弊。**自己量身策划打造一个活动来实现自我营销，好处在于主办方自己能掌控这个活动，自己能拥有活动创意的知识产权和活动品牌，能保证活动的延续性。**但缺点是无法借力新创办的活动，因为新策划出来的活动还处在营销活动的层面上，还需要一个活动品牌培育的过程，所以它无法去实现活动营销带来的大活力和价值意义的扩大化。这就需要我们的主办方、运营方，拿出大量的人力物力财力去培育这样一个活动，等这个活动成熟到一定程度的时候才可以借力，所以说这种方式所能取得的效果会非常慢。而**借助于成熟品牌活动，则可以快速借力实现自己的品牌推广。**借助成熟品牌的活动去实现活动营销可谓借力打力、借台唱戏、借船出海，活动影响力速度快，整合资源快。**不过，企业对知名品牌活动没有议价能力，不能按自己的思路来掌控活动，**有时就好像是活动的局外人。

活动带动了新兴产业链的繁荣与发展

热火朝天的活动产业

在中国活动经济领域中，有会展产业、节庆产业、婚庆产业、体育赛事产业、演艺产业，包括选美大赛带来的美女经济等。在北京，每天召开的上规模的会议、展览不下千场，扩大到全国，数目就更加惊人了，**每年会展产业至少有上千亿的产值。中国的节庆产业也可以达到上千亿的规模。**因为在中国的每一个省、每一个市、每一个县都有不止一个节庆活动。**还有中国的婚庆产业，也有上千亿的规模。**体育赛事与演艺产业就更加热火朝天了，**这些活动、会展、节庆、婚庆、体育赛事、演艺产业加起来，就是几千亿、上万亿的市场，它已发展成为一个巨大的活动经济蛋糕。**

1. 会展产业

中国的会展产业非常红火，最有效果的当数上海世博会。上海世博会的产业所拉动的活动经济大家能深刻体会到，上海世博会人流量最多的时候，每天能达到几十万人次，入园总人数突破7000万人次，整个世博会对上海当地及周边地区经济的拉动是非常喜人的。现在很多城市都在立足于打造一个会展中心城市，像上海、北京、广州、杭州、长沙、成都、宁波等各地都在纷纷打造自己的会展产业中心。在中国的会展中，做得最成功的毫无疑问就是广交会了。广交会已经办了100多届，每一次广交会都能带来一次关联产业的兴旺。一个很明显的现象就是，广交会举办期间，在广州订宾馆入住是非常困难的事情，宾馆的入住率几乎是100%，而且价格都是翻番的。与此同时，这对广州住宿、娱乐、消费都是一个很大的刺激，给当地也带来了人气的极大提升。

在发达国家，会展产业是有一个很成熟的产业链的。在世界级的会展产业强国德国，其会展产业是最为成熟的，它的法兰克福国际图书展、汽车博览会等都是具有全球影响力的。**这些行业展，甚至成了这些产业发展的风向标**。每次大型的国际展览，它的配套服务都是紧随其后的。围绕着展览的后续业务，可开展各项服务：展具设计、展具制作搭建、展馆装饰、票务、媒体推广、食宿、交通等。但在中国，会展经济还很单纯，会展的产业链还处在快速发展的初级阶段，配套产业各个环节还在亟待成熟的学习与摸索之中。如自身的品牌建设、冠名合作、会展成果再开发、为参展客户提供个性化服务等，都需要一个长期的完善过程。

很多展会仍然停留在展示告知的层次上，以展示告知的功能来实现其价值和收益。**一个展位能卖多少钱，这是一种单一薄利的经营方式**。这个产业链的未来空间还非常大。**在未来，会展产业将一改传统的依靠卖展位的盈利模式，从产业链上将实现前后端的双向延伸，从内容上将围绕会展主体展开丰富的盈利交易模式，朝着督促、协助客户达成交易、订单的方向发展。除了卖展位之外，展会还可以根据客户的交易多少进行分账**。就像我们开超市一样，所有的产品都可以来竞标上架，上架之后有上架费，买卖每一件产品都有销售分成。同时，在会展的产业链中，还可以形成巨大的广告产业，可以在包括票务、会刊、大屏幕、会场等许多地方进行产品广告宣传；还可以往会展上下游的方向打造延展性产业。义乌的小商品世界博览会就是一个非常成功的案例，它从最初以一个会展的形式去售卖展位吸引全球各地的采购商、供货商进行交易购买，发展到开办相关产业以服务客户，将会展的后续工作包括加工、生产、物流整合到了会展产业链之中来，为客户提供了全面而贴心的服务，牢牢抓住了全球的客源，并将会展经济挖掘到了极致，并因此而极大地带动了当地的经济发展，**使当地的千家万户都成为它的生产商、服务商，将一个专业的会展变成了吸引人气的平台，进而起到带动当地经济发展的综合性效应。**

目前，有些成熟的国外会展上市企业，他们正着手在中国寻找一些有品牌和有发展前景的会展，想购买之后整体打包上市。**未来的会展产业，将逐步往品牌化、规模化、完整产业链的方向发展，会展服务也将变成一个链条式、精细化的服务行业。**

2. 演艺产业

不仅仅是会展产业的市场前景如此广阔，演艺产业也是极具未来发展前景的产业。现在的演艺产业，以明星演唱会为主，基本上集中在大城市，比如北京、上海、广州等。演艺产业的未来，当然远不只是几场明星演唱会而已，其市场前景还是非常广阔的，而且伴随着人们生活水平的提高，以及人们在文化消费方面支出的增加，会从以大城市为主要舞台逐步向二线城市、三线城市拓展。将来的中国演艺产业，形式会更丰富，发展模式会更多样。像印象系列实景演出及长沙的演艺歌厅，把不定期举办的演唱会变成了常态化的商业演艺。其实，**中国演艺产业还没有形成真正的产业链。**如承办演唱会的公司，它们所做的仅仅局限于签约明星、租演唱场地，以及通过卖门票的方式来获取经济收益。实际上，一场演唱会还有许多的盈利方式，门票收入仅是收入的很小一部分，还有很大部分则可以通过企业的冠名、赞助等多种合作形式获得。如今多数中小型的演艺公司，缺乏广告运营的专业队伍，缺乏有实力的企业客户资源，缺乏广告营销的经验，也缺乏媒体宣传资源，这些都是发展完整演艺产业链的短板。

未来的演艺产业，会朝着全面整合演艺上下游资源，发挥演艺最大价值的方向发展。对艺人的包装，可以通过举办选秀活动，从新人参加活动被一层层选拔出来时就已经开始。选择适合公司发展战略、有市场潜力的艺人签约，花大力气进行整体包装和一系列推广。重点对象可为他们策划举办个人巡回演唱会，吸引企业冠名赞助，同时还可以通过销售门票的方式实现盈利。目前，明星演唱会都是以全国巡回甚至是全球巡回演出的模式来运营的。新人的演唱会可逐步实现从小规模到大规模，从单次演出到巡回演出，从单靠门票的收入到形象代言、接拍广告、出唱片等产业链的创收方式转变。事实上，"超级女声"在这条路上就进行了有益的探索，并形成了产业链的雏形。"超级女声"们都是通过湖南卫视与天娱传媒大型电视选拔活动层层选拔出来的具有超高人气的新人，对这些新艺人进行专业包装和歌曲打榜推广之后，再为她们组织全国巡回演唱会，同时为企业做形象代言人、接拍广告、出唱片，甚至为她们量身打造影视剧，把唱歌、演戏、形象代言三位一体进行全方位整合，通过这种立体化的运营方式来做大艺人经济。从另外一方面来看，湖南卫视过去录制一台大型晚会，所有的明星艺人都得依靠外请，这往往会因为明星档期等原因容易受制于人，而且邀请各路明星的费用居高不下。自从有了"超女"、"快男"这支自家一手培养和打造的明星艺人团队之后，不仅自家的签约"明星"容易调配，而且在外请明星出场费上也有了更大的杀价权，晚会、演唱会的明星成本大大降低。而"超女"、"快男"们有了自家强势的媒体平台，高曝光率有了保障，品牌价值也就能保持长久不衰。湖南卫视通过操办"超级女声"，可谓一石多鸟、肥水不流外人田，受益良多。**演艺产业有了自身的产品，就有了持续发展的生命力。**

在演艺产业中，还有一种美女经济，即选美大赛。全世界著名的三大选美赛事(世界小姐、环球小姐、国际小姐)在中国都办得风生水起。还有，全国各地以各种名头举办的大大小小的选美大赛不下100种。**每一项选美大赛都会带动相关行业和地域的眼球经济发展，**如模特大赛、旅游形象大使、城市之星等。模特大赛也逐步在朝着专业方向细分，随着房产和汽车工业的高速发展，除了过去的服装模特，如今的车模、房模也很"走俏"。新丝路模特大赛是国内运作得最好的一个大赛，它通过活动挖掘、培养和推出世界名模，与著名服装品牌深度合作，为服装品牌形象代言，发布新款服装服饰等。

通过模特大赛的形式，挑选出来的获奖模特便是我们要着力包装和推出的产品。如何让我们的艺人产品实现多元产业价值的开发，还有很大的空间值得我们去研究和开发：如何将模特大赛与开办模特学校、举办模特培训相对接？如何将优秀模特队伍在北京国际服装周、上海国际服装周、江苏国际服装节、大连国际服装节、宁波国际服装节等地方政府节庆平台上发挥更大效用？如何将模特产业与时尚类杂志、电视栏目等媒体产业相结合？甚至还可从国际名模队伍中，挑选有潜质的模特来打造影视歌明星，演艺与模特事业齐头并进。台湾名模林志玲便是这方面发展的典范。总之，对模特机构来说，模特是核心产品，其他周边产业的应用，就需要我们充分盘活资源了，以便最终能在整合中形成完善、高效能的模特产业链。

近年来刚刚兴起的实景演出，如今在全国各地开展得如火如荼，自桂林《印象·刘三姐》之后，冠以"印象"名头的系列实景演出在全国各地四处开花。由张艺谋、王潮歌、樊跃"铁三角"打造的实景演出中，已上演的有《印象丽江》、《印象西湖》、《印象海南》、《印象大红袍》、《印象普陀》等。

2002年起，号称戏剧家、中国实景演出创始人的梅帅元邀请著名导演张艺谋合作，一起在中国桂林制作并上演了中国第一部山水实景演出《印象·刘三姐》，创造了一个全新的演出形式，此项目成为中国文化产业重点项目。2007年，梅帅元邀请作曲家谭盾、舞蹈家黄豆豆、少林方丈释永信、著名学者易中天一起制作中国嵩山实景演出《禅宗少林·音乐大典》，此项目也荣获中国文化产业重点项目、中国城市名片称号。他还推出了开封清明上河园的《大宋·东京梦华》，以及红色圣地实景演出《井冈山》、山东泰山《中华史书泰山封禅大典》、呼伦贝尔草原实景演出《成吉思汗》、张家界山水音乐剧《天门狐仙——新刘海砍樵》、都江堰实景演出《道解都江堰》等。

除了以王潮歌为首席执行官的北京印象创新公司和梅帅元的团队外，运作实景演出的还有赵安团队，他们已推出《神游威海》、《神游楼兰》两部以"神游"为主题的实景演出系列剧。著名导演陈凯歌、冯小刚也推出实景演出作品《希夷之大理》与《梦幻北部湾》。

通过实景演出可以拉动各地的旅游产业。很多旅游景点因为晚上没有什么娱乐观赏活动，所以往往留不住游人。根据当地的文化特色，并与其独特旅游资源相嫁接，制作出一场独具地方魅力的实景演出，这是各地想方设法让游客住下来，拉动旅游的一个新招。游客们白天看风景，晚上看演出，这样就能将旅游的六要素"吃、住、行、游、购、娱"全部激活。实景演出本身已逐步成长为一个大的产业。

3. 婚庆产业

结婚自古以来就是大事，找准了结婚的对象，如何结婚就成了折磨一对新人和家属的大问题。每对新人都希望拥有一个省心省力又别具一格、永留记忆之中的美妙婚礼，于是婚庆机构应运而生。有家婚庆企业创始人用1.5万元创业，3年内达竟然实现了3400多万元营业额，可见这个市场有多大。伴随着婚恋观的改变，更多人愿意在结婚这件事上花更多的钱，婚庆产业因而呈现出急速增长的趋势。据全国调查的样本数据统计，2014年全国婚庆业营业额高达7500亿元～8000亿元。婚庆产业虽然市场很大，每个城市都有非常多的小婚庆公司，但是目前全国还没有一家品牌婚庆机构，这正是这个行业全新的商业机会所在。

2010年，全国有1205万对夫妻登记结婚；2011年，全国有1247万对夫妻登记结婚；2012年，全国有1302.4万对夫妻登记结婚。这是一个庞大的市场，带动了一系列长长的消费链条。从婚庆产业角度来讲，每年举行的婚博会就有不少，全国各地都有举办，餐饮、婚礼场所、婚庆司仪、婚纱、婚纱照、珠宝、旅游等，都能从婚博会中实现团购，进行打包式消费。一个婚庆产业连带所产生的消费远不只这些，一对新人的消费是非常巨大的，从居家、购房、购车、电器、珠宝，到婚庆旅游、婚纱照、婚庆庆典、服饰、化妆等消费，连成了一条消费链。但目前，这个产业还没有形成一个完整紧密的产业链条，产业链条各环节之间缺乏完善优质的服务机构来对接，没有在全国具有影响力、上规模的品牌婚庆机构来为新人提供全程一站式服务。一对新人要结婚，能一下就想到的值得信赖的婚庆品牌机构寥寥无几。在上海有一个玫瑰婚庆大典，这是一种打造地方婚庆产业的模式。玫瑰婚庆借助政府和企业的力量，同时把相关的产业链进行有机整合。海南三亚市的天涯海角景区，每年都会举办"天涯海角海滩集体婚礼"。在哈尔滨冰雪节期间，则会举办"冰雪集体婚礼"。婚庆产业的空间是巨大的，这个空间亟待市场整合，并朝专业化方向发展。

未来婚庆产业的发展，更多的是朝着服务机构的规模化、品牌化，服务类型的多样化，服务类别的个性化，服务质量的精细化等这样的产业结构方向发展。通过打造知名的婚庆服务品牌机构，从婚庆的策划、婚庆的执行、婚庆的购物、婚庆的旅游和婚庆的婚纱摄影摄像等，每个环节都蕴含着巨大的产业商机。完整的婚庆产业应该是这样一个产业链条，一对新人到一个婚庆机构后，能够得到一套非常个性化的婚庆套餐服务实施方案。从婚礼邀请函的制作到婚礼庆典的布置，从婚庆所用到的道具到邀请知名婚礼主持人、嘉宾、证婚人，从走红地毯到婚姻誓言的宣誓，包括最终制作出一个完美的VCR，都需要有一套完全可以个性化量身定制的服务产品群出现。这样的话，未来的婚庆产业必然会形成一系列精细化的服务项目。婚庆服务机构也必将会从现在零散经营、没有知名度、无统一服务标准，发展到全国连锁经营、品牌化流程化系统性管理、精细化人性化服务的新格局，从小而弱发展到将来的大而全。

在一个成熟的高档次婚庆机构中，会拥有一系列完整的高端资源，它有世界顶级婚礼车、婚纱、婚礼时尚前沿的道具等。这样的婚庆机构能提供全方位的精细化的具有超市概念的服务，你可以根据自己的喜好去选购自己钟爱的一套服务产品。对于婚庆服务来讲，更多的是道具的租赁，因为对每对新人而言，婚礼消费基本上是一次性的，但婚礼道具是可以重复循环使用的。同时，婚礼服务也是一种要求极高的创意服务，要将婚礼做出好创意、做出有新意、做得有个性，需要下一番大工夫。如专业的婚庆主持人，现在就非常缺乏。如今婚庆主持人大多是兼职的，他们都是一统天下的搞笑模式，基本以搞笑新人为乐趣，而没有实现根据不同的新人特点实行精细化和有针对性的服务。提高婚庆服务水准，其需要发掘的空间是非常大的，如是否可以为新人拍摄恋爱片，在婚礼庆典的时候以大片的形式来呈现。在德国就有这样的婚庆机构，其每场婚庆大典完全是按照影视大片的方式进行演绎和拍摄的。一场婚庆大典结束后，便会为新人制作出一部值得永久珍藏的影视片。对于中国的新人来讲选择可以更多，可采用中式婚礼或西式婚礼。选择中国传统式的婚庆，可把一对新人置身到过去的历史情景中，如同时光倒流，在仿古的氛围中为新人带来独特的中国传统文化洗礼。

婚庆产业的未来有着巨大的发展空间与潜力，就看我们怎样发挥智力使之繁荣规范起来。在美国有上市的婚庆公司，在中国婚庆产业达8000亿的市场盘子里能孕育出多少创富机会呢！

4. 体育赛事产业

体育赛事产业在目前的中国几乎还是一片空白。政府办体育，这样一个大前提制约了体育赛事产业化的发展，但是随着中国与国际化的接轨，中国政府包办体育的格局迟早会被打破，这样一来就会变成全民办体育，社会办体育、体育赛事的产业性就会真正地凸显出来。事实上，就全世界来讲，做活动营销最成功、最有价值、真正发挥了活动营销功效的，还是体育赛事的产业。比方说奥运会和世界杯足球赛就是最成功的活动营销。德勤会计师事务所的一项调查显示，足球产业是世界第17大经济体，其年生产总值达5000亿美元，超过了瑞士、比利时等国家和地区。2010年世界杯足球赛所获得的收益是40亿美元；2014年世界杯足球赛，对于投入高达117亿美元的巴西来说，预计将获益140亿美元；另外还有F1汽车大赛等。很多的体育赛事都是活动营销的主力军，但中国还是缺乏这样运作体育赛事的机构和产业。如中国的足球赛中超，过去就属于政府包办行为，现在实行俱乐部制，慢慢地形成了企业来买单的局面。这样的中超已经有了活动营销体育赛事的雏形，活动营销已经尝到了很大的甜头。对于中国的体育赛事产业来说，就应该形成一个完备的产业链。我们应该去签约体育明星，还应该去打造体育明星，通过体育明星再去延展产业链。像乔丹是NBA体育赛事上的明星，通过他可以打造一个全面开发乔丹价值的企业。国内来讲有李宁，从体操王子到现在，已经演变成一个具有国际知名度的体育用品产业的知名品牌，这是一个非常好的苗头和现象。所以**体育赛事的产业中，从广告赞助、俱乐部、体育明星打造，到体育的培训学校、体育用具生产、供应，这一个系列都是可以综合利用的。**与此同时，还能为体育赛事带来很大收益的是体育赛事转播权的售卖，这些都是体育赛事未来产业链的发展方向。

5. 节庆产业

节庆产业在中国还处于自娱自乐的层次，**真正的节庆产业，一是可以通过节庆活动的举办带动旅游、带动消费；二是可以通过活动的影响力带来人气和关注度；同时还能通过节庆活动，筹划打造出一系列的衍生产品。**比如说奥运会、世博会，这些大型活动都有自己的吉祥物，但是在大量的节庆活动中，很少有主办方根据节庆活动的主旨去设计打造属于自己的吉祥物、纪念品。事实上，对这些附加产品的开发不仅能带来人气，还能带动一个产业链的新发展。不少的城市都在根据自己的特色策划举办城市节庆活动，如哈尔滨冰雕节、舟山沙雕节、潍坊的风筝节。作为主办单位，我们在策划之初就需要思考一个问题，游客参加了我们的节庆活动以后，他们能带走什么？能留下哪些记忆？而对衍生产品的设计、生产、制造，一定会形成一个大的产业链。我们可以通过这样一些活动去延展我们的产业，譬如通过全国节庆礼品的设计创业大赛，来征集我们的设计师、创业人员，在创意园区提供很好的生产环境，来设计推出节庆旅游产品，最后进行批量生产，给游客带来新的消费体验。

潜力无限的衍生服务

伴随着活动产业如火如荼的发展势头，衍生服务也崭露头角，需求带动了市场，它们的繁荣与整合是活动营销发展的保障。

1.活动用具租赁服务

现在，国内还没有一家全国性的大型活动器具租赁机构。

大到一个广场晚会，小到一次同学同事聚会，如果想要出彩，一场活动下来要用到大大小小不少器具。而且，绝大多数活动一年才办一次，不可能都购买，这样既不划算也没地方存放。最合适的方式，就是到一家大型活动道具租赁机构去租用，这样活动器具就能得到循环使用，活动成本自然会降低。

活动器具包括常用大型专业设备和小用具。常用大型专业设备，如演艺灯光、音响、大型智能舞台、烟雾效果机、LED、摇臂等现场录制设备、电视转播车、热气球、无人航拍机、用于安保的围栏、豪华婚礼车等。活动小用具，如用于启动仪式的各种用具、礼炮、高流明投影仪、对讲机、演出服装、舞台道具，以及大型活动中防风雨的大批量雨衣、雨伞等。

大活动专业设备的租赁虽然利润高，但是具有大众需求的活动小道具市场更广阔。婚礼、生日聚会、烛光宴会、假面舞会、圣诞夜、时尚派对、同学聚餐等各种聚会不计其数，每个活动需要的道具虽然不多，但是总体需求量特别大。很多活动的启动仪式、庆典礼需要有新意，使得举办机构常常四处寻求形式新颖的活动道具。现代婚礼也都在寻求形式创新，豪华婚纱、精巧的现场布置用具需求不少，尤其是中式婚礼，要租的道具就更多。其实，所有的聚会都有这样的需求。所以，我们千万别小看了小活动道具的租赁市场。

每年全国各地会举行很多场演唱会，拍很多影视剧，而一场演唱会举办完，或者拍摄一部电影、电视剧后，会留下大量道具。这些道具一次性使用完，基本就当废品处理掉了。如果将它们进行低价收购，变废为宝开展道具租赁业务，将会很快构建起一个活动道具租赁大超市。

将来，不仅可以产生让需求者到现场选用的大型活动道具超市，还将会出现利用互联网技术构建的活动道具电子商务平台。人们可以像选购衣物一样，在网上选租合适的活动道具。

2. 场地服务

要举办一场活动，首先得找到合适的场地，只有定下场地后才好设计布置场地的方案，并对外发通知和邀请函。目前活动举办方寻找场地，主要的方式还是开着车一家家去实地察看。由于活动场地分散在城市的各个方位，一天下来看不了多少场地。而且，每次看场地都得做重复的工作，如了解活动场地是否被预订、具有哪些设备、能保证什么效果、曾经举办过什么活动、交通是否方便、会场和周边环境如何、住宿饮食条件如何等。预订完场地后，还要完成交订金、签协议、让布展公司人员来量场地等很多后续工作。所有这些，事无巨细让人烦不胜烦。

今后，**全国性的活动场地整合服务商肯定会应运而生**，由他们将城市中具有使用价值的所有活动场地进行系统全面的整合，然后对活动场地按使用功能、大小、适合做什么活动等标准进行分类，便于客户精准查找。

3. 活动礼品服务

送礼文化是中华特色文化之一。无论是走亲访友，还是出席活动，都不能让人空手而归。每天全国各地要举办无数个大大小小的活动，活动礼品市场非常大。

现在活动机构需求方与礼品供应商对接不上，问题是：需求方找不到符合活动特色的礼品，礼品方找不到需求活动方。结果是，很多活动订的礼品都很常规，没有多大的纪念特色。

对活动礼品最好提供定制服务。活动礼品可分成赠送给普通参会人员、特邀贵宾和用来抽奖三种。每种礼品最好都与该次活动有关联、实用，这样才能体现稀缺性和特色，才能给人留下深刻印象，为活动添彩。如有的培训活动给上千名参会人员赠送的礼品是文化衫和活动纪念章，不同待遇的参会者身着不同颜色的文化衫，就座不同的区域。工作人员穿的文化衫也有颜色的区分。这样的礼品既实用，又能方便活动现场管理，成本还不高，可谓一举两得。有个活动给嘉宾定制的礼品是印有嘉宾名字的瓷杯或时尚电子产品，嘉宾看到后温馨之情油然而生。也有活动将书画家请到现场，给重要嘉宾赠送字画礼品，这样既在活动中推广了书画家，又为嘉宾赠送了一件非常有价值的礼品。

很多地方政府举办活动，送的礼品基本上都是当地的土特产，而第八届"刘邦文化节"就打破了以往的做法，采用了笔者为他们策划的《刘邦文化万里行》图书及含有反映当地历史人文和活动专题片的卡片式U盘作为活动礼品。此后，该地政府在接待活动中一改以往送酒的惯例，改为送文化礼品了。

4.活动招商服务

举办活动的盈利方式基本上有如下几种。

(1) 会务费。 大部分行业会议、论坛以及企业培训都是靠收取会务费创收。因为同质化的会议越来越多，在激烈的竞争状态下，很多会议举办方会通过设立大量奖项来吸引参加者，而且会请来一些退休的部级以上老领导，在人民大会堂、钓鱼台国宾馆、国家会议中心之类的地方举办颁奖仪式。常在一些会议论坛上看到，奖项一颁就是上百个，几乎所有参会者每人都能捧上一个奖牌。更有甚者，还以高价卖奖。因为北京的会议太多，会展行业内部还流传这样一种说法："很多地方一看到是北京的电话，就挂断了。"现在，已有越来越多的会议从北京、上海等大城市转移到一些旅游城市召开，参会单位作为福利奖励员工去开会，实质是一种会议旅游。这一类活动，通常以红头文件的形式传真加电话营销，不求有多大的媒体传播影响力，有的特意不做任何宣传。

(2) 参展费。 会议与展览一般是相伴而生的。**行业会展的主要功能是为该行业搭建一个交流和交易的平台。** 由于会展能够汇聚人气，能极大拉动一座城市、一个区域的酒店、餐饮消费及旅游业的收益，所以我国很多城市都在争相打造会展之都。全国或国际性会展对展览馆、酒店、交通等硬件设施有较高的要求，所以中国的会展城市除北京、上海、广州三大城市之外，基本都集中在沿海发达地区。现阶段，我国的会议主要以会务费创收为主，展览则以卖标准展位和特装展位来盈利。**随着会展功能从交流向交易的升级，未**

来有影响力的品牌会展的相当一部分收入会来自促成各项交易的佣金。由于交易会的交易总额很大，所以佣金也会非常可观。

(3) 理事会会员费。像达沃斯论坛、亚洲博鳌论坛、亚布力中国企业家论坛等，都是以收取理事会及会员费的方式来维持组织机构的运行开支。这样能保证论坛的持续发展。

(4) 广告赞助费。活动本身就是一种媒体。而行业会议与展览则是一种精准投放的媒体。有影响力的活动才有赞助价值，因为赞助方花钱买的不是活动，而是活动带来的影响力。很多企业看好这种会议营销的方式，但是一个单独的会议规模太小，无法形成规模效应。所以，需要有实力的机构整合大量分布在全国各地的有影响力的活动，然后再将这些活动统一打包售卖给赞助商。企业广告赞助有冠名、指定用品(酒、车等)、宴会赞助、协办、战略合作等多种形式。体现方式有展位、会刊、视频广告播放、嘉宾发言等。经过五年发展，环球活动网如今已形成一个全国品牌活动的整合平台，在此基础上它成立了一家活动广告运营中心，打造自身广告传播平台，统一经营《会刊》、LED大屏幕视频、门票、互动短信等广告。

5. 活动名人经纪服务

一场活动是否上档次、能否形成影响力，关键是能请到什么名人嘉宾出席。活动需要名人来增加吸引力，名人需要活动来创造收益，两者互有需求，但由于信息不对称，相互找不到对方。**活动是各种名人资源的需求"购买方"，同时是整合高端人脉最快捷的方式。**环球活动网通过活动的整合，实际上构建了一个积累高端人脉的蓄水池。一边是活动资源，一边是高端嘉宾资源，环球活动网便成了促成两者合作的平台。另外，环球活动网作为有实力和品牌影响力的中间平台，对需求双方都起到了保障信誉的防火墙作用。环球活动网的三大业务板块，一是提供活动策划与执行服务，二是提供人的服务即名人经纪服务，三是提供营销推广服务。人的经纪服务包括邀请领导、专家、主持人、明星艺人、礼仪等。下一步，环球活动网还会通过与电视台合作，举办选秀活动，打造自己的艺人团队，从而盘活明星艺人出席活动、品牌代言、拍摄广告、商业演出等。

6. 票务代理服务

活动的对象都是人，尤其是商务活动面向的都是有消费能力的高端人士。活动方面的票务代理服务大致有三个方面：演出门票、会展门票、机票服务。一个大型活动好不容易将成千上万的人聚集在一起，所以必须精耕细作盘活这些资源，想办法给参加活动的人提供一系列配套服务，而且最好能在满足这些人需求的过程中，形成一种长期稳定的会员制服务。携程网就是通过在各个机场设点，通过人工发卡积累会员，然后通过呼叫中心建立跟踪服务。**活动则是一个发展会员最快捷的方式。**

活动经济的未来之路

伴随着活动营销的日趋成熟，**未来活动产业的发展模式一定会走一条从小规模到集约化，从不知名到品牌化，从单纯的产品收益到多元化产业链的模式发展的道路。**与此同时，在活动产业链中的每个环节，则会选择往专业化、精细化的纵深方向去发展。

奥运会的模式便是很好的借鉴，奥运会打造成影响世界的活动品牌以后，持续而深远地影响了全球人们的注意力。奥组委也就成了一个常态存在的机构，吸引来众多世界顶级的企业竞选全球战略合作伙伴和区域性战略合作伙伴，还有各类独家供应商的品牌授权等，这种强强联手的形式实现了活动经济的经济效益最大化。我们举办活动时，也可以效仿奥运会的盈利模式，比方说，从众多的餐饮企业中选取一家，指定为本次活动的独家餐饮机构，这叫做品牌授权，这就是一个非常好的产业盈利的发展方向。在我国，活动的营销还没有上升到这个层面上来，光是拉一个企业赞助都有困难，要做到这种点面俱到的营销规模可想而知难度有多大。因而倾力打造活动品牌形象、提高活动影响力，分层次、分区域，为企业开发出不同的赞助产品供企业前来合作，实现双赢，只有这样，才能吸引到更多的优秀企业。这是奥运会的经营开发模式，并非所有的活动都要按一个模子来发展，每个种类的活动都可以寻求自己的突破口。

除了做品牌以外，**中国的活动产业还有一个可以选择的发展方向，那就是做标准**。有一个家喻户晓的做标准的案例，那就是吉尼斯世界纪录，用一个标准统领全球。吉尼斯总部在英国，这样一个全球机构员工人数非常少，但因为制订了标准，全世界所有想申请吉尼斯纪录的人与机构，都得交给它服务费或者管理费。此外，还有诺贝尔奖，这也是做标准的一个活动营销的品牌。通过诺贝尔奖为这个国家、为这个品牌所带来的收益，远远超越了它所发出去的奖金，这也是一个制订标准的概念。奥运会、世博会、世界园艺博览会等，可以说它们都是标准的制订者，标准的制订者可以依靠无限次的复制来实现它的经济效益。未来活动产业也需要崛起一批标准制订者，发动世界各地向你靠拢，让承办方去创意、去设计、去搞基础建设、去申办，最后活动的发起方、主办方以一个标准制订者和验收者的身份来收账和分成。众多世界级的大型活动都是采取这种模式，发动全世界的承办城市来申请举办，通过评委最后的评审，选出承办的地方。所以说，**最高的商业模式就是做标准，让全国各地、全球各地来申办活动，主动出人力财力搞基础设施**，而活动方实际上就负责验收，然后产生直接的经济效益。

　　要想将活动做成大产业，就要突破原来营销活动的局限，打开思路成为标准的制订者和检验者，只有这样，产业的空间才能得到无限的发展。中国上海为我们的F1汽车大赛做了那么多的基础设施投入；北京奥运会花费了上千亿来建设奥运会场馆，来给奥运会的举办做全面的配套设施；广州亚运会，也花费了上千亿的成本为亚运会打造整体的运营环境，甚至花出4个亿打造亚运会的开闭幕式。这些大型的活动，一定是要制订标准以后，让全世界各地来给你出人力物力财力，作为活动的主办者、标准的制订者，可以成为旱涝保收、坐收其成的收益方。中国的活动产业依然是包打包唱的方式，自己创意、自己运行、自己拉赞助、自己定结果，因此还处在刚刚起步的最低层次上。如果哪一天中国也能诞生出一个像奥运会一样的品牌活动，让各国的总统、名人都愿意为本国申办这个活动而努力宣传造势争取竞争的话，中国的活动产业就成功了。

场地服务的无限商机

场地类型的划分

　　场地类型可粗略分为：酒店宾馆、展览馆、艺术中心剧院、体育馆、运动场、酒吧茶座、会所、广场、文化古建、公园餐厅、度假村、游轮商超、校园、社区等。也可按适合举办什么活动来分，如发布会、公关活动、会议活动、促销活动、上市仪式、聚会活动、庆典活动、明星见面会、展览活动、体育赛事等。特色场地如：绿色草坪、婚礼场地、1000人以上场地、厅高8米以上场地、培训场地等。

对于会场，可分为大、中、小型三种。大型会场：适合200人以上的新闻发布会、论坛、宴会等会议活动，拥有培训场地、五星级酒店、剧场等会场。中型会场：适合100～200人的会议活动、论坛、新闻发布会等会议活动，拥有培训场地、五星级酒店、剧场等会场。小型会场：适合100人以下的小型培训、工作会议、讲座等会议活动，拥有培训场地、五星级酒店、小剧场等会场。

场地资源的现状及改进的方向

(1) **场地经营者不知道如何营销推广场地。**绝大多数场地不做主动营销推广，基本采取守株待兔式的营销模式。有的场地甚至没有像样的推介资料，还有的连场地行车路线都描述不清，让参加活动的人每次寻找都大费周折。场地经营者最多会在过圣诞、中秋、春节等重大节日时提前向老客户进行电话、短信营销。其实，结合在此地举办的活动进行宣传传播，是场地营销推广的最好方式。

(2) **不注重活动案例的积累。**大部分场地没有系统保留在此举办过的有影响力的活动的图片、视频等相关资源，所以在介绍场地资源时，因为没有案例介绍而显得比较干巴，缺乏说服力和吸引力。案例积累多了，客户能看到有类似活动在这里举办过，会促使他们租订场地，并能够很快清楚如何布置场地。

(3) **场地的配套服务不够。**很多场地提供的设备达不到活动要求，使得活动举办方得另外租赁灯光、音响、LED屏幕等设备，每次活动的重复搭建、重复拆卸造成不必要的浪费，给活动方增加不少不必要的开支。

(4) 信息化程度不高。很多场地没有网站，即使有也非常简单，信息不能及时更新，根本不能实时反映场地的预订和空档情况。

(5) 场地资源闲置率比较高。很多场地的利用率都不高，尤其是在活动淡季，闲置程度更严重。专业活动公司可以利用自身活动策划和运作优势，利用其他资源来置换、盘活活动场地资源。可通过网络营销，及时发布特价场地等场地服务商促销资讯。还有，就是高档餐馆饭店的场地上午和下午的时间基本空闲，而它们所处的位置基本都在豪华地带，可以充分开发场地资源的多用途，用来举办高端沙龙等活动。

场地服务的无限商机与操作示例

活动场地运作上的不足，恰恰是活动运营公司的商机。活动运营公司可建立一个提供活动场地在线查询及预订的专业信息平台，依靠网站和呼叫中心为客户提供场地预订、服务商查询、会议服务、活动管理、展览展示、商务旅游等事件管理的一站式服务。为了代理销售场地，首先必须将产品描述清楚，为每个活动场地制作一个详尽的产品介绍专题，用图文视频等多种形式形象直观地表现如下内容：场地介绍、会场面积、容纳人数、具体位置(场地地图，距离市中心、火车站、飞机场多少公里)、场地空间高度、舞台大小、背景板尺寸、服务类别、周围公共服务机构、游乐设施(餐厅、KTV包房、VIP休息室、室内高尔夫)、场地图片、活动案例、大众点评等。如果能采取三维技术进行系统直观地介绍，则效果更佳。

可推行服务套餐化。企业沙龙、公司培训、商业讲座是使用会场的主要活动。可以根据普遍的要求和不同规模会务，推出几档场地加会务服务的套餐。

最简易套餐。此项套餐配置简单，价格实惠，会议背景板适合Mini(迷你)型会议活动；无投影机和幕布，不能进行现场演示说明；一只普通会议麦克更适合讲座、培训、产品说明会、工作会议、报告会等一人发言的会议；但指示系统、讲台鲜花、桌花、饮用水、纸、笔等会议用品，足以满足普通会议需要，也可烘托出会议活动气氛。提供物料：会议背景板(8M×4M以下)、舞台地毯、麦克风、指示系统、讲台鲜花、桌花、饮用水、纸、笔。

全面服务套餐。此项套餐满足大中型节目演出、游戏互动、新闻发布会、年会、宴会、卡拉OK等现场活动，有活动方案策划，高端音响配备(NEXO进口音响系统、支持现场乐队的麦克)，丰富的灯光效果和各项特效机器，高清视频配置，以烘托出绚丽的活动气氛。其可提供如下物料和服务。

方案策划：主题创意、流程策划、演艺策划、礼品建议、年会VI设计等。

舞美设计：专业舞台、镶幕背景板、签到处、指示系统设计(22M×5M以下)与制作、舞台地毯、游戏道具等。

音响系统：NEXO进口音响系统，包括10只音箱(4高音、4低音、2返送)、卡拉OK系统、6只无线MIC(SHURE U段)、6只有线MIC(支持现场乐队)、双CD、MD、均衡器、压限器、分频器、反馈抑制器、24路调音台、功率放大器、音频缆等。

灯光系统：80米Truss灯架、36只PAR灯、20只LED灯、16只电脑灯、8只ETC、16只AC灯、2台追光灯、H架。

特效系统：2台烟机、2台泡泡机、2台干冰机、6台气柱。

视频系统：2台投影机(12000Ansi流明)、2块200寸以下投影幕。

人员服务：项目经理及灯光、音响、视频控制师现场服务支持、4名造型师、1名舞台督导、30套以下演出服装租用。

在最简易套餐和全面服务套餐之间，还可分出几个实用的档次供客户选用。

会场资源除了代理销售提取佣金的携程模式外，还可进行一系列深度开发，如分众模式的会场广告，为场地商和服务商提供专业细分的广告服务。其目标群体精准，主要针对企业的市场部，以及有确定活动需求的组织机构和个人。可对酒店、酒吧、特色场地等场地提供商、会展服务提供商、会议设备提供商、租赁商、礼仪服务提供商、旅游公司、展览展示制作公司、鲜花礼品提供商等进行广告招商。

第四章

活动营销的价值彰显

扩大影响、提升品牌、带来人气、整合资源、发展经济，活动营销充满了让价值倍增的魔力。它搭建了一个展示、分享与交流的平台，兼顾了各方利益，让价值倍增，让精彩绽放，它的火爆不是没有缘由的！

活动是一个绽放精彩的舞台

生命来自运动，精彩源自活动。无论对于一个人，还是对于一个机构而言，只有"动"起来，才有"活"力，这便是活动的最大魅力所在。

大活动搭建大舞台，活动就是一个大舞台。心有多大舞台就有多大，策划和运作活动，非常锻炼人。据调查发现，凡是在学校里担任过学生会或社团职务，参与组织过不少活动的大学生，在社会上的表现都会比其他同学要优秀，十年后他们基本都走上了各个领域管理者的岗位。活动能力是综合素质的体现，包含人品、学识、阅历、心理学、社会学、口才等。看一个人的"活动"能力强不强，就可以判断出其实力和影响力的大小、为人是否成功。政治家、企业家基本上都是社会活动家，因为他们要通过活动去整合各种社会资源为其所用。**我们可以通过活动扩大人脉圈子，通过活动联络朋友感情，通过活动找到合作伙伴，通过活动实现共赢发展。**

对于一个机构而言，**活动对外可以造声势、树形象、立品牌，对内可以聚人心、鼓斗志、炼队伍。**外界看一个机构是否有活力，就会看它在公众视野里有没有动静。机构从成立伊始就离不开活动，开张要办挂牌仪式，新产品上市要举行发布会，找到合作伙伴要办签约仪式，周年要办周年庆典，业绩做好了要办庆功会等。一个机构的日常活动办好了，收益会是多方面的，而且会超出我们的想象。如果机构中设立专门的首席活动官，系统、整体筹划和运作对内、对外的系列活动，活动对机构发展的推动作用则会更大，更具有延续性。过去，我们通常会把活动划入公关的范畴，其实活动的功能和意义远不止公关的层面。

大型活动的主要功能

从活动营销的角度来讲，活动一般都要往大的方向做，大影响、大舞台、大发展、大整合、大效益，**操办大型活动的原因就在于它具有如下几个方面的主要功能：一是扩大影响；二是提升品牌；三是带来人气；四是整合资源；五是发展经济。**

大型活动的主要功能首先就是扩大影响

活动实际上是一个制造新闻的机器和源头，是一个制造新闻和新闻源最好的平台，是一个聚焦媒体的最好磁场和方法。一个企业、一个城市要扩大它的影响力就得做好营销，活动是营销的首推手段。因此，**我们不仅要制造一个个单一的新闻，更重要的是制造一连串相关联的新闻群，形成一个不断产生新闻的新闻源，让媒体能持续地捕捉到新的新闻点，不断跟踪报道和转载。**这样的话，一连串源源不断的新闻，会将活动的影响力不断扩大，就像滚雪球一样越滚越大，声势越大，传播越广，发掘深度越深，影响力就自然地扩大了，活动营销的目的也就达到了。就像"超级女声"，制造了一系列的新闻，使得很多媒体竞相为其免费做报道、做推广。"超级女声"打造出了"海选"、"粉丝"、"PK"(竞技)等一系列轰动一时的新兴词汇，并且成了当时的流行语，路人皆知，而这些俗语都是"超级女声"导演团队创造出来的全新概念，每一个名词背后都能引出一连串风靡一时的抢眼新闻源。有了新闻源，能为媒体带来关注度，众多媒体自然就会主动地转播转发、跟踪报道，活动就自然而然地实现了扩大影响的营销初衷。

除了主动制造出来的新闻源，活动还能够吸引很多具有新闻传播价值的人来参与其中。很多故事的发生，都是因人而起，有新闻影响力的人就更是新闻事件的制造者，有了人、有了事件，加上吸引过来的媒体，活动的影响就能造出来，并且传播开去了。举办一个活动是有延续性的，在活动举办周期这一个阶段的时间里，媒体会持续关注一个活动的进展。特别是很多成功的大型活动，在活动举办之前半年甚至一年或更长的时间里，就开始吸引了大量关注的目光，因此**活动之前的造势也是非常重要的**。但活动的主办方很少有人能把活动前的影响作为一个重点来打造和预热，而是静悄悄地埋着头策划和做筹备工作，想一出手就达到一鸣惊人的效果，而没有把活动之前的操作方式、运作筹备做成一条条的新闻公之于众，这种自娱自乐的活动前期准备工作实际上是将公众、客户、嘉宾、受众拒之"门"外了，错失了勾起大众兴致的好时机，错失了一个事前造势的好机会。

当然，活动结束之后，扩大影响的工作仍然没有结束，许多事后的追踪、总结，都是一种后劲很足的宣传。像奥运会，从紧锣密鼓的申办活动开始，大量的目光就被吸引过来了。一个国家成功取得了举办奥运会的资格后，有四年的筹备期，这四年时间是一个城市、一个国家对外营销的绝佳黄金时期。奥运会结束后，活动的宣传与影响并不会就此结束，运动员战绩、场馆的开放利用、城市的旅游等都能趁热持续扩大影响，给人灌输一个城市、一个国家的形象。

大型活动能够提升品牌价值

通过活动使品牌价值与影响力得以提升，道理与前面提及的原因是一脉相承的。大型活动有影响力，有了影响力便有更多的人来关注，有更多的媒体来报道，活动的品牌也能因此得到更大的提升。当然，做活动不能一味地追求利益，在选择战略合作伙伴时，一定要选择与活动相匹配的优质企业来赞助合作，要注意企业与活动本身的匹配性。中央电视台有一档"CCTV中国经济年度人物"的评选活动，2010年由一款叫做"蓝色经典天之蓝"的酒来冠名赞助的。蓝色经典酒已经有了一定的知名度，但需要进一步提升影响力，这就需要借助一个更高端的活动来实现这一目标。"CCTV中国经济年度人物"评选，可以号称为中国经济界的奥斯卡，在企业家、政府官员等精英人群中影响力都非常大，每年选拔出来的企业家、经济学家、政府领导，都是能引领经济航向标的社会栋梁。能争取到冠名这些社会名流竞相参与的活动，对赞助企业品牌知名度的提升度可想而知：一是与会的高端精英人士注意到了这个品牌，他们是这个品牌的主要消费群体，他们的认同能带动更大的群体对该品牌的认同；二是对这次活动表示高度关注的人们也会关注到这个品牌，将蓝色经典品牌与高端活动的价值关联起来。与此同时，"CCTV中国经济年度人物"也要选择一个最具权威的品牌来进行合作，以达到活动本身的营销目的。因为电视以家庭收视为主要受众群，是一个家庭传播的媒体，它需要借助户外媒体的影响力来提升自我的品牌。而蓝色经典的户外广告做得非常多，这些大量的户外广告正好弥补了电视广告的不足，为活动本身也做了广告推广。这种捆绑式的活动营销，实现了合作方的双赢，使双方的品牌价值得到空前的提升。

大型活动能带来人气

有了活动就会吸引来人气，有了人群的关注就会有故事的发生与演绎，故事带来媒体的聚焦，新闻的传播又带动了人气的兴旺。当年张家界的人气并没有现在这么旺，但1999年飞机穿越张家界天门洞的活动一经传出，将无数人的心都吊了起来，大家都在关注这件事：飞机能安全飞过吗？天门洞到底是个什么样的地方？这个事件极大地吸引了全世界上百家媒体自费到张家界去报道，还有不计其数的游客都想去目睹这一惊险时刻。这个事件使张家界空前热闹起来，全世界数亿目光都聚焦在那一天的张家界天门洞。与其说这是一个飞机穿越秀，不如说就是张家界天门洞的一次新闻秀。包括像北京奥运会、珠海航展、上海电影节等这些品牌的大型活动，都会吸引来全世界的媒体目光，大量媒体自费前来报道，免费为活动做广告式的宣传，因此吸引来大量游客、投资商、参会者等，召唤聚集来的人气将繁华一个城市，烘托一个品牌，带动一方经济。

活动带来了人气，人流带来信息流，信息流带动资金流。所以说一个地方的经济能不能有长足的发展，一个企业的产品有没有人关注，有没有人购买，首先得看有没有人气。如果没有人气，产品没有人购买，地方经济也就发展不了。**特别是在中国这么一个从众心理很严重的国家做营销，一定要特别注意人气的打造。**有一个很常见的现象，某家餐馆门口停的车会越挤越多。如果一个餐馆前面的停车场里门可罗雀，车很少，去的人自然就很少，人气不旺，餐馆经营就会举步维艰。很多餐馆为了促销，会有意识做托，找来几部车停在门口，吸引人气带动消费。做活动的时候也是一样，**很多**

大型活动若出现问题的话，基本上都是在场面上缺乏人气，一看活动现场的人稀稀拉拉，活动运营者的心一下子凉了半截，演讲人也会失去激情，企业赞助商也会非常懊恼。做大型活动，企业形象非常重要，这是面子工程、形象工程。有了人气以后，后续的活动开展才有可能更上一层楼。

如何吸引人气？人气的吸引是靠气场来维持的，就像一个磁场一样，磁场越大，吸引来的人就越多。磁场是什么？首先是慕名而来，你的名头很有影响力，这就是品牌。其次，人气要靠有知名度的人来吸引，明星、名人的帮衬参与，这是制造人气很好的举措。刘翔就是一个典型的案例，自从2004年雅典奥运会一举夺冠后，他的一举一动牵动了全世界的目光，任何一个活动有了刘翔的参与，自然而言地就带动了海量的人气。2008年北京奥运会，110米跨栏的田径赛场座无虚席，一票难求，大家争相买票就是为了一睹刘翔在家门口的表现。但刘翔因为脚伤而临时退出了比赛，会场一片失落，此后再来关注这场赛事的人气就冷清了许多。

当然，好的创意、带有互动性的创意、好玩的创意也能带来人气。比如说世博会，为什么能吸引全世界那么多游客，首先是因为有世博会这个超级强大的品牌。世博会来到中国，是带着引领全世界目光的品牌而来的。其后就得看创意了。世博会聚集了全世界著名的经典或者著名的文化，小世界里有大乾坤，一斑而窥全貌。如果没有创意，一个小小的会场很难充分展现一个国家、一个城市、一个行业的精髓，很难让人透过一个展览了解到一个国家、一个城市、一个行业背后生动与深刻的文化。世博会既满足了大量的中国人不出国门亦可领略全球风貌的愿望，也满足了外国友人踏上中国就能近距离接触全球人文风貌的便利与新奇，这就引来了人山人海的世博会游客。当然，世博会同时还给了各个国家、城市一个与中国老百姓交流，向全世界游客展示自己的机会，所以与会者都会使出浑身解数，创意百出，花样翻新，以创新创意博取游客的驻足。

一个活动要吸引人气、提升人气，是需要依靠媒体推广来完成的。如果一个活动不推广，就没有人知道，来参与关注的人就会少。所以说，一个活动要做好，做得漂亮，没有媒体强有力的推广是成不了事的。拿一部电影的营销来讲，一部电影实际上就是一款产品，需要更多的人来购买。想要有更多的人走进影院买票看电影，同样需要通过活动来营销。自从张艺谋的《英雄》开创了大片全球首映典礼之后，中国几乎所有的大片在首映的时候都要举办一个隆重气派的首映礼。动不动就是全球首映礼，而且有的片子甚至打出所谓的"宇宙首映礼"。通过举办首映礼来使得众多媒体纷纷报道，以此吸引人气、推高票房。如今，很多影片投资方都懂得如何抓住媒体来吸引人气，他们从选演员、定剧本、选场地时就开始举办一系列的活动，包括开机仪式、媒体探班、媒体见面会等，以此打造影响力，带来人气，最终的目标其实都是为了最后会有更多的人买票走进电影院来观看影片。

活动营销的魔力在于它能实现资源的整合

从活动本身来说，要将一个活动办成功，就得将成功所需要的各方面要素进行通盘考虑和有机整合。一个成功的活动需要哪些因素，这些因素该如何进行有效整合，用什么来吸引这些要素的聚集，说到底这是一个满足各方需求的过程。我们要吸引著名的品牌人物来到现场，首先我们得满足明星们、名人们的需求，要么得给他们高昂的出场费，要么就需要活动本身有很高的规格，有很大的影响力，有很多的媒体关注，能给明星名人们带来高曝光度。只有这样，才能吸引更多的明星艺人和名人前来参加活动。

为了满足明星名人扩大影响的需求，就需要思考如何吸引更多的媒体来关注。这就需要活动的策划人能策划出好的话题来，能满足媒体的传播需要。因为满足了媒体的传播需求以后，媒体会自动、自发地来协助活动的宣传推广。活动的传播做得越好，这个活动的主题和内容就有更多的人喜欢，反过来也就有更多的人来关注这些传播活动的媒体，活动自然也就满足了媒体的需要。也就是说，我们策划出一个好的活动创意，能满足媒体的传播需要，吸引更多的媒体来关注，就使活动有了影响力。有了影响力的活动就可以吸引到更多明星、名人的参与。这是一个相得益彰的效应，有了更多明星、名人的参与，自然就会促进更多媒体加盟报道，就能吸引更多的企业来支持赞助活动，有了企业的赞助和支持，活动操办起来就会更加有实力和底气。这样环环相扣，把满足各种需求的创意、确保活动成功举办的各要素紧紧捆绑在一个平台上，使资源得到相互利用与促进，最终会使得活动的品牌、影响力和人气得以提升。

提到整合的资源，不是简单的几个活动成功的要素，我们需要进行深入的挖掘，从活动营销的角度来思考资源是什么。资源是什么？**资源是我们发展的资本，我们拥有了资源，就有了发展的资本，所以资源和资本是匹配的。**资源分有形资源和无形资源。一个地方有矿产资源，那么这个地方的经济发展就有保障了，这是有形资源。像鄂尔多斯等很多地方都很富裕，因为地下埋的都是宝贝。无形资源包括很多，如品牌资源、专业的策划与执行团队、人脉资源等。**提到活动，一个很关键的资源就是人脉资源，高端的人脉资源是活动成功举办的保障。**活动需要请很多明星名人、政府要员来捧场，别的活动请不到，而你能请到，这就是资源，就是优势，就是资本和影响力。当我们拥有了别人没有的资源，那就等于我们拥有了自己的核心竞争力。

对于活动的资源来说，可以是我们拥有的完全属于自己的资源，还有一种，虽然不属于我们拥有的，但我们可以调配利用。后者也可视做是属于我们的资源。我们拥有的资源，如果运用得不好，每天都在消耗；不直接属于我们的那些资源，如果能够利用拥有的资源将其吸引过来，并充分加以利用，这样既没有大的消耗，也没有直接的投资，还能达到盘活资源的目的。**高手们就是这样进行资源整合的。**能调动的资源越多，举办大型活动的资本就越雄厚，活动影响力就会更大，客户、嘉宾、受众的参与性自然就会更加积极主动。好的活动策划和组织机构，都是具备这种资源整合能力的，用好的策划创意把各种闲散的资源进行有效链接，让整个价值链得到最佳的效益发挥。当我们有了高水准的策划创意，就能把各种高端的闲散资源进行有效的组合调配，将他们放在一个平台上跟大家共振产生价值，这就是活动的力量。

我们要打造一个有影响力、有营销价值的活动，起步阶段是要通过自身的人力物力财力投入，去累积人气、累积影响力，去滚动拓展我们的资源。资源越积越多之后，就能反过来促进活动的人气和品牌，这样就会吸引更多的资源进来。所以说，**我们要做大活动，得有长期的规划。**做成一个品牌的活动，那我们就能变成一个资源的受益者，因为**品牌活动具有天然的资源整合能力，资源会跟着活动品牌知名度的提升而滚动**，就跟滚雪球一样，越滚越大，越大越有力度。雪球大了之后，表面积也就越大，吸附上来的雪花就会越多，滚动雪球就更容易。如果在斜坡上滚球，那将是借力打力。滚动起来的力量越大，产生的能量就越大，实现的价值就越高。总而言之，要做好活动营销，就必须要打造一个品牌的活动。但活动营销的收益都带有滞后性，你的前期投入都会在以后每年的活动当中追加回报。**活动整合资源，资源回报活动。**

随着手机、短信、QQ、微博等众多依赖科技与互联网的交流工具的发展，活动平台的价值会越来越被人们所看重。因为**科技的手段代替不了近距离的情感交流，人与人之间还是需要见面的。**我们每个人都会有这样的体会，很多时候明明可以在电话里将事情说清楚，但还是希望能见面，在一起边喝茶、喝咖啡、喝酒，边面对面地交流，这就是人的情感交流需求。科技越发达，交流的手段越多，在越来越不需要见面就可以沟通的情形下，我们就越渴望人与人之间能更加近距离地接触。这种愿望变得越来越强烈，这种见面的机会更加难得。**而各种活动就给我们制造了人与人之间近距离接触、交流互动的平台。**

活动带给人们的最大喜悦是发展经济

无论从时代发展来讲，还是从人文需求来讲，人们都需要活动这种平台的诞生，需要各种聚会活动给大家搭建一个舞台，大家在这个舞台上去展示、交流和互动，各得其所。无论国与国之间，还是企业与企业之间、人与人之间都有这个需求。**需求带动了活动的发展，最终会带来经济的发展与繁荣。**无论是企业做活动营销还是政府做活动营销，我们的目标还是要发展经济。**一个地方如果能打造好一个品牌活动，这个地方的人气就会迅速上升，**影响力的提升会带动资源的迅速整合，这里的旅游发展了，投资环境改善了，其创业和就业人群就会越来越多，经济相应得以发展，人们的生活水平就会得到改善。人们的生活水平好了以后，参与活动的热情会更高，良性循环带动并刺激了消费，因而拉动了当地经济的持续发展。

活动营销充满魔力的实用价值

塑造国家形象

众所周知的诺贝尔奖，尽管现如今大家对其争议不少，但诺贝尔奖绝对是给瑞典塑造了国家的品牌形象。它将全世界物理、化学、生理或医学、文学、和平及经济方面的杰出人才聚在了它的荣耀之下，这种荣耀影响了全世界，每年都会带给大家很多悬念与惊喜。通过诺贝尔奖，瑞典将其在高端科技领域的权威印象留给了人们。还有奥斯卡，每年的奥斯卡颁奖盛典吸引了全球几十亿人们的收看，这给美国的精神文化和美国影视产业树立了颠覆全球的形象，文化产品输出成了美国一大产业支柱，美国大片成了各国影迷追捧的对象。通过奥斯卡评选出来的最佳影片、最佳外国影片在全世界都受到关注，像华人导演李安通过《卧虎藏龙》赢得了第73界奥斯卡最佳外语片奖，通过《断背山》赢得了第78界奥斯卡最佳导演奖，凭借《少年派》荣获第85届奥斯卡最佳导演奖的美誉。电影被评为最佳外语片后，李安的影响力大了，通过他大家关注他的国家，关注他影片背后的文化底蕴。他以娱乐化的方式，扩大了国家的知名度，提高了国家的形象，这是一种健康向上的时尚概念。还有巴西的狂欢节，这个世界上最大的狂欢节有"地球上最伟大的表演"之称，每年都会吸引全世界数百万的游客来参观旅游，这也是对巴西国家形象的一个重磅推广。提及狂欢节大家便能想起巴西，想起有这么一个值得向往和回味的地方。众所周知的奥运会，全世界各个国家都在竞争其承办权，因为这样一个大型的活动就是一个国家对外展示的机会，能够通过这个机会塑造国家形象，与国内外大众进行亲密接触，还能够通过这样一场大型运动会实现经济效益。中国一波三折煞费苦心申办北京奥运会就是一个很典型的案例。通过举办北京奥运会，大大提升了中国在世界的影响力，大大提升了中国文化在全世界的传播力，也大大提升了中国人的自信心。包括2010年举办上海世博会，这两个国际性大活动的举办，使得中国在世界的影响力和品牌得以大大提升，一改过去大家以为中国就是脏、乱、差、落后的形象，一个朝气蓬勃、和谐发展的中国展现在全世界面前。非洲在大家眼里就是一个艾滋病、祸乱、贫穷交织的地方，通过2010年南非世界杯足球赛的举办之后，大家开始了解南非，南非作为非洲经济最发达的国家，将它的美丽与活力展现在了全球的注目之下。所以说，通过大型活动的举办，对塑造国家形象是具有非常明显的提升作用的。

打造城市名片

很多城市为了凸显特色、扩大影响、吸引人气、发展经济，甚至打出节庆城市的招牌来，通过打造活动来打造城市名片，这是一个非常有效的方法。提到城市节庆，知名的有威尼斯电影节、柏林电影节、奥斯卡颁奖盛典等，这些活动都给当地政府打造出了一张美丽的城市名片。国内有大连的国际服装节，对大连城市品牌的提升和影响力的打造也立下了汗马功劳。通过服装节来打造城市名片和影响力的城市不少，宁波和常熟就效仿了大连，也通过服装节来打造它的城市品牌和名片。此外，哈尔滨的冰雪节和消夏节也是非常典型的案例，这些年来，哈尔滨的城市品牌知名度与日俱增，这与它倾力打造一冬一夏的两个节是分不开的。冬天打造冰雪节，夏天打造消夏节、广场音乐会，让这个城市一直有吸引游客的名片。中国的城市节庆非常多，甚至每一个城市都有多档节庆活动，如廊坊风筝节、青岛啤酒节，新疆冰雪节、浏阳烟花节等，全中国有上万个节庆，足以说明节庆活动打造城市名片的吸引力。但是，现在的城市节庆活动的问题也层出不穷，各地在打造活动的时候，活动的不确定性、活动的游艺性使得品牌大打折扣。比如说，杭州有个西博会非常有名，杭州和西湖极其相关，这样的活动与城市的品牌匹配、关联，自成一体。湖南的南岳衡山有一个寿文化节，出自"寿比南山"，这个关联度也非常好，衡山作为道教文化圣地，寿文化完全可以作为它的一张对外宣传的名片。然而，河南安阳，其文化底蕴非常深厚，有殷墟墓，有文字博物馆，但是安阳却没有打造文字文化节，而是花大力气在打造一个滑翔节，去做空中滑翔。这样一来，使得一个城市的形象在我们看来就有些面目不清，不伦不类了。安阳，其核心的对外形象应该是文化底蕴，通过文字文化、殷墟甲骨文文化来打造安阳的城市名片，将更加贴切。葡萄是吐鲁番的特产，吐鲁番打造葡萄节是非常符合吐鲁番的定位和城市特性的，但敦煌也在打造一个葡萄节，而当地最具文化气质或与敦煌相符的符号是敦煌的壁画而不是葡萄，这种节庆就显得有些不搭调了，或者说是在浪费城市资源，削弱了一个城市的品牌形象。**这种文化上的错位，使得打造出来的节庆活动与当地城市特色极不相称，使得城市的面目反而模糊了。**

像呼和浩特的成吉思汗文化节、草原文化节，这些符合当地文化特点的活动是值得推广的。但是很多的文化节并没有明确的定位，品牌的方向也模糊不清，抓不住关键点。要想做好城市的节庆活动，对于做文化做节庆的主办方来说，应该回答出几个问题来：第一，你做文化节做得最好的方向是什么？第二，你们做的品牌是什么？我到南阳参加活动的时候就跟主办方提出过这两个问题，他们觉得自己做了很多事情，**但对自己的品牌主打方向却说不出来，这就是众多活动主办方遭遇的问题**。南阳是中国医圣张仲景的故里，把中医药文化与南阳的城市活动结合起来就非常吻合。中国是一个古老的文化大国，各地的文化都具有浓郁的地方特色与深厚的文化底蕴，各城市都在抢历史名人，包括虚构的西门庆、潘金莲，都有数个城市在争夺他们的出生地，都想与历史文化的渊源挂上钩，以便于打造自己的对外形象。但很多地方政府却遗忘了自身已有的文化符号，大费周章去另寻他路来打造文化节庆。如果一个城市忽略了历史沉淀和历史的文化基因，去另择他路，舍近求远，那么这对于打造当地的城市名片会适得其反，南辕北辙。

成就企业品牌

蒙牛和"超级女声"联合打造的主题意境——酸酸甜甜就是我，这符合青春年少的女孩子们朦胧的梦想与追求，和优酸乳产品特性也是非常契合的。青岛啤酒与"梦想中国"歌唱选秀的主题"激情成就梦想"却结合得很不好。试想，是音乐成就梦想，还是激情成就梦想，一个啤酒的品牌和观众的梦想没有很好的对接点，有太多的不贴切之处，因而活动反响平平。农夫山泉曾经做过一个活动，叫做"体验千岛湖——农夫山泉有点甜"，这是一个与大众一起寻找中国水源的活动。通过这个活动，对企业产品的功能、品质、品牌进行了很好的推动。雪花啤酒"勇闯天涯"也是抓住了产品与活动的契合之处，喝啤酒讲的是豪情，勇闯天涯也是一种豪情，这种文化与感觉交融在一起，使活动与品牌得到了相互的推进。因此，企业在举办活动或冠名活动的时候，一定要找出活动与企业的匹配性，和企业的品牌、产品的内涵完美地结合起来。

青岛啤酒和湖南卫视合作过一档"青岛啤酒我是冠军"的活动，这是一次成功的活动营销，双方找准了一个非常贴切的对接点，从而实现了活动与企业品牌的双赢。通过体育赛事的方式来激发人们奋发向上的激情，这和青岛啤酒所倡导的"激情成就梦想"是如出一辙的，我们在工作、生活中努力成就自我，去竞技、去创业都需要有激情，这就自然成就了企业与活动的品牌。而"我是歌手"与立白洗衣液是如何做到节目与品牌的契合的呢？"我是歌手"强调的是专业性，参加节目的歌手是对自己专业和能力有信心、对其他歌手尊重且具有不怕输的精神。而立白将洗衣液整体升级为洗护合一的新产品，这也是专业性的充分体现，是立白对自身发展充满信心的体现。同时，"我是歌手"节目的目标受众年轻女性群体为多，这与立白洗衣液的目标受众高度吻合。当然，也有例外。浏阳河是一款白酒，我们却在一个广告牌上看到用"超级女声"的形象，用"想唱就唱"的理念来诠释浏阳河酒，想了很久，也弄不清"超女"与浏阳河酒有什么关联？难道要一群美女去喝酒，还是喝了酒想唱就唱？这给人一种不伦不类的感觉。过去浏阳河与体育营销结合在一起做的广告还是值得推崇的，"浏阳河酒冠军的酒"，是奥运冠军们喝的酒，是举杯庆功的酒，这就非常匹配，对企业形象的提升也是大有裨益的。

还有一个案例是暖倍儿,这是一家保暖内衣的企业,在奥运会举办的时候它们做了一个活动,征集象征企业形象的吉祥物。按传统的方式,一般是由自己内部的人员去设计或者自己出创意邀请外人来设计。但暖倍儿很好地运用了互联网工具,通过互联网举办了一个征集吉祥物的设计大赛,胜出者不仅能得到高额的奖金,还有与奥运冠军见面的机会。网友积极响应踊跃参与,最后评选出了品牌吉祥物兔子"暖娃赢赢"。通过网络举办征集吉祥物兔娃的活动,一是运作低成本低,而影响力却很大;二是兔子兔毛和保暖内衣都给人一种温暖舒适的感觉,非常匹配。暖倍儿通过借力打力,在奥运会举办的时候借助奥运进行营销,它既不是奥运会的赞助商,也不是指定供应商,却借助奥运的热火朝天打擦边球进行了自己的营销,并注册了两个奥运式商标,一个商标叫水立方,一个商标叫鸟巢,通过这两个事件去营销推广自己的品牌,这也是低成本的一种运作方式。最终水立方没有注册成为他们的商标形式,倒是成为了一款叫"水立方"的酒商标。"爱国者"这一品牌也是很少在中央电视台打大广告的,它们是借助很多的活动去进行活动营销,通过活动跟目标客户群接触进行营销。如"寻找美丽乡村医生公益摄影大赛",这是由爱国者提供赞助冠名的活动。这个活动做得非常好。好在哪儿?一是"寻找美丽乡村医生公益摄影大赛"具有公益性,公益性的活动自然受到广大受众的关注,提高了企业品牌形象的社会责任感;二是摄影大赛必须要通过照相机进行拍照,这样一来便和爱国者的产品直接相关,和产品的功能相关;三是爱国者的市场和目标消费者还是处在中低端的消费群体,有钱人都去买世界品牌,买尼康、买佳能,而乡村是爱国者最大的目标客户群的集聚地,这样的活动与爱国者的营销对象是对接的。可想而知,这一次活动营销给"爱国者"带来了极高的关注度。

还有一个案例是长丰汽车，生产的是越野车、猎豹车。2005年，长丰汽车赞助了一个电视剧叫做《铁色高原》，并举行了一个名为"看《铁色高原》，受艰苦奋斗教育，坐长丰汽车"的活动。这样的活动匹配度很高，因而对企业品牌的塑造起到积极的推动作用。长丰猎豹是一款越野车，给人阳刚粗犷感，是一款男人喜欢开的车。这款车是军工企业在大山里研发生产的，它的研发曾经有过一段艰苦奋斗的岁月。《铁色高原》是在中央一套黄金剧场播出的电视剧，讲述一群男人在西南边陲的云南修筑西南铁路，每一公里铁路的延伸都会倒下一个战士，这是一部艰苦奋斗的教育片，也是部队的戏，这和长丰猎豹的品牌品质简直可以合二为一，两者一结合就达成了合作。最后通过电视剧的后期营销，在全国的十家都市报，连续三天整版面宣传，在搜狐网首页宣传"看《铁色高原》，受艰苦奋斗教育，坐长丰汽车"的活动。将《铁色高原》明星们的形象作为猎豹车广告的品牌形象，把长丰汽车融入明星阵容。这样很好地规避了明星肖像使用权的问题，电视剧的推广明星们是有义务来推动活动的，和汽车产品结合在一起，就为企业大大节省了产品推广的费用。同时，众多的路牌广告也给受众带来了视觉上的联想。看到一部车的广告是冷冰冰的车，没有故事；看到这样一个广告："看《铁色高原》，受艰苦奋斗教育，坐长丰汽车"，一部车、一群人、一种精神，这就充满了故事性，吸引了大众更多关注的目光。

带动产品销量

回看一下"超级女声"当年的盛况，超女们在全国各地的分赛场进行海选，每个分赛场上百万人排队报名，还有庞大的亲友团，这实际上也是蒙牛酸酸乳的一个促销活动。口渴的人们需要喝饮料，而现场只有蒙牛酸酸乳，这就给消费者带来了体验式的营销。在奥运期间，中央电视台的《天天饮食》栏目，举办了"我为奥运献美食"的活动，冠名商是一款食用油。这个活动为了给企业提供一个提高产品销量的机会，报名点就定在这款食用油的销售点。道理很简单，看到这个广告之后，如果想参加"我为奥运献美食"的比赛，就必须要参赛者到食用油的销售点去报名去了解情况。一看食用油还有促销，家里正好也要用油，就会顺便买上一两桶油。人群云集的地方自然带来了围观者的人气，销量自然上去了。这个企业既获得了品牌的提升，同时又带来了自己产品销量的直线提升。可口可乐是奥运会、世界杯足球赛的全球战略合作伙伴。凡是在奥运会或者足球赛场，为了安全措施，所有的饮料都不允许带进运动场，在运动场里唯一能够购买到的就是可口可乐。所以说一个大赛举行下来，可口可乐的销售额就是一次井喷。我们在做活动的营销策划时，一定要将促进合作企业产品的销量作为一个重要的考虑内容。企业参与活动、打品牌，终极目标还是要提升产品的销售量，提升产品的市场占有率。

农夫山泉借助于西部"母亲水窖"工程活动的营销也做得非常好，买一瓶农夫山泉水就等于给西部"母亲水窖"工程捐赠了一分钱。这里边抓住的一个是公益营销，一个是活动营销，通过这两种手段双管齐下来提升品牌的影响力。这种公益性的活动营销是一把双刃剑，企业可以借助公益的角度来吸引更多人的注意力和购买欲。当一系列品牌的矿泉水摆在我们面前的时候，源于公益之心，源于恻隐之心，大家都会选择喝了矿泉水还能贡献爱心。当然，**公**

益营销这把双刃剑如果操作不当，受到质疑以后打击也是毁灭性的。曾经有一段时间，有媒体质疑农夫山泉是不是打着公益的幌子来促进自己产品的销售和品牌的提升，而没有真正把这个钱捐给西部的"母亲水窖"工程。质疑声音起来之后，很多媒体跟进，使得农夫山泉有一段时间的负面影响非常大，销量直接受到冲击。好事不出门，坏事传千里，质疑声一出来，接着又产生连锁反应，又有人质疑农夫山泉水是不是来自千岛湖，认为就是通过普通水龙头过滤的。农夫山泉紧急进行危机公关，组织消费者、媒体去千岛湖实地了解察看水源、寻找水源，看看千岛湖的水质是不是能够直接喝，他们的矿泉水是不是来自千岛湖。农夫山泉很充分地运用了活动营销的工具和手段，解了燃眉之急，又给他们带来了产品销量的稳定提升。

还有一个活动营销的案例是王老吉。王老吉的成功实际上也是非常有特点的。因为王老吉作为一款凉茶产品，它的成功一方面在于定位很准确，因为"怕上火喝王老吉"，直接把功能性讲出来了；此外便是事件营销、活动营销做得很到位。在汶川大地震之后，中央电视台举办了赈灾募捐的慈善晚会，在这个晚会上捐款最多的是王老吉，它提出了一个亿的捐助额度。这个捐助额度是他们进行活动营销早就规划好的策略。他们在捐款之前，就已经计划好，一定要捐出一个能引起所有媒体和大众关注的数额。同时它把所有推广的媒体、稿件都准备好，一旦捐助信息发出去以后，可以通过跨媒体的方式把这个消息迅速地蔓延开去，通过报纸、互联网、电视进行全方位传播。通过这个公益活动事件，使得王老吉这一品牌的公益性知名度一下子就提升了。此后，由于品牌授权问题，王老吉的经营者将其凉茶更名为加多宝，因与"中国好声音"

的联合，一夜之间又成了一个令可口可乐都为之侧目的饮料企业。它们都是活动营销的受益者。

连续五届奥运会的盈利模式分析

"洛杉矶模式"。1984年，第23届奥运会在美国洛杉矶举行。45岁的组委会主席彼德·尤伯罗斯一举扭转了之前举办奥运会给主办国带来巨额经济亏损的局面。在他的主持下，洛杉矶奥运会在既无政府补贴，又不能增加纳税人负担，以及不能发行彩票的情况下，通过出售电视转播权等市场化手段广开财源，用5亿美元顺利地举办了奥运会，还实现了盈利，创造了奥运会历史上的"洛杉矶模式"。从洛杉矶奥运会开始，连续五届夏季奥运会都实现了盈利，奥运会从此成为一块诱人的大蛋糕。

"汉城模式"。1988年，第24届奥运会在韩国汉城举行。这届奥运会的特点是充分利用现有场馆，对不够水准的18座场馆进行翻修改造后继续使用，新建场馆只有16座，节约了大量经费。汉城组委会直接用于奥运会的投资约10亿美元。不过，韩国政府拨出20亿美元用于汉城的城市建设等非直接投资，大大改善了这座城市的基础设施。通过举办奥运会，汉城一举成为世界名都。

"巴塞罗那模式"。1992年，第25届奥运会在西班牙巴塞罗那举行。从1986年开始着手筹办建设工作，巴塞罗那市一共投入94亿美元，其中60%为民间自筹，再加上其他方面的直接和间接投资，总额达到240亿美元。国际奥委会全部172个成员协会派运动员参加盛会，成为迄今为止最圆满的一届赛会之一。

"亚特兰大模式"。1996年，第26届奥运会在美国亚特兰大举行。这是一届从经营角度上讲非常成功的奥运会。组织者的商业开发令赞助商赞扬不已，其中九家企业在赛会结束后，又同国际奥委会签订了新的赞助合同。收看本届奥运会的电视观众创下新纪录。但是过分商业化的做法也引起了一些争议。

"悉尼模式"。2000年，第27届奥运会在澳大利亚悉尼举行。这届奥运会依靠出售电视转播权、门票等各种收入，赚了7.65亿澳元(约35亿人民币)。悉尼奥运会的成功之处在于，他们在盈利的同时，对奥林匹克公园的体育场馆和设施做了长远的规划。因此被称为办得最好的一届奥运会。

第五章

活动营销的媒介优势

活动经济的持续成长，催发了各种商业活动的举办热潮。从旅游到娱乐，从论坛到庆典，每天都在上演不同的活动版本。活动既是一个聚集资源的平台，也是一个传播信息的平台。活动不仅拥有媒介的属性，而且还具有超越一般媒介的优势，这便是时下中国方兴未艾的活动营销拥有如此吸引力的个中缘由。

活动是一种新兴媒体

所谓媒体，是指传播信息的介质，通俗地说就是宣传的载体或平台。也就是说，能为信息的传播提供平台的就可以称为媒体了。

完成一次传播需要有传播源、传播渠道(即传播介质)、受众三个因素。通常，我们认定的有报纸、广播、电视、互联网、杂志、手机六大媒体。**日益兴起的活动，是一个跨媒介整合资源的新媒体**。活动产业跨媒介整合资源，将物流、会展、媒体、运营商、活动参与者与观众，甚至供应商都整合在一起，集中放大宣传效应。

活动既是一个聚集资源的平台，同时也是一个传播信息的平台。活动不仅拥有媒介的属性，还具有超越于一般媒介的优势。活动拥有一个完整的传播路径：首先，活动在策划和执行中会制造出各种话题，这就拥有了新闻传播源；其次，活动在推广中，影响不断扩大，整合了很多社会资源和多家媒体来关注，活动官方网站、活动新闻发布会、媒体硬广告投放、路牌广告、嘉宾演讲、网络直播、手机短信等丰富资源，都会成为活动信息的发布载体和渠道；最后，活动通过宣传造势吸引了大量受众。

如举办一场论坛，有邀请来的演讲嘉宾，也有参会的听众，还有整合过来的媒体，活动的媒介属性——具备。而且，一场活动本身就聚集了众多的人气，每个到活动现场的人本身就是一个传播的载体。同时，会场还有很多信息展示和传播的手段，包括现场展板、视频播放、活动会刊、门票等，这些都是在活动的基础上诞生出来的介质。这些与到现场参与报道的媒体一起，构成了一个全方位的综合性媒介，从各个层面、各个方位对活动进行密集的传播。

活动媒介的三层传播

活动现场是第一层传播

信息在出席活动的嘉宾、参会者、组织者、媒体记者等之间传播。这是活动媒介传播的内核，也是对外辐射传播的源头。比如一场明星演唱会、世界杯足球赛或国际论坛，在活动现场的人能在第一时间接受到活动的信息，对活动的气氛有最直观的感受。这就是为何很多人愿意花高价买票到现场听音乐会、看球赛、听论坛的原因。

媒体现场直播及现场人员个体传播是第二层传播

在互联网出现前，有影响力的大型活动只能进行电视和广播直播，如奥运会、世界杯足球赛、央视春晚等。随着互联网和手机媒体的发展，大型活动的直播越来越进入常态化。网络视频加上微博互动，广大受众不仅能直观欣赏到活动的精彩场面，还能全程参与其中，谈感受，提建议，表达自己的独特观点。微博、短信、彩信等个人媒体的发展，也让活动信息的传播变得极其容易、快捷和个性化，尤其是微博的迅猛发展，使个人媒体的传播面和影响力大大提升。

活动后续的媒体报道和受众口口传播形成第三层传播

一般报刊和电视主流媒体的新闻都会在活动进行中，或者之后进行报道。广大的外围受众在接受电视网络直播、个人媒体信息及后续新闻报道后，会产生自己的评议，再次通过个人媒体四处传播。

三层传播链具有裂变效应，大大超越了过去单向传播的威力。在新的媒介生态环境下，任何"堵"、"截"或伪造新闻的做法都是徒劳和愚蠢的，只有透明、客观、及时地发布活动信息，才是最佳的明智之举。

活动营销无与伦比的媒介优势

活动媒体除了现场直观、互动性强的特点外，还具有到达率高、能参与体验并达成一定交易、能形成客户数据库等独特优势，这正是活动营销的出发点和落脚点。

活动营销的互动性很强

活动营销有别于常规媒体的广告优势之一就是互动性很强。一般的传统媒体都是对外单向的传播，而受众的接受程度却得不到反馈，没有互动就使得传播效果变差。活动营销以明确的目标、新颖的创意举办活动，吸引了受众的主动参与，从而与活动有了更直接的互动。这种互动性是拥有参与者的情感基础的，具备触发他们内心深处某种情感的接触点，从而自主自发地与活动进行积极的互动。活动方能及时得到受众的反馈，不仅能提高品牌的知名度、俘获人心、集聚人气、提高客户的品牌忠诚度，而且能从互动中得到第一手客户资料，从而调整品牌，贴近客户需求。而作为目标客户的参与者，在互动中更深层次地了解了产品的功能、价值、品牌，信任感增强，这种信任感还会随着他们带动他们身边的人群，这是一个牵一而发十的倍增式营销模式。如农夫山泉处理信任危机的公关活动，通过让客户来参与一起探寻水源，既解决了诚信危机，又栽培了忠实顾客。还有"超级女声"，粉丝们可以通过自己手中的手机去参与活动，支持自己的偶像，活动还让歌迷们组织粉丝团体，为偶像选歌选服装、献计献策，这种互动性给追随者带来了鼓舞，带动了更多的追随者。比如"我是歌手"，500位大众评审来决定早已成名的大腕歌手的去留，能亲临现场听大腕歌手的倾情演绎。由于每位歌手背后都有无数的粉丝与拥趸，大家都积极地为自己钟爱的歌手献计献策，让他们更长久地留在这个舞台上。一下子就激发了粉丝与歌手的互动，也让更多大众贴近这些明星大腕，更多地理解支持他们，从而让歌手们一夜之间人气再次爆棚。所以说，增强互动性是活动营销的一个发展趋势。

活动营销具有很直接的体验性

人们从常规媒体处获取的信息，只是一种抽象的产品资料，这种抽象性很难打动受众。活动营销的各个传播层次中，除了对外的资讯式通报之外，还有一种传播是通过直接参与活动的人来实现的。这一群人更加直观地、具有体验性地参与活动来了解他们所需要的营销产品，这一点是别的媒体所无法替代的。几乎所有品牌的汽车都是大量地通过活动来进行营销的，最常见的手段便是试乘试驾。所有参加活动的人都有了直接的体验，体验性增强，购买欲望就会增强。这是体验式活动营销的第一波传播。直接体验式的传播，它还能带来连锁性的传播效应。体验完之后，或悲或喜，在这个兴奋点上，人人都有分享的冲动，这一拨人会把体验的感受以博客、聚会、微博、谈话等各种方式进行再次传播，这就是口碑传播。一个人参加了某个活动，感觉效果很好，一般都乐意与别人分享，我参加了哪个活动，那个活动怎么样，所有的亲戚、朋友对此会深信不疑。通过这种个体媒体进行放大传播，传播面将呈现一个辐射状，每个人可能传播十个人，十个人再间接传播，尽管传播效果递减，但传播面扩大了。所以说通过核心参与群体的传播是最有价值的，最带有体验感的。在第二波传播中，因为有了博客、微博、手机短信、彩铃等这些传播工具，使得我们的直接体验式传播效应得以扩大。间接传播、口碑传播也显得越来越重要，通过它们更多的人们愿意加入到直接体验式的活动之中去。

活动营销的到达率高

媒体都在做对外传送活动产品资讯的消息，信息是传送出去了，可效果如何，到底有没有传达到客户手上，到了客户手边，客户有没关注到这一信息，这都是未知的。没有准确的目标客户群定位，漫天飞舞的资讯只会浪费资源，却达不到产品营销的目的。活动营销的传播到达率却是最高的，由于活动营销参与互动性强、具有直观体验性等特点，便能确保目标群体收到传播的信息，并能深入地了解和认可信息，从而实现活动提升品牌、促进产品销量的效果。而且，活动营销的传播不仅有事前传播，还有事中、事后传播，并能借助于其他媒体进行综合性的传播，每波传播都有新意，但角度不同，宗旨相同，使活动营销的目标在受众那里得到了巩固。电梯里有一款新车的广告，急着赶去上班的你一扫而过，并没有留下多少印象；回到办公室里，你竟然收到这款车发来的推广短信，邀请你去试乘试驾，附带着还有礼品赠送，你心动了；你去了，销售人员非常热情、专业，服务很到位，试乘试驾感觉很满意，还带着礼品和新车的各项介绍资料满载而归，你的心蠢蠢欲动，与亲人朋友商议介绍这款新车；几天过后，4S店电话回访，而且告诉你现在有优惠活动，你终于决定下手了。这种活动营销的传播效果不仅仅到达率高，而且交易成功率也非常高。

活动营销具有交易性

活动营销在进行面对面的直接传播时，由于互动性参与程度高、带有现场的直观体验效果，与会人员对这种产品信息的传播接受度比任何情况下都要高，由此便在这种传播过程中产生了交易。这是一种非常直接的传播方式，通过在活动所聚集进来的人群中直接进行功能性传播，即通过现场实现营销。如会议营销，适合于银行的金融产品、保险公司的保险理财产品以及移民、培训、保健品等。这种高端的消费或者俱乐部性质的消费，都很适合应用会议营销进行直接销售。

举个例子，很多培训公司做培训宣传，开始都是上大课，吸引很多人来听课，或者花费一定的资金去请目标客户前来听课。宣传活动开始了，活动中培训单位讲解他们的课程理念，来接受培训的好处、功能，培训师讲得激情澎湃。现场的很多人在这种狂热的情况下深受感染，大家就有了很好的互动。大家跟随着培训师的思路，被培训产品的理念、一些现身说法征服了，情绪被带动起来，这时候便形成一个很好的交易氛围或者购买场。主办方在现场就准备了刷卡机，谁想参加培训，现场就可以直接刷卡，听众反响热烈。据说有一家培训公司创造过会议交易的奇迹，在所举行的培训预热会议上，当场就取得了1000多万元的培训费收入，这是一个令人咋舌的数字。还有一个案例是台湾的培训师李伟贤，在一次会议造势预热的过程中问大家：口袋里有没有100块钱？大家都拿出100块钱来。四面八方的工作人员，就把大家举起来的百元大钞作为定金收下来了。这些都说明了现场的互动性、体验性，最后还有一个交易性。活动媒介还有一个优势是到达率、接触点非常高。在看电视的时候，几乎所有的人都不愿意特意看广告，一般看到电视广告的时候都会跳过去看别的节目，大家对电视广告有一种排斥感。在马路上遇到的广告牌，一般也不会刻意地去看，看了也不会深入地去了解。但是在活动现场就不一样了，进入封闭式的场所，无聊性、封闭性让大家在没有其他事可干的时候，变得非常专注。一般来说，参会的人都是抱着要接受信息的目的而来的。在这种有预先设置的情况下，大家对活动推出的信息接受度就提高了，所以使得我们活动的性价比特别高。活动营销变成了性价比投入产出最好的一种营销方式。

活动媒体运用不到位的缘由

活动作为新媒体的优势众多，可为何它的价值没有在实践中得到很好的发挥呢？主要原因有如下三个。

单个活动媒体缺乏规模

全国每天有上万个活动在同时举办，参与活动的人有成千上万。问题是，目前全国缺乏一个强有力的活动资源整合商和活动聚集平台，想进行活动营销的客户没法找到相应的活动。再者，每个活动的参与人数毕竟有限，而且极为分散，客户不可能花大量精力去寻找一个个活动洽谈合作。这就需要有专业的活动资源整合与运营商，将全国活动资源进行大整合，然后按行业、区域和参与人群层次进行大梳理，对整合进来的活动的价值进行细化评估，然后形成可供客户进行挑选的活动营销菜单。这样，活动媒体的规模效应也就自然形成了。

客户对活动媒体的价值缺乏认知

大量高端、高品质的活动是近些年才逐步兴起和形成一定规模的，客户从认识、认知到认购一个新兴的媒体资源，需要一个过程。

与世界上很多已经拥有了强大品牌实力的活动相比，中国的活动行业还是存在着相当的差距的，这种差距既体现在活动运营商整合营销的理念上，也体现在其他行业搭乘活动顺风车进行活动营销的意识上。

对活动营销缺乏评价标准

中国活动产业尽管蓬勃生长，但仍然处在不规范丛林时代的现状。而在欧美等发达国家，活动产业已经拥有了相当成熟的行业体系。差距体现在，中国活动产业不仅缺乏活动执行的行业标准，也缺乏活动营销的前期评估与后期评价标准。标准的缺失，已成为制约中国活动行业整体发展的桎梏。

活动媒体要便于价值评估，首先得将媒介的呈现方式进行规范化，如活动现场大屏幕播放的视频广告，就可以参照电影院线的视频广告进行受众量化评估。活动会刊，也可以参照DM直投杂志进行受众量化评估和数据营销。演讲、展览展示等传播载体也需规范和提炼出其经营价值。

活动营销的五大推广策略

活动是制造新闻的"工厂"，是跨媒体整合资源的"磁场"。我们围绕活动的前期、现场和后期可以做一系列的文章。但是，很多活动运营机构却只对活动进行了简单的一次性传播。结果是活动前期无宣传，活动现场没直播(大量的嘉宾资源和活动信息浪费)，活动后期没延续(总结性专题性报道、出书、光盘、跟踪报道没跟上)，所有的信息都集中在活动举办之时来传播，造成信息堵塞，传播无效果。因此，活动营销的推广急需调整传播策略。

变"事后传播"为"事前传播"

传播研究表明：一项活动在举办过程中，人们往往对其怀有极大的关注度，因为活动的悬念还未浮出水面；活动一旦举办完，其社会关注度就会呈抛物线迅速下滑。所以，我们应高度重视活动的过程传播，变"事后传播"为"事前传播"，尽可能前移推广计划，延长宣传周期，分阶段制造炒作话题。

变"宣传"形式为提供"新闻源"

过去，我们采取的传播方式是强加给媒体和读者(观众、听众)"宣传"材料。而现在，每次活动之前，主办方都会经过精心策划，制造源源不断的"新闻源"，一改过去送上门的"豆腐块"，变为媒体主动找上门来要的"新闻"资讯。

　　媒体的最大需求是获得能引起广大受众兴趣的"差异化"新闻，而不是一稿发天下的"新闻通稿"。给媒体所想要的，他们就会主动跑过来抢发新闻，"奥运"传播就是最好的例子。"新闻通稿"的宣传方式，只能得到高度雷同的"豆腐块"新闻；反之，如果根据不同媒体的不同需求，给他们提供"差异化"的内容，结果往往会得到不同媒体的争相报道。

　　变一次性传播为过程传播。在活动过程中，我们要不断制造话题，制造值得其他媒体转载和跟踪报道的"新闻源"，让媒体免费为活动做广告，就像他们免费为"世界杯"、"超级女声"做广告一样。

在"故事"中传播"文化"

　　在传播中，生动的故事最容易引起人们的兴趣，而思想层面的影响是最深刻和最持久的。在营销策略与执行中注入文化的基因和思想的元素，以富有创意的文化活动形成易于表达和转述并能产生品牌联想的故事，让众多媒体跟踪报道，从而引发具有传播价值的媒介事件。

小活动，大传播

　　媒体是个放大器，活动通过跨媒体传播，可以将影响力成千上万倍地放大，从而滚动吸引更多的目标受众关注和参与其中。小小的一场活动，只要好好造势，就会爆发出裂变式的影响力来，"上头条"就不遥远了。

持续发声，扩大影响

　　对于一个大型活动，必须安排专人每天撰写新闻稿，对外发布。这样才能持续发声，才能造大影响。持续发声的好处就是能从不同的角度对活动进行全方位的宣传推广，从而立体化地呈现在受众面前，让影响力倍增。

活动营销媒介特性的应用

总的来说，一个活动首先要认识到它具有媒体的属性，**媒体的属性就要受它的受众规模、传播手段、内容制造这三个要素的制约**。活动传播的成败通常是由这三方面原因引起的。一方面，如果一个活动内容制造不好，内容缺乏吸引力，就很少有人关注，所以活动这个媒体的传播力就有限了。二是表现手法太呆板，传播的面很窄。活动可以通过立体化的方式，事前可以通过报纸、电视、网络、广播等多种媒体进行预告，现场可以通过LED展示屏、电视短片进行预告，还可以通过电视、网络、微博等多种渠道进行直播、转播、录播。当所有人都在围绕活动讨论话题的时候，就把一个会场的事情变成了全部媒体所覆盖的一个大众的事情了。三是活动的受众规模牵制着活动的营销效果。活动的开放性使得更多的人去关注这个活动，因此一个活动的形式要有参与感，要有互动性，这样才能吸引到更多人的关注。

活动媒体的价值高低取决于它内容创意、传播形式还有受众群体。我们的活动媒体，有别于单个媒体的属性。活动媒体是一个综合媒体，也可以叫全媒体。它既可以有会刊，是一个平面媒体；也可以拥有官方网站，是一个互联网媒体；还可以通过视频的传播成为视频的媒体，通过微博、电视、电台进行传播等，活动就是一个包括了各种传播渠道的全媒体。随着未来活动的兴起、活动品牌的打造、活动日益普及，活动媒体的价值会越来越凸显出来。

要发挥好活动营销的媒体效应，首先就要关注活动的传播力度，这就是很多活动营销没有做起来的一个重要原因。大量的活动太不注重传播。一些活动做完之后，只有自己心里清楚，或者说最多只有参与这个活动的人知道，超出这个范围之外的人都很难获悉相关资讯，这是中国大部分活动举办后的一个惨淡结果。有这样一个活动，主办者很自豪地对外界说，我们请了全世界50多个国家的知名人士和要员过来，活动搞得非常不错。如果问他，能在哪个媒体上了解到你们活动的全貌。他答不出来。这表明我们的传播还是处于一种低层次的现场传播。**活动营销最大的魅力，在于它策划制造了现场，现场的盛况通过媒体的放大器能够得到成千上万倍放大的功能，使得营销效果成千上万倍地扩大。**一般的传播形式都是一种以缺乏媒体的持续性跟踪式的传播，缺乏媒体集约化、全貌式的传播。活动的主办方很少考虑这些问题：没有到现场的人或者后续要看这一届活动到底举办得怎么样的人，我们怎样才能给他们一个传播的整体效果？怎么样才能把活动的盛况、活动的影响力传播给这些人？因而，活动的传播效果自然大打折扣。

活动营销需要我们把做出来的东西进行媒体展示。这样，就可以给后期的活动参与者和活动营销的赞助者提供一个佐证，证实这个活动的实力和场面，减少参与者和赞助商的质疑观望。要提高活动营销的附加值，媒体传播就大有可挖掘的空间。我们做活动营销，百分之七八十的资源是浪费的，嘉宾好不容易都请来了，素材、话题都策划好了，但媒体传播有限，所以产品开发有限，利用价值太单一，传播价值就降低了。举一个选美大赛的例子，举办一个世界级的选美大赛，如果光靠一个地方举办大赛的预选、决赛，这样附加值就太低了。如果能在半决赛前在各个城市进行当地的预选赛，再把全世界各地的佳丽聚集起来进行晋级赛，这样一来，这个品牌就能够为更多的客户产生附加值，传播面更广，影响更大，费用分散到了各个承办地点，更多的企业愿意加入进来。"芷江国际和平节"，名头听来很大。2010年举行第四届的时候，活动邀请了各个方面的大腕人物，包括美国的前总统、诺贝尔和平奖得主卡特。但其场面大，影响小，很少有人听说过"芷江国际和平节"，花费很大全打了水漂。原因就出在没有做好向媒体展示的工作，除了现场参加活动的人，大众竟然没有从各类媒体得到这个活动的相关新闻。同时，对资源的利用没有做好综合传播的工作，卡特从美国来了，就在芷江呆了一下，没有把他的名人效应挖掘出来，与其他的传媒进行组合营销。湖南卫视在这一点上就做得很好，举办任何一个活动，其他的节目都会集中攻势进行不同侧面的宣传，可谓众人拾柴火焰高。这种全方位的媒体展示拉动了大众对活动的关注，将活动的效果做到了最佳，将资源利用到了最大限度。湖南卫视拍《又见一帘幽梦》时，先是大张旗鼓搞了一个选角活动——"寻找紫菱"，娱乐新闻节目不断跟踪报道；紫菱找到了，《快乐大本营》等节目就开始请紫菱上节目造势；《又见一帘幽梦》开播了，各大节目再次把主创人员请上了节目进行全方位宣传，包括《背后的故事》，也把这些演员背后的生活和这个电视剧一起推向观众。此后还有诸如《勇往直前》等节目，不断滚动式地宣传演员、宣传台前幕后的花絮，通过媒体全方法展示这部电视剧，最后赢得了不错的收视率。

谈到活动媒体特性的应用，还有一个是公众媒体的传播。操作得当的活动都会迎来很多的媒体关注，关注的媒体越多，关注的媒体影响力越大，给我们活动所带来的影响力也越大，给我们活动的赞助企业所带来的影响力也越大，因此活动一定要充分地利用这些公众媒体资源。很多活动都是将活动广告和产品的宣传捆绑在一起的，从一个活动的新闻发布会现场开始，背景板、LED显示屏以及会场指引牌、工作证等，赞助企业的Logo无处不在，照相的时候、拍电视镜头的时候，都无法避开企业的Logo。世界杯足球赛场上，球到哪儿，媒体的镜头移动到哪儿，就有合作企业广告牌的广告在那边，媒体在传播赛事时是无法删除这一背景的。媒体在关注活动本身，在传播精彩赛事内容的时候，就给我们的企业进行了很好的品牌传播，这就是大众媒体的传播。此外，通过品牌授权的形式实行捆绑传播，借助对方的人气、品牌来带动自己的关注度。如"蓝色经典·天之蓝"酒赞助了"CCTV中国经济年度人物"的评选，全国所有的"蓝色经典·天之蓝"酒的路牌广告全部都有了醒目的宣传语"CCTV中国经济年度人物"指定用酒。这些冠名赞助的企业，利用活动品牌授权发挥这些活动长期以来积累的品牌价值，进行捆绑传播，一举两得，使双方的品牌都得到了很好的推广。

"超级女声"的成功不是偶然

在中国，"超级女声"无疑是活动营销业界一个划时代的标志，引来无数精英效仿、研究、推崇。"超级女声"的成功不是偶然的，既有节目本身运作的活动营销之道，亦有背后湖南卫视体制创新的坚定支持。

"超级女声"的活动营销之道

1. 产品创新：品牌制胜

传统的电视品牌构架中，各种类型的内容创新和商业推广，最终目的无外乎提高收视率，并据此增加广告收益。而在"超级女声"的品牌布局中，广告的地位却得到了颠覆性削弱。

"超级女声"并不仅仅是一个活动，而是一个品牌。这个品牌在电视媒介上体现出来的是电视节目，在唱片业中体现出来的是一张唱片，在演艺事业方面体现出来的是许多艺人。

与此同时，相关衍生产品也得以开发。出于对品牌长期发展的考虑，天娱公司已经为"超级女声"进行了相关的商标注册，并开始尝试用于相关产业的开发上，如品牌转让、产品开发、节目制作和地面广告等。今后还计划在合适的时间推出以"超级女声"为品牌的服装、饰品等相关产品。

2004年，"超级女声"落幕后，马上就有相关衍生产品展现在"粉丝"面前：

6万册记载这一届活动花絮的图书《超级女声——快乐记事本》；

15万张"超级女声"安又琪同名专辑；

27万条在长沙赛区决赛当晚划过夜空的投票短信；

20亿包印有"超级女声"卡通标志和代言人张含韵甜美笑容的蒙牛酸酸乳……

链接：美国偶像

依靠"流行偶像"发家致富的Fremantle Media公司，从2001年开始已经在全球30多个国家制作了本土化的同类型节目。其中，只是凭借"美国偶像"节目一项，就已经从福克斯(Fox)娱乐集团获得超过7500万美元的授权费用。

在第四季"美国偶像"总计12周的播放周期中，美国观众向作为合作方的手机运营商Cingular Wireless发送了4150万条短信，并创下美国无线通信史上单项活动短信纪录新高。2004年，持续高烧的美国消费者在"美国偶像"的授权产品上花去了2.15亿美元——产品涵盖玩具、糖果、商业卡、电子游戏、杂志、图书等35个大类。四年来，"偶像"系列品牌产品的全球累计销售额已经高达10亿美元。

2. 互动营销：开辟新的利润来源

让消费者参与到产品制作与消费的过程中去，使得消费者获得比直接消费产品更大的满足感与更为强烈的购买热情，互动营销在"超级女声"中表现得淋漓尽致：海选使每一个适龄女孩都有机会参与，观众评委的设置，使大众成为主宰选手命运的最重要因素。

手机短信成为电视节目的重要利润来源。在赛制设置上，湖南卫视规定，唱区选拔进入前十名后，比赛结果交由场外观众短信投票决定。在2004年"超级女声"长沙赛区决赛当晚，观众累计奉上了超过27万条短信选票。与"超级女声"合作的"灵迅互动"(特服号8006)每月仅短信投票和声讯电话投票两项业务，就为公司带来超过2000万元营业额。2005年"超级女声"的短信选票更是惊人，决赛当晚，李宇春以352万票摘冠，周笔畅以327万条短信支持票紧随其后。

发送一条短信以1元计，湖南卫视需要向移动与联通付15%到20%的费用，另付0.8%的频道占用费。由于湖南卫视已与某网站合作，拥有SP资格，不需要另外向SP运营商付费，余下的收入可归自已。组织者单此一项即可从短信收费中获利数千万元之巨。

3. 整合营销：开启媒介与企业深度战略合作

伴随企业品牌整合营销时代的来临，媒体传统的以"拉广告"为主的广告营销模式已经受到了极大的挑战，国内媒介行业正面临着从传统广告模式向整合营销传播迈进的深度转变。在这种大趋势下，企业与媒介的结合度和依存度将更为紧密，互相构成对方的战略性资源，最终形成相互融合的战略合作伙伴关系。

2005年，除了在节目操作上的很多创意，"超级女声"最惹人注目的便是与国内乳业巨头蒙牛乳业集团的合作，共同打造这一内地最具轰动效应和影响力的大众娱乐活动。双方的合作不仅活动冠名这么简单，而且开发出了很多新颖的合作方式，蒙牛集团利用自己在全国范围内的渠道优势，将"超级女声"的影响力扩大到极致。

2005年"超级女声"的整合营销模式如下：

请2004年"超级女声"季军张含韵作为2005年蒙牛酸酸乳的产品代言人，同时她也是2005年"超级女声"的活动代言人；

在20亿包蒙牛酸酸乳外包装上印有代言人形象和"超级女声"比赛信息；

在蒙牛全国各处销售网点进行宣传。在赛区超市外，进行"蒙牛酸酸乳"路演宣传活动；在超市内，"蒙牛酸酸乳"进行买六赠一的促销活动，堆头上整齐地陈列着本次活动的宣传彩页；

在各大电视媒体、平面媒体和户外媒体上，投放由张含韵代言的"蒙牛酸酸乳"广告片，进一步扩大"超级女声"比赛的影响力；

蒙牛还专门开办了"蒙牛酸酸乳超级女声"网站，进行互动宣传；

此后又根据赛事变化，推出"超级女声"夏令营活动，继续吸引渴求近距离接触"超级女声"的人进行消费。

4.资源整合：通过创意有效整合资源

城市资源整合：借台唱戏

2005年"超级女声"在全国开设了广州、杭州、郑州、成都、长沙等五个唱区，五个唱区各有主题，让"超级女声"的品牌效应得以层层延续。选择在中等城市来主办，既方便本地女孩参与，也可以让当地选手产生亲切感。

这几个城市的文化、娱乐内容远远没有达到饱和，"超级女声"很容易就在当地成为主流娱乐、社会新闻事件，造成全民性的关注热潮。

这几个城市也是主赞助商蒙牛的重点市场，是实现其销售计划重点推广的城市。传播重点与销售重点进行叠加，效果十分理想。

媒介资源整合：共赢共生

除了与新浪网等知名网站合作，最大限度提升活动人气之外，"超级女声"在与地方电视、平面媒体的整合与互动方面做得十分出彩。这种合作不仅交流了经验、扩大了影响，更主要的是实现了参与方的多赢。在一个大的利益原则下，实现了多重品牌相融共赢的局面。

以浙江为例，"超级女声"节目首次在杭州开办赛区，浙江的合作方为钱江都市频道。湖南卫视带来了评委、节目模式和生产流程，钱江都市频道负责具体组织和全程录制，双方的合作不涉及现金来往。"超级女声"节目由双方以一对一的形式提供节目制作队伍：钱江都市频道的制作人员以《幸福双响炮》栏目为班底，湖南卫视的制作人员主要来自《音乐不断》栏目。

操作机构体制创新之道

1.品牌授权：产权清晰，活力无限

湖南广电集团在"超级女声"项目运作中启用了一种全新的品牌合作与管理模式，一改传统的省级卫星频道无偿操作和播出地面频道节目的做法，对"超级女声"节目及品牌资源进行市场化运作。

"超级女声"的品牌持有人是天娱传媒，天娱传媒和湖南卫视之间是品牌授权的关系，湖南卫视只是成为了"超级女声"的播出平台和节目运营者。同时，湖南卫视要获得"超级女声"节目的经营权，还需要提供一定的频道资源与天娱公司进行一系列权益置换，同时湖南卫视还付出了数百万元资金，作为娱乐频道相关节目的制作费用。

2.品牌经营：全力以赴，带动全局

湖南卫视在"超级女声"上全力以赴，显示出一种营销战略的全局观。

湖南卫视要的不仅仅是"超级女声"的成功，更主要的还是通过这样一个影响全国的活动，继续扩大及提升湖南卫视的品牌号召力与影响力。

一个成功的产品、一个优秀的品牌、一套精彩的营销方案，必定会产生丰厚的利润回报，"超级女声"给湖南卫视带来了收视率与广告价的双双飙升。

品牌所有权的明晰，使得一个速生的品牌在很短的时间里就形成了强大的品牌张力，形成节目制作、收视、开发、经营良性循环的多赢共生局面。

第六章

活动营销的花样形式

能将别人压根儿想不到，或不敢想，或想到了却万万做不到的大型活动做成功，那必定是活动营销的高手。要将一项大型活动的想法变成生动的现实，操盘者的策划能力和执行能力缺一不可。创意上的含金量、形式上的突破都将直接影响策划的质量优劣，定位与可行性则完全决定执行的成效。花样的活动可以让营销格外精彩。

形式老套是活动的无形"杀手"

全国各地的政府节庆活动，绝大多数都是以开幕式晚会作为重中之重。更有甚者，整个节庆活动就是一台晚会，开幕式也就是闭幕式。这一切都是做给上级领导看的，所以整台晚会往往不惜重金，要求群"星"璀璨，大气磅礴，因为举办方诉求的功利性而造成了全国各地的节庆晚会形式上相互抄袭，千人一面，就像各地版本的"同一首歌"。

大家较劲的是谁的晚会动用的明星多，而不是注重挖掘和呈现当地的文化内涵与独特魅力。明星们在晚会中排排上，吃果果，唱着他们"一歌走遍天下"的旧歌，拿着高额的"身价费"，耗费上千万的晚会最终什么也没有给当地留下。

上级领导不在场的活动基本上都是搞形式，走过场。各地节庆活动除了晚会之外，办得非常多的就是各种名义的高峰论坛。论坛形式基本上是开幕式上由几位领导致辞发言，然后领导撤场，专家们走马灯式鱼贯而出。结果是，一场区域经济或文化论坛该认真听听的领导提前陪上级领导"视察"或"跑场"去了，剩下的专家们只能自说自话。

各地活动形式的趋同还体现在对当地历史文化的呈现上。如时下各地流行的祭祖大典。考虑到历史文化是种不可再生的稀缺资源，文化的魅力在于它能带来长期永久的经济效益，所以很多地方都在明争暗夺供奉我们的老祖宗。仅炎帝文化全国至少就有五省八地在争夺这方面资源，而且他们基本都把竞争的重点放在祭祀文化上。湖南炎陵举办公祭炎帝陵典礼，陕西宝鸡也不示弱地举办全球华人省亲祭祖大典，湖北随州想后来居上大办世界华人炎帝故里寻根节；河南沁阳市、山西高平、湖南安仁、湖南耒阳则争相举办神农农耕文化节；湖南怀化则通过举办"全国首届会同炎帝故里文化研讨会"，借专家之口为当地炎帝文化摇旗呐喊。

陕西黄陵与河南新郑则各立山头，声势浩大地祭拜中华民族的人文始祖轩辕黄帝。于是乎，全国上下，舜帝祭完祭炎帝，炎帝祭完祭黄帝，黄帝祭完祭孔子，还有老子、孙子等。到处旗幡飘舞，香火袅袅，一样的祭拜仪仗，大同小异的祭文宣读，大家要的是"你有我也有"，而非"人无我有，人有我特"的差异化竞争。如此恶性循环，各地的城市名片不仅没有很好地得到推广，反而随着节庆活动营销的开展，其面目变得更加模糊了。

形式上的创新是老朋友说新话题，新瓶装旧酒。每年的内容都是相似的，横竖都跳不出那个框，但是形式一创新，整个活动内容也就鲜活了。广西民歌节、青岛啤酒节等每年的节会越办越有活力，就是因为他们的活动形式每年都有新的亮点推出。

以上举例说明的是各地的节庆活动，其实其他领域的活动同样面临着形式创新的问题。没有形式创新，再走老套路，活动营销必将陷入一个费力不讨好的境地。

活动的精彩源自常办常新

活动的魅力就在于内容与形式的创新，在于主题与嘉宾的吸引力，既有创新的悬念，又有可预见性的期待，从而带动大众参与性的高涨。

　　活动还是那些活动，年复一年树立了品牌，而大家的关注点在于突破与创新。奥运会的举办，大家满心期待不变的奥运圣火，这一次会以什么样的新形式出现在全球大众的视野里？下一个百米飞人会是谁？主题曲会是怎样的？**活动的魅力就在于它的常在常新，**很多的精彩来自于创新带来的未知，未知就有悬念，有悬念就会勾起大众的好奇与关注。比如说展会营销，世博会上的亮点是各个国家的主题馆，每一届世博会都会有新创意，有未知的诱惑。一个国家的主题馆、主题日要表现什么内容，以什么形式表现，我们无从预知，所以带着兴奋点去期待一份惊喜。不变的是世博会，是世博会上的主题馆，但主题馆的内容花样翻新，每一届都有形式与内容上的创新和变化。上海世博会上，中国作为东道主，以大红斗冠的形式展示"东方之冠，鼎盛中华，天下粮仓，富庶百姓"的主题。2015年将在米兰举办，"给养地球：生命的能源"是米兰市申办2015年世博会的主题，此次研讨会也是意大利申办2015年米兰世博会的活动之一。它的主题表现肯定会带给观众不一样的创新，表现形式也会再出新招，但展现国家形象的目标是一致的，只是展现的形式不一样而已。世博会每天都有一个国家的主题日，每天所展现的重点都不一样。对于主办国来讲，每一周都会为一个省设立重点展示周，充分展示这个省的地方特色。同时，在世博会当中，我们发现每天都有很多演出，这些演出是有变化、有创新的，每天都有新的主题与创意，这对于大众来说充满了吸引力。其实，主题公园在事实上也是和世博会、博览会的性质相类似，如河南开封的清明上河园以及广东的长隆水上欢乐世界、欢乐谷、华侨城、世界之窗等，这些公园里边的基本设施是不变的，或者极少变化，但里边的活动内容却是时常变化的。这就给了公园不断吸引游客们重复消费的机会。

达沃斯世界经济论坛、财富论坛每年都会举行，论坛的主旨方向是相同的，但每年的主题都是不一样的，它关注的是当年的热点问题，这对于所有的关注者来说，就是一个最大的卖点。财富论坛对主题的筛选和打造非常用心，在确定一个新的主题前会花费很多心思去做调研，在全球范围内寻找一个能吸引眼球引起关注的财富主题。下一个主题应该往哪个方向走，世界发展的趋势是什么，大家需要了解的焦点难题是什么，大家的关注点会往哪个方向转变。论坛会通过全球性的咨询调研，同时会同重点企业家、客户专家、经济专家等进行多次会谈，一轮一轮地组织调研会多次进行研究分析，来确定这一年度的话题。这也是这些知名的活动品牌能吸引大众、基业长青的原因。如今的很多论坛，讨论的话题随机性很强，下的工夫很少，拍脑袋就想出一个话题来，这样得来的话题使得论坛讨论的意义、吸引力、粘合力太弱，无法引起大众的共鸣与关注。**中国的会议很多都是在走形式，台上讲的人都是在为自己做广告，在宣传和标榜自己，台下听的人只是来交换一些名片，收获一些人脉，如此而已。**现场台上开大会，台下开小会，乱成一片。议题、话题、主题没有很好地在调研的基础上切中大部分参会者的心理需求，自然无法吸引与会者的参与心态。销售型会议的主题当然是产品，但这个会议能不能吸引很多的参会人，能不能实现一个好的销量，就要看通过产品反映出来的主题是否具有前瞻仰性和满足与会者当下的需求，参会的嘉宾是否具有权威性，能否吸引并对与会者产生影响力。

活动的魅力还在于主题与嘉宾的权威性和可预知性。国内大部分活动都处于这样一种情况：主题临时凑，嘉宾临时请。而大型的国际会议邀请一个嘉宾，都会提前半年就定好合约，与嘉宾签订正式的合同，只要不是天灾人祸等不可抗力的情况，嘉宾必须出席。这样的品牌会议的嘉宾是具有可预见性的，但是国内的众多会议从主题、议题到演讲嘉宾，甚至会议的地点、参会人群都是未知数，都是不可预知的。在北京，每天都有成千上万大大小小的会议在摇旗呐喊，但真正有质量的国际性会议和展会却是相当少的。许多冠以国际名头的会议活动，实际上都徒有其表，其核心内容还停留在草台班子的水平上。比方说某某国际生态旅游节、某某国际论坛，为了装饰"国际"这两个字而去中国的高校找一些老师、专家或者一些大使来装点门面，作个秀，其实质并没有达到国际会议的品质与规格，也无法真正为活动增光添彩。国内的展会中，很多会议的实际情况与会议之初的邀请函上面所列的嘉宾大相径庭，该来的没有来，不该来的来了一大堆，这就使得我们的展会营销大打折扣。许多会议往往还是一个半成品就拿出来销售，销售给蒙在鼓里的消费者，把这种不成熟的产品以及由此带来的损失加到了消费者身上，加在了参会的人和赞助人身上。当然，这样的活动最终会失去吸引力，无法成为一种常态继续办下去，一两届之后便作鸟兽散。

财富全球论坛、世界经济论坛这些论坛的影响力非常之大，每次都能吸引各个国家的首脑和众多世界500强企业来参会。**它们的吸引力就在于议题和主讲嘉宾的权威性、可预见性。**能参与到这个活动当中来，人群的匹配性，也是活动方能确保的。比如参加会议的人，都是属于高端群体，是有门槛的，不是愿意花钱就能参加的。但是国内很多的会议，形式变得越来越畸形，比如开会不是来听会，是为了来领奖。会议进行奖项批发，大量地售奖，一般奖项一两百个，来的人个个有奖，用领奖形式的会议来吸引参会者。还有的成了变相售卖旅游的形式，很多的会议，不是把核心的卖点定在会议上，而是定在旅游上，实际上是以开会为名，达到公款旅游消费的目的，而不是真正去解决一些实际问题。而国际上这些展会的核心价值在哪儿呢？就是与会者真正能够从展会上得到行业前沿的信息，能了解到行业发展的趋势，同时接触到这个行业核心的具有权威性的人。**了解有价值的信息，扩大匹配性的人脉，这是与会者的两大需求**。可预知性让他们可以明明白白消费，需求能得到满足，因而对活动表现出极大的积极性。

活动营销的花样形式

从活动的主办方来给活动分类，有政府举办的活动、企业举办的活动、媒体举办的活动以及公众活动等。从营销的角度来给活动分类，则有赛事营销、会展营销、节庆营销、晚会营销、事件营销等多种形式。活动的花样形式从不同的层面上丰富了活动营销的市场，也让活动营销得到了更加全面的价值彰显。

赛事营销

赛事营销在中国来讲，是非常有潜力的一个营销阵地。首先就是体育营销。体育营销在国际上来说，是活动营销当中的主力军。世界上营销做得最好的活动都和体育有关，如奥运会、NBA、世界杯足球赛、F1赛车等，这些大型的体育赛事吸引了全世界500强企业和全球大众的目光。在中国形成大影响的体育赛事还不多，像中国足球中超，正在人们的骂声中一点点地进步。体育赛事营销除了拥有与展会营销一样的功能，还能打造其特殊的产业链，那就是明星经济。明星被放在了市场的天平上，进行市场化的价值运作，一个姚明就相当于一个鞍钢的产值，一个乔丹相当于多大的产业呢？当然，受国家体制等因素的制约，中国体育赛事营销还处在待发展阶段。

除了体育赛事之外，还有大量的演艺赛事，像选美比赛、歌唱比赛、模特大赛等。此外，还有许多专业性的大赛，如摄影大赛、时装设计赛、厨艺大赛等。这些赛事不断创新、不断发展，繁荣了活动营销的舞台。"超级女声"在中国开创了平民选秀的海选新模式，人们可以通过拇指和鼠标，用手机短信和网络给自己喜欢的选手"表决"投票。这是科技进步给赛事带来的互动创新，更是社会文明进步带来的赛事机制创新。

无论赛事营销的形式如何创新，但作为赛事的基本原则和规律是永恒不变的。**权威性和影响力是一项赛事吸引力的保障，而公平、公开、公正的操作规则和倡导积极向上的精神追求则是一项赛事权威性和影响力的源泉**。就如同奥运会，各项赛事全程在电视的直播状态中进行，所有场内和场外的观众都是各项奇迹的见证者。由于是直播状态，悬念和未知数构成了赛事最大的观赏性。世界各国的运动员不仅被高额的奖金吸引，更为权威的奖项、至高无上的荣誉而奋力拼搏。

其实，能保持一项赛事长久生命力的归根结底还是它的精神追求。如奥林匹克倡导的是一种"更快、更高、更强"不断超越自我的精神境界。奥林匹克宪章中规定，奥林匹克运动的宗旨是：使体育运动为人类的和谐发展服务，以提高人类尊严；以友谊、团结和公平竞赛的精神，促进青年之间的相互理解，从而有助于建立一个更加美好的和平的世界；使世界运动员在每四年一次的盛大的体育节日——奥林匹克运动会中聚会在一起。而世界杯足球赛激励人们的是，精诚的团队合作和不到最后不放弃的拼搏精神。赛事中，精神的力量才是最强大的！

奥运会绝对是赛事营销创新当之无愧的典范。而且从第23届洛杉矶奥运会找到一种成功的赛事营销模式之后，每一届都在寻求新的突破和发展。

尤伯罗斯于1980年至1984年任洛杉矶奥运会组委会主席。他首创了奥运会商业运作的"私营模式"，不仅改变了以往奥运会"赔本赚吆喝"的历史，而且在没有任何政府资助的情况下，创造了2.25亿美元的盈利，把奥运会变成了人见人爱的摇钱树。

1980年，尤伯罗斯上任之初，当时奥组委可谓困难重重。因为洛杉矶市政府禁止动用公共基金，加利福尼亚州又不准发行彩票，而两者都是奥运会筹款的传统模式。精于算计的尤伯罗斯于是用上了他所熟悉的种种商业手段。第23届奥运会组委会的经营手段主要包括以下三种。

(1) **征集赞助商**。1984年洛杉矶奥运会组委会引入了"赞助商"的概念，并将赞助商提升为发起人。组委会把发起人的数目限定为30家，并规定在每一个行业里只选一家企业。这等于挑起了奥运会赛场上的另一场商业比赛。因此，为了挤垮同行业的企业，很多国际性大公司纷纷出巨额资金"购买"奥运会的独家赞助权。当时，组委会开出的赞助商底价是400万美元，但实际上最后的赞助商出价远远高于这一数字：与可口可乐等公司大打心理战，赢得超出预计的860万美元赞助费；甩掉只肯出价200万美元的柯达公司，接受日本富士公司700万美元的赞助合作等。

(2) **出让电视转播权。**电视是世界上绝大多数人了解和观看奥运会的途径，因此，第23届奥运会组委会想到了出让电视转播权。当时，洛杉矶奥运会组委会与美国ABC广播公司签订了2.25亿美元的转播合同，允许ABC公司在16天里转播220小时的奥运会节目；与欧洲联合广播公司签订了1980万美元电视转播合同。当年出售奥运会电视转播权，总计获3.6亿美元资金。

(3) **高价销售门票。**洛杉矶奥运会组委会充分利用了人们观赏高水平体育运动的心理，并把它引入了商业机制，销售门票成为第23届奥运会三大盈利手段之一。

上述三条集资渠道从根本上改变了洛杉矶奥运会的财政状况，也从根本上奠定了现代奥运会经营模式的架构。因此，国际奥委会主席萨马兰奇指出，洛杉矶奥运会是奥运发展史上的转折点，它开创了体育界与商业界有序合作的新途径。

奥运会市场开发计划由国际奥委会的市场开发计划和举办城市奥组委的市场开发计划组成。国际奥委会市场开发计划由奥运会电视转播权计划和奥林匹克伙伴计划(TOP计划)及相关计划组成。洛杉矶奥运会市场开发计划由三部分组成，一个是赞助计划，一个是特许计划，还有一个是票务计划。奥组委主要公布的是赞助计划和特许计划。

2008年北京奥运会的成功举办令世界瞩目。中国以及中华文化通过奥运会的前期宣传、盛大的开闭幕式等，在全球做了一次成功的营销。奥运会就像一个巨大的营销平台，全球战略合作伙伴、区域战略合作伙伴、各个领域的供应商、授权的成千上万种特许商品等，如同八仙过海各显神通。

奥组委与申办城市的合作模式也有利于赛事的常办常新。奥组委作为游戏规则的制定者和品牌的拥有者，负责制订标准，执行规则，打造平台；申办城市负责结合本国的历史文化背景及经济特色，充分发挥其主动性和能动性，在履行申办时提出的各项目标的指引下，积极探索，大胆创新。各届奥运会既有相对统一性，又有区域的个性化创新。奥运会的会旗是统一的，升冠军所属国国旗、奏其国歌的仪式是相对固定的，但是各届有各届的会徽、会歌、吉祥物、主题口号、宗旨等。如北京奥运会的主题口号是"同一个世界，同一个梦想"，宗旨是"人文奥运、科技奥运和绿色奥运"，会徽是"中国印·舞动的北京"，吉祥物是五个福娃，主题歌是《我和你》。另外，各届奥运会运动员入场、火炬传递、点燃圣火仪式、举办城市会旗移交仪式等开闭幕的基本流程是相对固定的，但是表现形式却又鼓励创新，倡导各届做出各届的特色。这样一种机制，保证了奥运会常办常新，每一届都能给人们不一样的惊喜。

展会营销

展会营销的模式越来越普遍地被采用，而展会的立体营销模式也在不断地花样翻新，营销渠道在不断地完善，内容及表现形式不断地突破创新。过去的展会中，特别是国内的展会，功能单一，表现形式也单一。只是我展你看，缺乏一种互动性，完完全全是被动式的了解。现在展会的形式越来越多样化，每一个展示都非常个性化，包括展位的设计，表现的形式都力求差异化。与过去那个千篇一律的展位设计和表现形式相比，花样百出的新展会从装饰到播放载体都充满了新意，更能带给与会者惊喜和吸引力。一个展会既可以通过门票进行营销宣传，让门票承载大量的宣传信息，同时还可以通过播放视频、会刊、现场的演艺、互动来实现产品营销。花样百出的展会营销不只是这些简单的表现形式，比如说车展，过去只是简单地对车进行功能演示，最多会有一些车模的配套表演。现在每个车展，每一款车的展示方法都不一样，有的甚至把国画放在车里进行捆绑展示，以吸引参会人员更久地驻足，从而切身地感受新车的品质。与此同时，展会期间还会引入电台直播、模特走秀、节目表演、专访等。从外观上来说，越来越体现出个性化，使得每一个在展会上进行营销的个体越来越突出自我的个性，能够加强识别的醒目性，同时给所有接触的人群以直观的识别感觉，因此能给对方留下一个深刻的记忆。从创意性上来说，越来越讲究创意，把过去凝固的展览变成一个立体化、互动的表现形式，将更加灵动而贴近参会者的不同需求。

节庆营销

越来越多的城市重视和看好节庆营销，因为节庆是打造城市品牌最好的工具和手段，同时也是拉动旅游人气的绝佳手段。有句话说，城市即节庆，充分说明节庆在营销和推广城市旅游方面的重要性。因此，地方会投入大量的人力物力财力来打造具有个性化，符合地方差异化特色和独特资源的节庆活动。比如广西的民歌节，就是充分地体现了广西多民族聚集地，和广西人以刘三姐为代表的擅长歌舞的魅力，通过民歌节极大地拉动了当地的旅游经济，也极大地提升了城市影响力。每年的广西民歌节，简直成了全球性的民歌节，广西成了全球民歌爱好者关注的焦点，年年吸引全世界各地的民歌歌手聚集到这里来狂欢。其《大地飞歌》晚会形成了一款对外售卖的品牌产品，在民歌节期间连办数场。把过去投入大量的人力物力打造一台晚会的局面，变成了现在可以一次性投入、多次产出的演唱会形式进行售票。这样就形成了良性循环，民歌节《大地飞歌》因为收益越来越好，规模场地越做越大，表现手法和舞美、灯光也跃上了一个档次，品牌效应也越来越响亮。再如哈尔滨的冰雕节，充分运用北方丰富的冰资源，打造与全国其他地方不同的文化旅游特色，成为拉动哈尔滨旅游的招牌。所以到了哈尔滨，游客就会想到要去冰雕大世界，到了太阳岛就想去冰雪博览会观看、游玩和体验。另外，还有哈尔滨的雪博会，都是在结合本地资源的基础上来打造出来的。此外，如祭孔大典，每年的9月28日会吸引全世界的朝圣者前往曲阜，参加这一举世瞩目的盛事，这在传承中华文化的同时，也带动了曲阜的经济发展，为曲阜带来了源源不断的人气。

节庆活动还有这样一个趋势，就是将节庆变成常态化。如杭州宋城，把节庆进行常态化运营，在人造主题公园中，天天都有活动，每天都有"给我一天还你千年"这样一台大型的晚会与大家共赏。这就把节庆营销放大到了常态化。刘邦故里沛县也在打造中华汉城，充分利用汉文化聚集地的优势，打造文化聚集区，把过去节庆的短期营销变成一个可以凝固化和长期运营的常态化营销。如广西的民歌，通过实地演出《印象刘三姐》，把过去只有在节庆营销当中可以看到的大型活动进行常态化演出。还有西安的《长恨歌》、大明宫池，和带有湖南地方特色的《新刘海砍樵》实景演出等。在节庆营销中，还有这样一个发展趋势，从过去的小打小闹，变成现在的大手笔；从过去的短期热闹，变成可以进行长期经营的运作项目进行常态化的运营，实现了社会效益和经济效益的双丰收。

从节庆的举办时间来说，过去的一两天变成了现在的活动周、活动月。如青岛的啤酒节，就长达16天，成为以啤酒为媒介，融经贸、旅游、文化为一体的大型节庆活动，这16天每天都有全新的内容。现在很多的节庆也有一个误区，只有开幕式，没有闭幕式。开了头，不知道什么时候结束，这对拉长节庆是有一定好处的，但**一个节庆还是要有一个仪式，要充分体现仪式必须有头有尾，不能虎头蛇尾。**

节庆全民参与性的特点也越来越突出。过去的节庆是少数人能享受到的节日文化，还是一个高端群体的消费文化。但现在的节庆文化正逐步发展为可以进行大众消费的文化。组织花车游览，举行冰灯节，举行广场音乐会等，都是为了吸引老百姓来参加，都属于人群聚会。在搞这些活动的同时，通过媒体进行大量的直播，吸引不能到场的群众如亲临现场感受活动的盛况。这些都是把节庆从精英文化变成大众文化的一个趋势，提高活动的大众参与性。如今，**很多节庆的行业性特点越来越明晰**，比如说中国广告节、中国商标节、电影节、摄影节、诗歌节、金鸡百花奖等，行业的细分越来越明显。像平遥的国际摄影大展，在古城里举行，成为摄影界群体的奥斯卡。像西安举办过诗歌节，变成诗歌爱好者的聚集地。所以，打造活动的时候，一定要关注这些新的发展趋势和表现，抓住细分行业里的机遇。

节庆活动从小打小闹向大手笔演变的过程中，国际化的特点在中国也会越来越明显。中国现在办节庆，大大小小的活动都爱冠上一个"国际"的名头，就算一个县里办活动也会冠之以"中国"、"国际"等字眼。这是个很有意思的现象，但也预示着我们未来节庆的发展趋势必将朝着国际化的视野拓展。目前也许做得还很不到位，与真正国际化的活动还有差距，但足以见证中国经济的崛起。在视野开拓的情况下，中国的活动思路已经将眼界定位到了全球的市场。很多地方的政府进行旅游项目拓展，都把吸引国外的旅客来旅游以赚取外汇作为评价一个节庆办得好与坏的标准。国际化的新趋势、表现形式的创新必然伴随着大手笔的投入，广州亚运会，光开闭幕式的费用就耗费了4个亿，为了亚运会的完美举办，广州市还要花费上千亿来进行配套建设，进行整体环境提升。

有很多世界性的大活动近年来纷纷落地中国，如重庆马上要举办的园艺博览会。为什么世界性的大赛事和大展会纷纷落户中国？这是有历史和文化渊源的。中国是靠运动来促进工作的国家，中国人去安排一项工作，往往要先树立一个大目标，让全体的人民形成一个共识，群策群力，艰苦奋斗，共同努力，使大家统一思想，达成一个目标。所以说中国地方的领导，要为全市人民去立一个目标，这个目标要足够大才能引起大家的关注。一个城市节庆演变成国际化的活动就能催发市民们的自豪感，所以名头往大里说，活动往大的方向来操办，这样就能起到巨大的凝聚力和推动力。从地方政府外树形象、内树人心来讲，政府需要有一个国际性的大活动来助推城市建设和经济发展。所以地方政府领导，把这种国际性的大活动确定下来之后，其实就是给这个市的全体公务员及市民立下一个目标，这个目标也是立下军令状的一种形式和方式。举全市之力，举全国之力，去办一个大型的活动，这在国外是很少见的现象，却符合中国特色。中国的领导有了抓手以后，号召各部门领导行动，各部门领导也需要这样一个抓手。在有限的时间段里，在可预期的时间段里，给大家布置了一道作业，让大家按时把这道作业完成。地方政府趁机把当地的城市建设、环境卫生、社会治安、经济建设、精神文明建设等这些工作全都装进这个菜篮子，通过举办国际性的大型活动，来把地方经济和文化建设提上一个台阶，这样说来，地方政府纷纷举办大型国际活动也就不难理解了。与此同时，各地政府也通过这个活动来打造政绩。过去讲政绩，说的是完成一个项目，修一座高楼、建一座大坝、建一个大工厂，体现政绩往往需要通过这种有形的实际项目。**随着国家整体调控和管理的到位，各地往往通过这种大型活动的方式来体现自己的声音，来体现自己的政绩**。因为经济建设的发展，不是一年、两年、几年时间就能迅速形成巨大影响力的，但通过举办大型活动，能够在短时间内引起更大的关注，这是政府领导的需求，因为他们需要有一个不断进步的驱动力。此外，**各地的大型活动也是地方政府领导进行政府公关的方式和手段**。只有通过举办大型活动，地方才有理由去邀请上级领导，才可能整合各方面的资源。如将文化资源、演艺资源、媒体资源、企业资源、招商引资等整合在一起。这就如同一个家庭、企业，要办一些年会、答谢会，或者说找各种理由(如子女就学、升迁等)进行家庭、公司的公关一样。实际上，活动对于地方政府的发展来说有共同促进的一面。地方政府通过这种方式来邀约各路嘉宾汇集一起，一方面使当地的经济建设情况有了一个窗口进行展示，另一方面可以有一个很好的感情联络，如申请项目、申请资金、吸引投资、扩大媒体关注度。这是政府打造形象工程的大好机会，政府也许需要花费1000万，但是通过整体的运营，能够以提早10年、20年的发展进度来推动地方的建设和发展，其产出远远大于1000万的投入。所以说这也是各地乐此不疲地打造大型活动的潜在需求。

晚会营销

晚会能给人带来愉悦，满足人们观看明星、享受演艺节目的需求，丰富老百姓的休闲时间，这种愉悦吸引了大众的参与，带来了人气，人气便成了活动营销操作的舞台。中国是一个晚会盛行的国家，电视台举办晚会，政府也举办晚会，企业遇到节庆会有晚会，学校校庆、欢送毕业生也会举办晚会，各行各业都有晚会的需求和消费，晚会无处不在，形式丰富、花样百出，晚会营销自然成了活动营销的主力军。中央电视台的《同一首歌》、《春节联欢晚会》、《激情广场》、《欢乐中国行》，不管名字发生怎样的变化，我们不能否认，它不仅可以愉悦大众，更主要的功能还在于晚会的营销。因为中国各地政府和普通大众对明星演出的需求很大，所以明星对地方来说，是一个稀缺资源。这样，通过大型的晚会集约化地把明星群体展现在一个舞台上，让当地的人们观赏，迎合了大众的需求，晚会影响力自然能得以提升。即使《同一首歌》已经停办了，但是在全国各地各种演唱会和节庆的开幕式都非常多，如雨后春笋般层出不穷。这就证明**人们有一种消费明星，消费快乐的需求存在**。这种需求拉动了晚会的发展，晚会的影响力带动了活动营销的新模式。

现在的晚会基本上停留在愉悦大众、自娱自乐、为办晚会而办晚会的层次上，与之相关的营销仅仅停留在赞助等被动形式上。晚会的营销，未来还有很大的发展空间。我们在给各地打造晚会的时候，就在做一些新的尝试，如将晚会与地方特色、经济、旅游等做一些整合。假设要在某地举办演唱会，首先我们要看到，那些具有独特性的地方特色是不可复制的，那里的山、那里的人都有唯一性，那里的山水人文历史都有地域特色，在打造晚会的时候可以就地取材进行创作。以地理人文的深厚文化特点创造出明星要唱的主题歌，创造出这一台晚会要表现的主题。避免那种歌舞堆砌、简单复制的舞台表现，这样的晚会和其他晚会除了名字不同，内容实质并无区别，这种放之四海而皆准的晚会是毫无生命力的。我们要倾力去打造个性化的晚会，有个性就有张力，越是民族的，才越是世界的，越有吸引力就越有影响力，影响力打造出来了，活动营销的目标才能得以实现。比如说刘邦文化节，将汉文化、汉服、汉语、汉乐融入晚会中，进行再度创造，这体现出当地的文化，又增加了晚会的可视性和它的再传播性，打破了各地晚会和节庆开幕式自娱自乐的老套路，主题更加明晰，地域特色更加浓郁，同时它的章节性更加强烈，内容上环环相扣、步步推进，带动了观众的情感。正如张艺谋对奥运会开闭幕式自我评价地说过一句话：再过20年之后，也许大家对我这台晚会的许多内容都忘记了，但绝对不会忘记长卷、长轴、文字的起伏，这些是具有中国特色的，在全世界人的眼里都是一个标志符号。

事件营销

越来越多的企业和地方的旅游风景区采取事件营销来扩大影响，塑造形象。带着明确营销目标的事件或借助于大事件进行的营销越来越频繁地出现在大众视野里。就像浪花一样，其要层层助推，才能形成浪花。**要形成事件，活动必须要具备爆破性，具有悬念，具有可持续的关注度，这才能形成具有营销价值的事件。**最经典的事件营销要算飞机穿越张家界天门洞了，天门洞在近处看是一个非常大的洞，飞机穿越的时候肯定没有太大的危险性，但是从远处看天门洞和飞机穿越就形成了一个惊险、刺激、吸引眼球的巨大事件，这是一个吊足人胃口、充满悬疑的绝佳创意，为张家界、天门洞带来了爆炸性的影响力。凤凰卫视最初进入内地的时候，策划直播了一个大事件，那便是柯受良驾车飞越黄河。飞越黄河有一个潜台词就是有生命危险，带着生命危险的表演打动了人们的心，成了吸引人们的最大卖点，这也是人们好奇心的最大体现，也使得飞越黄河这一事件具有很大的营销冲击力。事实上，柯受良驾车飞跃黄河也没有太大的危险性，但通过这样一个活动让大众感觉惊险重重，能不能飞过去是一个巨大的悬念，在没有飞越之前，一切都是谜，一切皆扑朔迷离。在打造这个活动的过程里，吸引了无数关注的目光，凤凰卫视成了最大的赢家，从一家在内地毫无知名度的电视台变得家喻户晓，并且在观众的心目中形成了一个良好的品牌形象。与此同时，黄河的壶口瀑布一夜之间声名远播，媒体、大众的眼光全都被吸引过来，对当地旅游影响力及经济的带动作用可想而知。因为大众需要了解具有爆破性的新闻，媒体报道爆破性的新闻可以提升自己的被关注度。不论是飞机飞越张家界天门洞，还是柯受良驾车飞越黄河，这两个事件都满足了大众与媒体的需求，最终实现了主办方提升社会影响力与知名度的初衷。

2003年，凤凰古城举办首届中韩围棋巅峰对决赛。大地为棋，以人为子，在凤凰南长城脚下建造了一个1000多平方米的"世界第一大棋盘"，由361名身着黑白服饰的少林武童扮演棋子，场面恢弘。这次常昊和曹薰铉的对决在中韩两国同时直播，刷新了世界围棋转播赛的收视纪录。此后，凤凰古城的围棋比赛继续并坚持了下来。

2005年，凤凰的围棋比赛更加娱乐化，常昊和李昌镐以及128名业余棋手在凤凰南长城上摆开擂台，真人秀表现得淋漓尽致。2007年，沿着长江两岸，设立了江南江北两个大营，三千大江南北棋士齐聚凤凰，激情对弈。"小猪"罗洗河遭遇韩国不败少年李世石，上演沱江河畔"淋漓洗石"；2009年李世石卷土重来，相遇古力，上演"4000年第一争棋"；2011年围棋赛移师洪江古商城，国手孔杰对阵"毒蛇"崔哲瀚。每届对弈的棋手均由国际著名雕塑家雷谊锌精工雕琢，铸就铜身与南长城的山体永存。2013年，邀请的两位棋手是新科春兰杯冠军、中国的陈耀烨和世界冠军、韩国的朴廷桓，上演了第六届世界围棋大赛的巅峰对决，新浪网、新浪微博、湖南都市、韩国KBS电视台和贵州天元围棋频道全程直播"2013第六届凤凰古城世界围棋巅峰对决"，向全球直播实况，同时新浪网也同步进行棋谱直播。

借助这个大型围棋赛事，凤凰当地大做旅游营销的文章。自此，凤凰、张家界一带韩国游客数量空前增长，在旅游区的指示牌上除了汉语，还增加了韩语的指示语。凤凰古城的旅游收入由2003年1.5亿元增长到2014年的超80亿元。

慈善活动的"攻心"魅力

无论是公益还是慈善，现在常常捆绑着"营销"一起出现，公益营销甚至成为了"中国第一慈善家"陈光标的一个标签，建立公益慈善会的明星也不在少数，每年各种各样的慈善活动、公益广告令人眼花缭乱，大牌小牌都纷纷加入慈善的行列，"攻心"大战不停地上演，那么谁的"攻心计"更胜一筹呢？

"攻心"大战并非纯粹公益

近几年来，国际社会公益慈善呼声极高。继比尔·盖茨宣布

"捐出一个巴菲特"后，巴菲特也宣布捐献自己85%的财富。华人首富李嘉诚则以"第三个儿子"的名义，捐出13亿财产从事公益慈善事业。在四川"5.12"地震中，许多国内企业和个人的捐款额达到了一个亿。中国每年都会有年度慈善排行榜，2008年全国捐款超千万的企业有250多家，国内外知名的企业大多数都榜上有名，比如海尔、可口可乐、安利、农夫山泉等。这说明公益慈善事业越来越受到社会的关注。

在这种公益活动中，企业的参与为公益慈善活动的开展提供了一个坚实的资金平台，在这样的平台上，企业通过与媒介、慈善机构联合，并整合企业内部资源，充分调动消费者的积极性与参与性，把社会的慈善力量汇集起来，形成强大的力量去帮助那些弱势群体和落后地区。在"做好事"、"办实事"的同时，将自己企业的品牌和企业文化传播出去，让更多的相关利益群体了解企业，这就是企业的公益营销。简单地说，它是"公益+营销"，而不是纯粹的"公益"。

农夫山泉的"一分钱公益行动"无疑是中国最具特色，也最值得争议的企业慈善活动之一。"每买一瓶农夫山泉，你就为水源地的孩子捐了一分钱"，2006年的一分钱活动更是将贫困地区(农夫山泉水源地)的孩子以真人、真事、真场出现于农夫山泉的一分钱广告之中，使得本来就备受争议的公益活动更多了几分敏感的色彩。多年来，尽管农夫山泉经过了"三重门"事件("水源门"、"捐款门"、"砒霜门")，但并没有影响农夫山泉从一届又一届的公益慈善行动中获取巨大的品牌知名度和美誉度，"一分钱"公益营销也已经载入了中国经典营销事件的史册，成为事件营销的典范之作。从某种程度上讲，农夫山泉的品牌价值中的很大一部分，是在这一次又一次的争议中建立的，其中折射出农夫山泉超群的营销智慧和商业敏感。

深谙此慈善营销之道的企业还有国内最负盛名的老药铺"同仁堂"。尽管"同仁堂"拥有完整的品牌体系，这个体系主要包括"同仁堂"的字号，"同修仁德、济世养生"的品牌主张，以及"炮制虽繁必不敢省人工、品味虽贵必不敢减物力"的质量管理体系等，因而能够做到"配方独特、选料上乘、工艺精湛、疗效显著"。但是在当时的医药行业竞争格局中，坚持不懈的公益营销活动，尤其为它赢得了盛誉，比如清朝康熙年间，给进京赶考的举子免费赠送"平安药"、冬办粥厂夏施署药等。由于进京赶考的举子就是未来的意见领袖和权力阶层，并且来自全国各地，给他们免费赠送"平安药"，能够产生强大而广泛的口碑传播效应，极大地提升品牌美誉度。

从同仁堂到海尔、可口可乐、农夫山泉，我们可以看到，自公益营销得到运用以来，它屡屡被证明是一种强而有力的手段。它不仅削弱了许多的商业气息，还体现出了强烈的企业社会责任感，不容易引起公众的戒备心和反感，从而在不知不觉中以春风化雨的方式在公众中树立良好的形象。它在一定程度上增强了员工的企业荣誉感，调动了员工的积极性。同时，它还拉近了企业与消费者的距离，易形成"月晕效应"，创造出了更多的社会财富，帮助弱势群体，获得政府支持。

"攻心"有术：招招制胜

兵法有云："用兵之道，攻心为上，攻城为下；心战为上，兵战为下。"公益营销通过公益行为的品牌介入，实现营销目的，有时被称为"不是营销的营销",是典型的"攻心"之策。

"慈善不仅仅是捐钱,更重要的是要给那些需要帮助的人一个梦想。"奥迪汽车高级经理于小云在一次媒体见面会上的这句话,几乎诠释了所有跨国企业投身公益事业的初衷和理念。然而在这句冠冕堂皇的话的背后,确是一套完整、系统和理性的公益营销体系:用10万元投入公益,用100万元投入后期公关和宣传,最后获得1000万元的经济效益,这就是公益营销的精髓。

那么,如何抓住公益营销的关键点,从而既不当"有名的烈士",也不做"无名的英雄"?简而言之,"攻心"需要把握以下几招。

(1) 战略攻心。公益行为不等于一个活动、一次捐赠,而应成为企业的一种长期战略。

坚持可持续发展的战略是使渣打银行得以平稳度过金融海啸的诺亚方舟。而这一战略最好的执行就体现在渣打不断推进的公益活动中,如"关心艾滋行动——赞助设计爱之家园"、"看得见的希望"等。渣打集团行政总裁冼博德在 2008年可持续发展报告中做出了如下表述:"若有人需要确认采取可持续发展业务方针的重要性,2008年金融市场的动荡和纷扰就提供了最有力的证明。"在他心中,坚持可持续发展的战略是使渣打银行得以平稳度过金融海啸的诺亚方舟。而这一战略最好的执行就体现在渣打不仅专注于提升当前和长远业务的表现,还积极推进为环境和社会带来正面影响的项目。

就在冼博德发表上述宣言的两个月后,渣打银行参与了中国四川地震赈灾事宜。5个月后,渣打中国向四川省绵竹市政府捐赠了1000万元人民币。

渣打银行的可持续发展战略从某种程度上也可以看做是其品牌的公益营销战略。渣打所强调的社会责任项目有三大准则：一是与渣打银行的可持续发展战略以及与银行所在市场的相关性；二是可充分运用自身能力、资源和设施做出最大贡献，其中很重要的包括善用员工的核心技能和专业才智，让他们在项目中发挥所长；三是通过推动公益活动帮助解决一些意义重大的挑战(例如：逆转气候恶化，健康、贫困等问题)。渣打银行利用最大可能推进公益事业，为利益相关者和银行自身创造可持续发展的未来。渣打银行北京分行行长郭凌燕就曾表示，公益活动给公司的可持续发展带来收益，还给企业形象和品牌带来好处。

(2) 抓住时机一举攻心。在恰当的时机进行恰当的赞助。当社会出现重大事件或重大事故时，社会、媒体、民众对事件的关注度是最高的，如果企业能够在第一时间主动表态。那么一定可以引来更多注意力，也最能吸引媒体的报道。与市场营销一样，最重要的并不在于投入的数量，而是能够预先抓住最适合的时机，达到四两拨千斤的效果。

在2008年5月12日汶川大地震中，王老吉果断捐赠一个亿，捐款后的口碑效应立即在网络上蔓延，加多宝的官网几乎被网友"挤瘫"，国人满堂喝彩，纷纷抢购，以示支持。

王老吉捐了1亿元，是白捐的吗?当然不是，百度贴吧在3个小时内发帖超过14万。王老吉捐款的目的是什么呢?当然是让网友喝回来的，所以"封杀王老吉"(就是买光超市的王老吉)、"喝回10亿"的帖子自然就出现了。但是，由于帖子时间过于集中，很多论坛还是删帖了，只不过网友的爱国热情也在发帖和删帖的过程中被激发了，在群体效应下的力量是挡不住的，否则贴吧管理员就得被骂了，即使知道是广告帖，那又怎么样呢？别人捐款了。

王老吉抓住了地震事件，植入式的投了一亿广告费，不管从公关角度还是慈善角度，都必须赞叹一下。借助这次事件，王老吉也为自己的新产品做好了前期的推广，就是通过看似网友的帖子表示新产品将会热销。

从王老吉的事件，我们可以看出，企业在遇到大事件的时候，行动决策是多么重要。借助消费者心理进行产品宣传是多么重要，当然，发出成本，是为了得到回报，如果你们企业的新产品也要出了，不妨花一花这些钱，一亿可以进行病毒式营销，一亿可以形成口碑效应。

那么，从整合营销的角度来说，王老吉都做到了什么？首先，王老吉整合了消费者的爱国意愿；其次，王老吉整合了时事，也就是地震事件营销，同时借助了王石进行自我的抬杠式推广；再次，王老吉整合了产品维度，也就是他们将要推出的新产品；最后，王老吉整合了各大媒体资源，以论坛资源为主、包括网络新闻和IM(即时通讯)等免费资源。

(3) 产品攻心。除了对地震、洪水等天灾人祸的常规性捐助外，企业的公益活动还应该选择那些与公司产品或服务紧密相关的项目，如果企业的捐助对象是产品相对应的消费者或者潜在消费者，不仅能够得到社会的认可，还能让捐助对象认可企业的产品，从而培养自己的潜在消费群。

2010年，九阳股份有限公司与中国青少年发展基金会签订捐赠协议，在中国青基会设立"九阳希望基金"，计划自2010年起的未来十年内捐赠5000万元，专项用于为贫困地区的学校援建"九阳希望厨房"，建设和改造符合国家食品卫生基本要求的学校厨房和食堂，让老师和孩子们有一个干净卫生、安全健康的就餐环境。

据统计，九阳每年援建100所希望厨房，直接受益学生数量约计4.5万人，但中国农村学生有5400万，他们的"工作价值"为0.8‰。

应该来讲，九阳公司本可以做一个简单的捐赠者，捐了钱，任务也就完成了，剩下的学校考察、选址、建厨房、验收、管理、维护这些事，大可以交给公益组织去做。

但九阳的愿景与"野心"远非如此。在国家没有营养餐政策前，九阳就已与一些民间公益项目合作，有出餐费的、有出设备的，"让孩子先吃起来"。九阳认为，已出台的营养餐政策需要实践如何解决学校的"有米无锅"；长远计，等到孩子吃饱饭，则"食育"必将提上日程。孩子的德育、体育、食育，一个都不能少，但是目前食育基本是空白。九阳的愿景是，"少年智，则中国智；少年强，则中国强"。

九阳和中国青基会站在一起，肩负起"发起人"的重任，通过行动呼吁更多的个人、企业、机构都能加入这一行动中。众所周知，九阳股份有限公司倡导的是厨房科技，企业理念是健康、快乐、生活。此次公益结合自身产品，不仅仅扩大了企业影响力，更提高了九阳产品的知名度，九阳产品销售大幅度提升。

(4) 借力攻心。公益营销是一个整体系统工程，贯穿整个营销环节。在执行公益赞助时必须视同企业其他营销行为一样，策略先前，预先将整个过程的每个步骤考虑周到，包括何时赞助、赞助多少、何时举行新闻发布会、是否邀请政府官员见证媒体宣传计划、如何执行等。

公关第一，广告第二。做了善事说给人听也是一种教育，但你自己说做了好事不太妙，从第三方口中说出来才具有权威性、可信度。所以，公益营销必须整合企业本身的资源，通过具有吸引力和创意性的活动，使之成为大众关心的话题、议题，成为具有新闻价值的事件，因而吸引媒体的报道与消费者的参与，使这一事件得到传播。只有考虑充分，把握得当，才能使企业避免成为"无名英雄"，使结果朝着企业所希望的方向发展。

自1952年，宝洁建立了"宝洁基金"后，现在，宝洁公司和宝洁基金会每年在全世界范围内的捐款都超过了5000万美元，不断向有需要的人、向有需要的地方伸出援助之手。依靠着这种积极、主动、持续的公益赞助，宝洁在全世界建立起了良好的品牌美誉度与强大的影响力。在中国，宝洁是知名度最高、大学毕业生最向往工作的跨国企业。在中国的公益赞助项目中，宝洁尤其支持教育事业——从学前教育到研究生院，宝洁公司都给予高度的重视。宝洁在教育上的公益赞助，大抵遵循以下三项思维逻辑：

(1) 通过赞助，影响中国最高端的知识人才；

(2) 跟随政府关注的焦点，赢得政府认同；

(3) 关注中国下一代，将品牌影响力对准未来消费者。

人才、政府认同、下一代，每一个方面，都极具新闻价值，自然是网络、媒体议论的焦点。

在宝洁等跨国巨头企业看来，公益赞助既是表现企业社会责任的最好方式，也是赢得政府认同、打造企业品牌影响力的有效途径。而出色的商业化运作则使得公益赞助变成一种社会受益、企业有利的双赢行为，并使企业有动力不断进行循环投入。

我们都知道，要借慈善活动"攻心"，不只"买单"这么简单。

随着当今社会经济的不断发展，企业是否应当承担更多的社会责任已经成为摆在经济可持续发展道路上的一道必须解决的难题。

为此国外多家商学院已经开始将社会责任写入MBA教材，鼓励这些未来的企业家们勇于承担更多的有利于社会、有利于环境以及有利于经济健康发展的责任和义务。

在深受儒家文化影响，崇尚"人之初，性本善"的中国社会，善行义举不仅是道德要求，更是社会活动的行为准则，但由于自身财力、能力的不同，每个人做公益的方式也不同：有在重大自然灾害面前，亲赴现场救灾并捐出巨额款项的"高调公益"；也有数十年如一日扎根边疆为教育事业做出贡献的"低调公益"；有细水长流，从自己做起、从身边的小事做起的"自律公益"；更有每个月定期捐助，提倡一家人互相关爱、彼此关怀的互助公益……人们对不同公益模式的选择，究其根本是受其经济实力、个性、教育文化程度以及地域分布等因素影响的。

人有不同，企业亦然。收入殷实、经济实力雄厚的大型企业自然可以立足全社会，用公益善举帮助较大范围有需要的人。以国有银行为例，近年来几大国有银行的年平均捐款额早已远远超越一些中小企业的年平均利润。作为具有巨大影响力，坐拥众多资源的大型国有企业、上市公司等，面对中国社会中的"弱势群体"，采用大规模、高层次、广覆盖的公益模式，不但能够让当下最需要帮助的人得到社会的关怀，同时能够提升企业的品牌形象。

但是在中国拥有数千万家中小企业，中小企业的群体中具有无可比拟的影响力。对于为数众多的中小企业来说，他们对于自身公益建设道路的选择往往受制于公司的整体经济实力、发展目标、企业文化等因素影响。不一定只有大的企业才可以做，不一定要捐很多钱才可以。中小企业如何走出一条具有企业特色，符合企业发展的公益模式，这是值得需要探求的。

第七章

活动营销的转化流程

活动营销是一个细节决定成败的精细活。要想做好活动营销，就得关注细节，让整个活动流程环环紧扣，不掉任何一节链条。魔力在细节中展现，细节的把控需要专业化的标准来规范和监控。

　　只有将创意能力与执行能力有机结合在一起，才能保证一场大型活动的精彩呈现。**如果只有执行力而无创意，则如同一潭死水，毫无生机；反之，如果只有创意而无执行力，则宛如空中楼阁，变成一种虚幻的梦想。**无数案例也证明，不同的策划由不同的人来执行，结果会千差万别。在执行中，细节决定着最终的成败。

　　在中国，百分之八九十的活动给人的感觉就是乱，除了乱还是乱。而且很多活动年年办，留给出席人的感觉却是"怎么每年都这么乱"？**活动之所以乱，是因为缺乏明晰的执行流程、细节描述和操作标准，缺乏专业化的执行团队。**

活动的细节决定营销的成败

　　活动营销也是一个细节决定成败的精细活。要想做好活动营销，细节不能忽略，要让整个活动流程环环紧扣，不掉链子，就得做到流程岗位化、操作标准化、构建系统化、执行职业化、创新常规化，用专业化的标准来要求自己。

　　活动的举办是一个流程型的操作链条，每一个环节可以为这个活动营销加分，也可以为这个活动营销减分。很多活动用了最大的投入，在创意的构思、活动的规格、服务的人性化等方面都做得非常专业，却常常毁在某一个微小的细节上，让某一环链子掉下来破坏了整个活动的完美，从而使营销的价值大打折扣。举个例子，有一个会议加旅游的大型活动在张家界举行，大家会后兴高采烈准备去游山玩水，旅行车就停在门口，人群涌出酒店，不知道该上哪辆车。跟着人流涌上某辆车，却发现该车已坐满人。从各辆车下来的人，又挤成了一团。最后，车队竟然还漏了几位重要嘉宾就出发了。参会人不高兴了，对活动有了意见，营销的成交率便要打折扣。这便是事先没有安排好，细节上出了问题。如果安排到人，某某坐几号车，某某坐另一辆车，全部安排到位，就不会发生这种找不着座位、忽略了重要人物的混乱事情了。中国的活动行业，有很多的细节没有规范、没有制订标准，这使得我们的操作无参照、无流程、无标准，使得我们活动的营销水准降了好几个档次。同样的资源，却只发挥了 10%～20%的作用，还有 80%～90%的空间需要执行队伍专业化操作之后才能挖掘出来。再举一例，会议嘉宾的桌签如何管理？为了尊重嘉宾，主办方会为每位嘉宾打一个桌签。活动当中常会出现这样的问题，嘉宾进了会场，却找不到自己的桌牌。在偌大的会场里，嘉宾不方便来回走动挨个去找自己的座位。有一些简单的方法可以解决这个问题：在会场门口立一块平面座次板，通过投影打出嘉宾位置的示意图，给主要嘉宾人手一份座位示意图，或者在嘉宾邀请函中就把其座位标明。任何一种方法，嘉宾都能一目了然，很方便地找到自己的座位。

发达国家的大型活动执行已经很精细化了，比方说参加戛纳广告节，对于嘉宾的邀请，和嘉宾到现场以后出席的各个活动，与这个嘉宾有关的所有活动流程，都由指定的人自始至终跟嘉宾联系。在国内则不同，跟嘉宾联系的人时常变化，不同的环节有不同的人联系。在成熟的国际活动中，与一个重要嘉宾联络的始终会保持是同一个人。以前跟你说过什么、一路上的安排都是由这个人来处理的。这样，既避免了细节的遗漏，同时让参加活动的人自始至终感觉到有一个贴心的人时刻关心着自己，拉近了距离，让嘉宾有一种宾至如归的亲切感。再比如戛纳电影节，不同的活动环节在不同的酒店举办，酒店与酒店之间都很近，但主办方会在不同的环节开始前，安排专车在门口迎接、送达，这就是服务的个性化、细微化。很多国际上的大型活动中，仪式感都非常强，如走红地毯，让你感觉很荣耀、很有成就感；灯光音响的营造，让你感觉会场很隆重。

对于每一个环节的把控，时间的掌控是最难的。不光每个环节的时间精确度难以把控，活动的开始时间也很难准时。国内的论坛几乎都有延误一两个小时的习气，到吃中午饭的时候还在论坛，晚饭的时候还在论坛，让与会人员感到非常不满。在中国举行活动，往往参加活动的人很早就到场了，而活动却拖到很晚才开始，这就造成参会者在中国参加活动肯定不会按标注的时间及时到会，而选择推迟一个小时、半个小时去赶着参加活动。这样一来，便形成了恶性循环，早到的人浪费了自己的时间精力，守信用的人得到的损失更大，这使得会议一开场就没有了时间的概念可言，导致我们活动的环节不断地往后拖延。

在活动的细节上出现这样那样的问题，这都是因为缺乏菜单式管理。比如开场的时候，话筒没有声音；举行圆桌会议的时候，主席台上没有足够的位置；上场的时候没有上场音乐，颁奖的时候没有颁奖音乐；发放奖品、纪念品的时候，现场失控，出现一片混乱的局面。这些都是由于细节没有做到位，造成活动营销流程中各个环节的衔接失控，从而让整个活动营销的价值大打折扣，把一场原本精彩的活动糟蹋得面目全非。

海量的活动在不断地举行，它们的操作都不规范，这些不规范的操作会导致经常出现差错，从而贻误商机。我们能不能制订出一套标准：一个活动的举办需要哪些岗位，每个岗位需要负责哪些具体工作，职责是什么；整个活动应该有一个什么样的基本流程；活动的礼仪应该注意哪些方面；活动的场地、灯光、音响等应该采取什么样的规格类型等，都应该有描述性的菜单。在举办活动之前，就应该根据菜单一个环节一个环节地验收。同时还要准备一个应急方案，常规活动可能会出现哪些方面的问题，应该如何去做备案。这些都需要我们做标准，需要专业化运作，以提升活动营销的附加值和性价比。

活动营销的六步操作流程

流程的把握能提高活动营销的成功率，细节的关注能保证专业的水准。但**活动营销更是一个系统工程，牵一发而动全身，每个环节都不能拆分开来单独存在，每一个环节都必须放在整体的立场上去思考。**千里之堤毁于蚁穴，某一个微小的细节可能摧毁一个浩大的工程。要做好这个系统工程，就得做到以下几点：第一，做好基础性研究，不同类型的活动会产生截然不同的营销效果，匹配才有好的开端；第二，在细节上下工夫，人是感性动物，细节的把握可以赢得绝对的人气；第三，制造标准，标准让执行与检验有数据可循，还能树立行业影响力；第四，交给专业的团队来打造活动，专业是精细化、标准化的保证。

第一步，调研

没有调查就没有发言权，组织一个大型活动也是如此，首先要进行充分的调研工作，这是活动营销的第一步。**调研的核心在于**

了解需求，了解需求主要从两个方面入手，一是了解活动参与者的需求，二是了解活动赞助企业的需求。除这两个方面外，媒体的需求、嘉宾的需求也是不能忽略的。当我们通过一个活动满足了打造一个活动所含各个方面要素的需求时，这个活动就办成功了。

深圳卫视曾经请环球活动网去策划操作一个推广活动，叫做"美梦成真"，实际上是要为这个叫"美梦成真"的年度大型活动类型节目做推广。原计划在人民大会堂召开新闻发布会，目的是为了媒体宣传，同时也是为了招商。要想得到企业的冠名，作为主办方的需求是要吸引传播媒体的注意和企业的支持。反过来，要举办这样一个活动进行新闻发布会或者说推荐会，能不能吸引到企业关注，能不能吸引到赞助企业里能做主的人来参加活动，来接受和了解活动的本身，这都是我们策划这个发布活动时必须重点考虑的问题。所以说，第一个阶段是要调研了解需求，通过调研了解到，如果办一个新闻发布会、推荐会，只满足了主办方对外传播扩大影响的需求，没有办法满足媒体的需求，也没有重视企业的需求，活动就失去了吸引力。因而，我们必须策划出一个点，能满足三方的需求。经过精心谋划，"美梦成真·企业家精神与公益事业恳谈会"应运而生，通过这样一个活动来推介"美梦成真"，以"美梦成真"的活动名来捆绑这次活动。对媒体来说，这次会谈有众多热心于公益事业的企业家参加，满足了媒体发掘价值新闻的需求。对企业家来说，众多高端媒体关注这次会谈，企业家来参加这次会谈不是仅仅参加活动，他们能通过媒体对外发言，他们的发言会引起媒体的追踪报道，这就满足了企业家有表达的欲望、传播的需求，满足了他们树立宣传企业形象的需求。这样一个创意，满足了主办方、媒体、企业三方的需求，因而取得了非常好的反响。调研的过程，实际上就是了解需求的过程。

第二步，创意策划

创意是活动精彩的源泉，活动的卖点就来自于独具匠心的创意策划。通过调研，了解各方需求之后，紧接着需要考虑的是如何调配资源以进行一个有机的重新组合，以此来达到我们的目标。调研是找到需求、明确目标。通过调研决定组织活动的方向，然后通过设置路径去达到我们的目标，这就是创意策划所要完成的使命。什么是创意策划？**创意策划就是把你掌控的各种优质的、详尽的资源重新进行有价值的链接**。好的策划创意是别人想不到而你能想到的点子；或别人能想到，却不敢做，你不但想到了，并且能做到了，这就是好的创意，好的策划。

创意策划的基础在于阅历见识与思维视野，创意必须要见多识广，视野开阔。视野决定思维，如果视野不开阔，你的思维无法发散开来，僵化的思维就会留下很多的盲点，许多的点子就会溜走。

好的创意与策划还有一个制约因素就是你的资源，你拥有的资源是什么，有多少，这也会制约着创意策划方案的高低层次。你拥有了资源才敢去想策划，去调配这些资源，把暂时还没有关联的资源进行有效的链接，使它们产生倍增的附加值。**巧妇难为无米之炊，如果资源匮乏，再好的创意也得不到有效的落实**。战略有多高，看得就有多远，做的事情就有多大的冲击力和多高的层次。**策划的时候就得高举、高打，你举得高，打下来的力量才更大；你看得远，策划出来的事件才更有穿透力、更有传播力、更有持久性。**一个好的活动策划人，首先应该是有全球视野的人，站得高看得远；其次他应该是知识渊博、经历过很多大事件的人，见多识广经验丰富；最后他还得拥有很多的活动资源，运筹帷幄调配轻松。反过来说，首先策划创意要占位高，举得就高，创意的活动才会形成强大的冲击力；其次，丰富的资源决定策划的吸引力与传播度，拥有了资源才能借力打力，形成巨大的影响力。

第三步，推广

创意策划再好，没有推广，只能纸上谈兵，变成一堆待字闺中的废纸，无人问津。一个活动能否产生很大的附加值，就看它的影响力有多大。有大的影响力，才能使更多的媒体与大众来关注这个活动，使更多人来参与活动，这样一来就能把影响力售卖给赞助企业，使活动的主办者、参与者，都能够得到更大的品牌提升和更大的实际好处。所以说活动是一种很好的推广模式，既能推广自己的品牌形象，又能作为载体使赞助企业与媒体得到宣传和扩大影响力的机会。活动方首先要充分调动自己拥有的资源在这个舞台上唱戏，之后还得有很强的媒体资源，通过媒体资源把在舞台上唱戏的精彩过程，通过媒体进行传播、放大。**活动的影响力取决于推广的力度，影响力的大小决定了活动价值的大小。**

第四步，执行

执行就是行动，就是落实。没有执行，再好的创意和策划也只能是空中楼阁、水中望月，落地了、执行了，活动才算真正操办起来了，才能真正发挥它的功能，实现它的活动目标。详尽的调研、独到的策划创意、席卷而来的推广、丰富的资源，如果没有强有力的执行，就如同一盘散沙，产生不了实际意义，发挥不了价值。

对于很多活动的主办方来说，办活动不是一个常态的工作，也不是他们的核心业务，一年之中才举办一到两次活动，他们不可能培养一支专业的队伍从头到尾来研究活动、执行活动、总结活动。因此，许多活动的主办方，在活动之前缺乏调研，在活动之后缺乏总结，在执行过程中漏洞百出，毫无专业水准与执行标准可言，就像滑滑板一样，滑到哪儿算哪儿。很多呼声很高的活动，最后都坏在执行的某个细节上。**所以执行上要实行无缝连接，必须要有一支专业化的团队来承办。**由于活动执行是一种职业性很强的工作，只有执行多了，人们才能知道在执行当中怎样做到无缝连接。在活动执行的过程中，常会有这样、那样的变化或者是随机的问题出现。只有我们执行多了，各种问题都碰到过，都处理过，执行人员才能够应对自如。在问题还没有出现之前，执行的人就能够建立预警机制，或者准备防备的措施，就像一个好的汽车司机，只有历经过各种交通险境以后，才会知道在遇到新的情况时以应变的姿态来防止事故的出现。可以这样说，**执行就是一个照着菜单运作，防止错误出现的过程，这是执行的本质。**执行的好坏，就在于我们能否把控好每个细节，使得每个细节在有序中推进，将无序变得有序，将有序不断推进。

活动的创新与执行的标准化并不矛盾，标准化的执行才能使优秀的创意得到充分的表现。好的执行一定需要流程化、岗位化、标准化，也就是说流程的岗位化与操作的标准化。不同类型的活动，都可以有固定下来的流程、程序、标准，一些常规的表现方式、需要的岗位、每个岗位的职责都可以进行详细的描述。把尽可能出现的问题，进行事前的统计，在活动执行之前进行逐一验收。只有这样，才能够打造出执行职业化、创新团队化的活动团队来。

第五步，反馈

石头丢进水里，我们要听到响声；大手笔的活动投入，当然要看到结果，需要给利益各方一个交代。活动执行完之后，到底办得好不好，效果如何，大家的反响如何，都需要有一个反馈机制，保证事后反思与互动。但现实的情况并不乐观，很多活动的运行者、执行者缺乏反馈机制。活动做完之后，项目组解散了，万事大吉，财务部门一算收益、开支，这个项目就算完结了。下一个项目运作的时候，项目组重新成立，这样一来，每年遭遇的困难都是一样的，每次犯下的错误也是一样的，总是得不到改进。原因就在于缺乏一个反馈的机制来总结、评价和检验。这个活动结束了，好在哪，问题出在哪，哪些可以再作发挥，哪些亟待改进，下一步该如何改进，这一系列的问题都该逐一问一遍，并做出实事求是的回答。有不少的活动操作团队也非常看重反馈这个环节，但反馈仅仅停留在内部的总结，自己评价自己，难免一叶障目，找不到问题的深层次原因。**一个好的反馈体系不应该仅仅是自我评价，而应该有一套立体化的反馈机制：主办方的自我总结、客户的反馈、参会者的反馈、媒体的反馈、承办方的意见。**不同利益方从不同的思维角度和体验角度，对活动的成功有不同的意见，这些意见都是下一次活动能够不断改进、不断提升品牌与影响力的重要信息。好的反馈机制不仅有利于活动的总结改进，而且利于拉拢各方利益群体，让他们觉得有参与感，受到了重视和尊重，他们的参与得到了回馈，无形之中会增强他们对活动的忠诚度，从而成为活动的热心追捧者。

除了多角度的反馈之外，反馈还是个长期数据积累的工作，非一朝一夕得来的意见就能够让活动得到全面的改观。因而反馈的体系一定需要具备延续性。现在很多的活动本身就不具有连续性，活动名称天天变，今年办这个活动，明年办那个活动，活动名称改了，定位改了，活动本身不延续就无从谈及连续的反馈。活动的执行团队不延续，这也是反馈工作无法延续进展的缘由。每年总结却还在原地踏步，没法跃上一个新台阶，也无法取得新进展，起不到品牌活动应有的叠加效应、累加效应。当然，设计好反馈工作的评价标准，这也是做好反馈环节、对活动得失做出有效评价的保证。

第六步，修正

经过一番批评与自我批评，**反馈的目的就是为了修正**，为了下一次更好地做活动。活动结束了，反馈意见被收集整理之后，对于做得成功的，对活动营销执行到位的方面，要有后续的保留和发扬；对于那些留下遗憾的，需要更新改进的方面则要进行整顿。修正能使一个活动的附加值不断倍增，是我们的活动一年比一年办得好、一年比一年更上一个台阶，使活动具有长久生命力的保证。有了反馈而不采取积极的修正措施，那么反馈如同一张白纸，对后续的活动推动没有任何价值。那些打一枪挪个地方的活动游击队，没有长远的规划，没有品牌运营，也没有价值最大化的追求，他们只有活动没有营销，所以不需要反馈与修正。要打造一个活动营销的品牌，最好要有持续性、延续性的推动，要将活动办成常态，才能促成一个稳定的产业价值链。一个企业、一个城市要通过一个活动来营销自己、打造自己的影响力，这绝不是一蹴而就的事情，并不是单靠一次活动就能将影响力烘托出来的。这种慢热需要时间上的延续性，最好是五年、十年，每年都能制造出活动新闻来吸引眼球。在这一点上，像世界小姐大赛、新丝路模特大赛的商业模式就比较好，他们与承办地的签约一签就是五年、十年。时间拉长了，才有了修正的机会，让活动双方有一个共同的磨合期和一个共同发展进入正轨的时间，从而使活动营销做得更加到位、更加有价值。

将细节做对的活动营销实战策略

做活动是非常辛苦的一件事，既耗体力又费脑力。让活动执行轻松起来，这是我们追求的一个目标。那么，如何让活动执行轻松起来呢？

对活动的全过程进行系统研究，构建一个标准化的流程单

活动流程的各个环节的推进工作，不像车间的流水线，你盯好流到眼前的那个螺丝钉就万事大吉了。活动牵扯到的环节非常多，每个环节都有可变的因素。比如嘉宾到来的时间，有可能提早，也有可能晚到。这些可变因素使得执行变得难以调控。有时候，当执行团队的成员对活动流程、节点交接非常生疏的时候，经常会出现这种情况，有的人忙得脚不着地，有的人却干着急，不知道该做什么。甚至做完了手中的活，不知道该跟谁来交接，现场一片混乱。这种无章可循的困境有一个很好的解决方法，那就是对活动的全过程做好系统的研究，构建一个行之有效的流程单。活动的流程是什么样的，环节是怎么样的，每个环节的责任人是谁，每个人负责哪些具体的任务，要做到何种程度，活动的总调度是谁，如何与人对接，出现问题怎么及时沟通，等等。有了这样一个明晰的流程单，活动执行立马变得有序而明朗起来。

制订岗位描述表

这与岗位说明书是不同的，其目的在于让干活的人知道哪些是自己分内的活，每个环节该怎么做，有标准可遵循，减少差错率。因为活动分很多工种，从接待、礼仪、主持到音响的总控，许许多多的岗位各有各的职责，融汇在一个活动之中，容易权责不清，互相推诿。因而，必须对每一个岗位的要求进行细则式的梳理：一个岗位的设置目的是什么；一个岗位的具体任务与职责是什么；这个岗位需要哪些资源、哪些岗位的相互配合；做好这个岗位要做到哪几条等。岗位描述明晰了，权责清楚了，岗位要求具体了，岗位责任式的差错率就会大大下降，大伙就能放开手脚做好分内的事。

编制活动的验收菜单

活动按流程、按岗位描述在有序地进行，但这样并非就能规避所有的风险。为了减少低级错误带来的重复劳动，一张活动验收菜单大有益处。检验人员根据验收菜单的要求对活动的进展、活动各个环节的质量进行一一比对，定期检验活动的执行效果。**一张活动营销执行情况的验收菜单能让风险提前现形，及时解决问题**，避免出现诸如嘉宾上台话筒坏了、活动过程中突然停电这样的低级错误。

设置一个掌控全局的总调度、总协调

一个活动能否成功，在很大程度上还得益于总调度能否把千军万马指挥好，好的指挥能点燃整个团队的激情。思维清晰、头脑冷静、经验丰富、安排合理、调度有序的总调度能将合适的人安排到合适的岗位上，对整个活动有全局的调控，能站在高处预知可能的风险，能应急处理紧急状况，能确保一场活动的高效有序运行。

坚持制订预案、备案

活动开始之前，专业的执行团队会将所有可能出现的问题都摆上桌面，提出预案，以便于在第一时间解决紧急问题，并着手准备活动的第二方案，规避突发状况给活动营销带来的不良影响。突发事件总是来得有些出其不意，如大连服装节上，领导正在讲话突然停电了，如果当时预备有发电机，情况则会大不相同。就像飞机有双引擎，一个引擎失去了工作能力，另一个引擎能立马开始工作起来。把预案做足，把事情想到最坏，未雨绸缪就能轻松地应对任何变化。这样的话，整个活动的执行就变得很轻松了。

充分储备高质量全方位的供应商资源

优质的供应商越多，可供调配的资源就越全面完备，在活动执行的过程中就能轻松地做好各个环节的工作。比如某个主持人来不了，立马启用第二个主持人。为了重要活动的顺利进行，一般要签约确定好人选，以防万一，还得备用数个主持人作为预案。但不是每个活动团队都能自己拥有这么多主持人，能轻松调配主持人资源就要靠平时储备丰富的人脉资源。

当然，除了以上6个轻松办活动的实战策略外，事实上还有很多的措施能让我们的活动轻松起来，如高科技手段的运用、丰富的案例数据库等。只要我们做活动营销的有心人，在活动的实战过程中不断摸索、总结、修订，活动营销将会越办越有价值，越办越轻松。

提高活动营销附加值的三个关键因素

活动有三个核心因素：策划、执行、传播。三个要素相辅相成缺一不可，要提高活动营销的附加值，魔鬼就在细节中，细节上的工夫能给活动带来意外的增色。如果有好的策划，活动方就能整合更多的高端人脉资源、媒体资源、社会资源、企业资源。整合之后，如果活动的操作不专业，与会者的不满就会给活动带来负面影响。如果没有传播，活动就没有了营销的意义和价值，活动的媒介特性使得传播的成功决定活动营销的成功。

21世纪什么最值钱？创意最值钱。活动创意、活动的表现形式、活动的吸引力、活动的精彩全都出自策划。技高一筹的策划能让人惊艳，一个活动要提高附加值，就得有别出心裁、个性鲜明、吸引眼球的策划创意。提到执行，就要牵涉许多的细节，一个细节的逊色就会使整个活动黯然失色，要提高附加值，就得把细节做漂亮，规避那些低级错误。第九届大连国际服装节，台上的领导宣布大连国际服装节正式开始，而就在这时，整个会场突然断电了，全场乱作一团。这么大的活动，凤凰卫视、辽宁卫视等多家卫视正在直播，影响有多坏可想而知。断电之后如何应急，如何接好音响安顿现场，如此大影响力的活动竟然没有预案，可见执行工作做得多么不到位。此外，还有很多这样马失前蹄的案例，在这里对那些在细节上掉链子的失误做了一些总结：

(1) 嘉宾上台，发现话筒没声；

(2) 互动论坛的时候，嘉宾上去了凳子却还没有摆好；

(3) 颁奖的时候上场音乐没有播放出来；

(4) 会议结束时发放纪念品没有做好秩序安排工作，会场一片混乱；

(5) 嘉宾出行，大巴车竟然没有准备矿泉水，最后由嘉宾提出来要买水；

(6) 联系贵宾，竟然每次都换不同的联系人前去交流。

这全是一些小事，但正是这些小事让活动价值大打折扣。所以说，把准备工作做足，对每个可能出现的问题都提前考虑到，一个万无一失的执行方案才能为活动附加值的提升增光添彩。**提到传播，它是活动与活动营销之间的一道鸿沟**。要从传播角度提升活动营销的附加值，就得做好立体传播。从时间上，做到事前、事中、事后传播；从形式上，做到平面媒体、网络新闻、博客、微博、视频、户外广告、音频以及现场的口口相传等，覆盖所有有意义的传播渠道，让最多的潜在客户都能得到活动营销的产品信息；从内容上，传播内容不能千篇一律，要在不同的时段给不同的媒体不一样的新闻点、不一样的话题，吸引到更多的传播机会，让传播效果更上一层楼。

用专业的水平来做出标准化、精细化的活动，这是每个活动营销组织者追求的目标。

"刘邦文化万里行"成功运作经验分析

俗话说，"台上一分钟，台下十年功"。一项成功活动的背后是许多运作人员付出辛勤劳动和智慧的结果。笔者曾受邀担任"刘邦文化万里行"总策划，全程指导并成功运作了这次跨越四省六个城市的大型活动。

历史学家说："我们只有知道是从哪里来的，才能明白将要走向何方。""刘邦文化万里行"由江苏沛县发起，联合河南永城、荥阳、陕西咸阳渭城区、汉中市汉台区以及山东定陶共同举办。活动筹备半年，近百人团队行走六天(2010年3月28日至4月2日)，跨越四省六城市，行程近万里。这次文化考察活动以当代人的体验去行走，是一次大型的"文化行走"活动，通过6个联办城市的共同发力，再通过执行团队的精心组织，演绎成了一场具有集体使命感和心灵洗礼意味的文化活动和影响大众的传播事件。"刘邦文化万里行"中的每个成员，既是穿越时空的历史追溯者，也是传播文化和传递友谊的使者。整个行走团队形成了一道闪耀着智慧之光的流动风景线。

"刘邦文化万里行"引发了全国主流媒体的争相报道。《中国新闻》世博专刊以《追溯历史———一场气势恢宏的"文化之旅"》为题推出整版报道，中央电视台《中国新闻》、新华社、中新社、人民日报、环球时报、中国旅游报、大公报等上百家主流媒体相继报道。通过谷歌搜索，短短6天时间，报道"刘邦文化万里行"的新闻从零猛增到68 000多条，成为了短时间内打造的一个影响全国的文化事件。

"刘邦文化万里行"之所以能在短时间内制造如此大的影响力，笔者认为是以下因素综合促成的。

第一，发起方及联办城市领导的重视。

对于"刘邦文化万里行"这样一项社会影响大、牵涉面广、持续时间长的大型活动而言，没有领导的重视，一切都将无从谈起。在6天时间里，沛县、永城以及荥阳、渭城、汉台、定陶四套班子主要领导都参与到"万里行"当中，他们用前瞻的眼光看到了文化的魅力，他们以身体力行感受了文化的力量，他们用求真务实的精神造福于一方百姓。

刘邦是汉朝的开国皇帝，他的一生充满了传奇，现在大家耳熟能详的"鸿门宴"、"项庄舞剑，意在沛公"、"四面楚歌"、"霸王别姬"、"萧何月下追韩信"、"韩信点兵，多多益善"、"楚河汉界"、"明修栈道，暗度陈仓"等历史典故都与他和跟随他成就伟业的团队有关。这些都是比黄金还宝贵的文化宝藏，其开发价值将随着中国的伟大复兴而逐步显现出来。

以前由政府机构组织的"万里行"活动有"中国质量万里行"和"品牌企业万里行"，这些都是与经济相关的大型考察与宣传推广活动。而"刘邦文化万里行"邀请汉文化研究专家、主流媒体记者、演出团队、书法家随行，沿途举行联谊活动、广场演出、书法交流，参观当地刘邦文化古迹，专家现场讲解刘邦故事，解读刘邦文化，活动以边走边解读、边走边报道、边走边演出、边走边交流的新方式，完成了一次"文化行走"的新超越！"刘邦文化万里行"不仅仅是一次考察汉服、汉语、汉字等汉文化起源的探索与发现之旅，还是联办城市区域合作的"联谊之旅"，更是一次挖掘、传播和弘扬中华文化的"文化之旅"、"文明之旅"和"精神之旅"。

第二，具有战斗力的执行团队。

凡事因人而异，执行决定成败。所以与什么样的人同行，就决定了我们到底能走多远。无数案例也证明，同一策划由不同团队来执行，结果会千差万别。只有将创意能力与执行能力有机结合在一起，才能保证一场大型活动的精彩呈现。如果只有执行力而无创意，则如同无源之水；反之，如果只有创意而无执行力，则宛若空中楼阁。

"刘邦文化万里行"的策划创意非常幸运地碰上了由沛县县委常委、宣传部部长胡成彪领军的一个能打硬仗、能打智慧战和能打漂亮仗的"王牌"团队。他们在总策划的方案上做了大量细化工作，尤其是春节期间他们放弃与家人团聚的休假时间进行先期探路，其中有很多酸、苦、辣他们不愿叙说。

第三，能迅速盘活资源的好创意。

能"四两拨千斤"的创意才是好创意，从此意义上来讲，"刘邦文化万里行"当属其列。该活动通过策划创意很好地整合了媒体、各地政府及文化等各种资源，变沛县一地推介刘邦文化，为联手其他三省五县市区共同发力，真正实现了高举高打和借力打力的目标。

策划中把握住了两个至关重要的因素。

(1) 思路。思路决定出路，布局决定了结局。策划创意的方向对了，走一小步都是前进；方向错了，走得越快，离目标越远。心有多大，舞台就有多大！所以，做一件事我们一开始立意起点就要高。

(2) 资源。策划既是一种智慧的结晶，也是一种资源的盘活过程。光天马行空，却缺乏可以调度的资源，这样纸上谈兵的策划最终只能落得一纸空文。好的创意能整合好的资源，而资源整合的过程也是价值交换的过程，即我有什么资源是别人需要的，别人有什么我所需要的资源，然后进行等价交换。

策划运作一项大型文化活动，只有做到"大思路，大整合，大运作"，最终才能实现"大影响，大平台，大事业"的目标。

第四，充分发挥了媒体的放大作用。

媒体是个放大器，节庆活动通过跨媒体传播，可以将影响力成千上万倍地放大，从而滚动吸引更多人关注和参与其中。这次活动采取电视、报纸、网络跨媒体整合，尤其充分发挥了网络媒体及时性、互动性、表现力强的特点，实行全过程、全方位、图文视频多种表现形式的立体化传播。

中央电视台开辟了"文化之旅"的先河，其代表作品为探寻丝路文化与长江文化的"丝绸之路""话说长江"以及后来举办的大型文化考察活动"玄奘之路"。凤凰卫视则将文化考察活动做到了极致，"千禧之旅""欧洲之旅""穿越风沙线""寻找远去的家园""两极之旅""走进非洲""凤凰号下西洋"等大型文化考察活动一个接着一个。这充分说明，主流媒体对"文化行走"类的创意活动是具有很大报道需求的。而近年来，此类活动较少见到。"刘邦文化万里行"则恰好填补了这个空白地带。"刘邦文化万里行"让文化微笑了起来，也让文化流动了起来！

附
"刘邦文化万里行"的前前后后
胡成彪

一次机缘巧遇生发的活动主题

"刘邦文化节暨经贸洽谈会"从1996年开始每两年在沛县举办一次。前几次文化节，都是立足于自己办节，与外面的节会交流很少。这次我们汲取外地经验，在规模和结构上做了较大改革，获得了圆满成功。

2009年10月，中国沛县第七届"刘邦文化节暨经贸洽谈会"被亚洲财富论坛暨中国节庆年会组委会评为中国十大节庆品牌。我带朱勇、张晨、焦传坤等文化节组委办的同志往杭州领奖，有了一个结识欧阳国忠先生的机缘。这次机缘催生了"刘邦文化万里行"。我们把欧阳先生请到沛县，谈了沿着刘邦足迹搞些活动的意向，请他策划。10天后，欧阳先生再次来到沛县，带来了"刘邦文化万里行"的策划案。

我们就"万里行"的路线定了六个节点：沛县、永城、荥阳、咸阳、汉中、定陶，这是对刘邦建立大业具有决定意义的六个节点。一个酝酿多年的文化活动意向，在欧阳国忠先生手上破题了。方案提交县委常委会研究，当时就通过了。

一台体现汉风沛韵的文艺节目

这次活动一个非常重要的内容就是随行的文艺演出。因为这台节目将展现沛县的文化艺术水平和对外形象，必须具备两个基本条件：独具一格的创意和良好的演出班底。

我们请来沛县文艺界的四大元戎吴广川、张让、孟宪同、王宝红对这台节目进行设计：体现汉文化的基本内涵，包含汉风沛韵的基本元素；做沛县的原创节目，使用沛县的演职人员；组建轻骑兵式的演出团队，使演员结构随机应变。这对沛县的演出队伍将是一次实战考验。接下来，宣传文化系统又承办了两场文艺演出：春节文艺晚会和慈善捐款晚会，这台节目一直被搁置到2月底才着手筹办，距原定出行时间只有20多天。有关人员有点手忙脚乱了。结果定下9个节目：5个在过去原创节目上进行再创作，加上4个新创作的节目。凑在一起基本符合我们原来的设计理念，但质量问题画了个问号。后来因为领导时间安排不开，活动改在3月底，使我们有了一个认真加工的空间。

我又进一步提出，整台节目要有一个贯通的台词和背景音乐，使之成为一个有机整体。台词由吴广川同志临时受命，只两天时间就形成了初稿，送我审阅。我看了不错，以我的《大汉刘邦》歌词头两句开首：两千年岁月峥嵘，一万里江山纵横。接下来：沿着一个英雄的足迹，我们走进历史深处，使整台节目开宗明义。然后每个节目之间都以散文诗和背景音乐过渡，形成一个完整的大篇章。背景音乐交给孟宪同、高志同志去处理，要求要有历史沧桑的厚重之感，但是做原创音乐已经来不及了，于是选择《大漠敦煌》的音乐为主体，进行了部分创作。

接下来是集中排练。我们选定了30名演员。沛县没有固定的演艺团体，每次演出都是临时抽调。为了在短时间内保证效果，我要求所有演员一律实行点名制度，宣传部副部长、文联主席朱茂东同志坐镇指挥，我则亲自督阵。排练很辛苦，特别是舞蹈演员，由于精简人数的要求，需要重复出场。几位男舞蹈演员是在公安防暴大队抽调的干警，没有舞蹈基础，一切从头开始，强化训练，自然吃了不少苦头。

3月28日"万里行"启动仪式，首场开演，这支队伍果然不负众望。节目以《大汉刘邦》震撼开场，以《这片土地》激情结束，赢得一片赞许。此后的永城、荥阳、汉中、定陶专场，更是一场比一场发挥得淋漓尽致。更值一提的是，遇上倒春寒天气，有几位演员一出沛县就感冒发烧，只得在演出间隙打点滴，但登场亮相时依旧精神抖擞、意气风发，受到高度评价，为"万里行"添了彩。我被深深感动，破天荒表态要给大家发奖金。

一次令人难忘的前期沟通

要想这次活动成功，必须使之成为六地的联谊活动，沛县发起，六地联办，共享成果，沟通已成为当务之急。

我们以县委名义向其他五地发了商请函，相约举办"万里行"活动。很快，各地均回函表示积极响应，共作此举。

我们收到回函，非常兴奋，感到时机正好，决定立即出访，与各地面对面商定有关事宜。这实际上也是先走一步，为万里行踩点探路。2010年2月26日，留下张晨在家看守门户，我率朱茂东、朱勇、焦传坤等先期踏上"万里行"的旅途。一路受到的热情接待，使我们及早感受了刘邦的遗风逸尘，汉文化的豪放包容，及早感受了汉风汉韵的遗存和风采。突然感到，汉文化让我们在民俗民风、风格性情上是如此的相近相似。

永城是离沛县最近的一站，也将是"万里行"活动离开沛县的第一站。接待我们的是市委常委、宣传部长崔振华和副市长骆本京等一班人马。他们拿出了已经准备好的对接方案，拉开了大碗喝酒、大口吃肉的接待阵势，这和沛县没什么两样。那天，我酩酊大醉。这非我贪杯，性情太真，易受感动，酒量极小之故也。

此后在荥阳，我幸结康宁部长和刘建峰副市长。在汉中，我幸结张宝林部长和徐亚平副区长。在定陶，我幸结陈宝华副书记和周福举部长等。每次均以谈笑风生开始，酩酊大醉结束。尤其定陶一醉，醒来已回到沛县家门口了。

在咸阳渭城区，我们结识了文物局长许光生。这是一位典型的西北黄土高原长成的汉子，性情爽快有加。渭城区接到我们的商请函后，以为是一次普通的旅游文化交流，没有引起重视，批转给文物局阅办。许局长不知区里意图，又不敢贸然做主，只得对我们解释区里有重大接待，领导无法脱身等。许局长看着商请函的内容抓耳挠腮地打转转，忽然从文件夹中拿出一张拓片送我，继而跑到仓库抱来一堆文化礼品，以解尴尬之局。我们甚解其难，匆忙告辞，准备改变这里的活动方案，再行沟通。然而当我们3月30日大队人马走进渭城区的时候，却受到了渭城区高规格的接待，并签订了两县区友好协议。可以想到，我们走后许局长做了许多工作。

一次让世人瞩目的文化行走

这次"万里行"活动，原定沛县出行人员不超过70人。但到出发时，排定的人员已达到90多人，其中演职员和新闻媒体的人员就已经接近60人。考虑各地的接待负担，我们将部分人员剥离出来由前站人员单独安排，自行负担。出行的队伍有三大特点：四套班子主要领导齐备演出队伍，富有青春朝气，考斯特车队标志鲜明。"万里行"的徽标由沛县图书馆馆长马培银同志设计制作，六地共同使用，用一个龙飞千古、六地连心的圆底托出一驾汉车马。车队一字排开，所到之地引人注目。

在歌风台前举行的启动仪式上，沛县四套班子领导全体到场参加，并有崔振华、周福举、徐亚平等联办地领导及欧阳国忠先生、文史专家田秉锷先生一起登台发言。礼炮首次使用七彩烟雾，甚是隆重。

特别令人感慨的是，各地欢迎仪式之隆重，出乎我们的意料。在永城市人民广场，5000多人的观众队伍整整齐齐，会场组织紧凑有序。从书记互相致辞，县市长互赠礼品，到两地互相渗透的文艺演出,一切按照既定方案进行。

此后,在荥阳的象棋广场、汉中的拜将台以及定陶的演播大厅,活动均达到了隆重热烈的预期效果,各地主要领导毫无例外地参加了欢迎仪式,把整个活动不断推向高潮。

当时的县委书记冯其谱和县长冯兴振(现任沛县县委书记)对这次活动高度重视,十分满意,其间赶上市里有会,但都请假坚持到了最后。在家的四套班子领导也都十分关注此次活动情况,从网上了解到了活动的盛况。大队人马回到沛县时,他们已在汉源宾馆列队欢迎。这次沛县赠送各地的礼品是筑,就是刘邦邀宴家乡父老唱《大风歌》时弹的那种乐器。该乐器已经失传千年。筑有秦筑和汉筑之分。秦筑是五弦,汉筑及以后的筑是十三弦。沛县汉之源公司郝敬春同志根据马王堆出土的秦筑进行复原,打造了6台五弦筑,一台留给沛县,其余送给联办"刘邦文化万里行"的五个县市区。

一场不可多得的文化盛宴

在沛县举行的欢迎晚宴上。当时的县委书记冯其谱总结了三个好:策划好、组织好、效果好。县长冯兴振(现任沛县县委书记)把其称为文化之旅、友谊之旅、创新之旅。两人都感慨:汉文化魅力无穷,文化的力量博大无边。

我在发言时概括成"五好":天好、路好、车开得好、对方接待好、节目演出好,一路天遂人愿。就我的感觉而言,这是一场不可多得的文化盛宴。何以见得?其一,"万里行"活动突出文化主题,达到了文化联谊的目的;其二,文艺演出所体现的文化内涵,让人们共同感受了汉文化的博大精深;其三,这次活动我们目睹了各地的汉文化氛围,让我们学到了不少新的东西;其四,这次行走将四省六地的文化资源做了展示，进行了链接，形成了一个汉文化旅游圈。各地互赠的礼品，更将成为六个县市区永久的文化纪念。这里我特别感谢欧阳国忠先生和他的新闻团队。这次行走，让我认识了欧阳先生的敬业和智慧。六天下来，欧阳先生没睡一个囫囵觉，整个人都憔悴了。随行的陈记者、杨记者、徐记者、刘记者均是如此。他们不仅营造了新闻媒体的轰动效应，而且留下了大量的文字音像资料。至今打开网络媒体，依然是铺天盖地的消息和评论，让我们沉浸在那个隆重热烈的氛围中。

回到沛县，我和欧阳国忠先生再度交流："万里行"活动只是一个积累素材的过程，大量工作还在后头。我们期盼着，欧阳先生继续策划，让"刘邦文化万里行"成为沛县的"超女行动"。

第八章

活动营销的商业模式

　　自从有了人类，就有了活动。随着社会经济的发展以及全球化的深入，活动的范围越来越广，频率越来越高，影响也越来越大。通过活动进行价值传播也越来越成为企业、政府、媒体等采用的重要方式。然而，如何更有意识、更专业化、更有效地对活动及通过活动为自身的品牌进行互动营销，仍然是一个值得探索的新课题。

活动营销是一把双刃剑

活动按功能来划分有三种类型：一种活动是以公众需求为目的的；一种活动是自我营销型的；一种是纯公益型的。在活动营销中，我们主要指前两种活动。

第一种活动纯粹以打造活动为出发点来打造自己，是一种公众化的活动，它本身的目的是把活动做好。 这种类型的活动，本身的出发点是打造好的活动，好的活动具有公众化的影响力，聚集了高的影响力后，才会使得很多人去关注它，这样的活动最终才有营销的价值。**这种活动不是为了营销而诞生出来的，它是因为有了影响力，所以才有了售卖价值。** 明星演唱会、体育赛事、旅游节、展览、婚博会等都属于这种类型，借助于活动实现产品的营销。

第二种活动是为企业的营销来量身定做的，这种活动的目的和出发点针对性非常强。 首先，如果是为了销售出我们的一款产品或者扩大企业的品牌影响力，这样的活动实际上就是把企业的营销广告通过活动去吸引更多的注意力来进行整合传播。这种类型的活动是为单一种类产品来做活动营销，这种活动更多地适合于企业产品。每一款产品出来之后，它有特定的消费群体和消费群体的喜好，在策划活动的时候，会根据这款产品实际的受众群来锁定我们举办活动的受众群。企业类型的活动基本上属于自我营销型的活动，大量企业的推广会、新产品上市发布会、客户答谢会，都属于这一类型。像这种自我营销型的活动存在的问题是，大量中小企业为了节省成本，全部是自己的人马，自己策划、自己执行，全家老少一起上的活动，这是中小企业举办活动的常见现象。这种亲历亲为的情况造成了活动的执行不专业，漏洞百出。活动过程中出现很多低级错误，让与会者感觉非常混乱，因而留下特别不好的印象。造成这种结果，就完全背离了自我营销型活动的初衷。因为我们要办活动，目的是为了营销我们的企业形象，推广我们的企业品牌，是让企业的潜在消费者、合作伙伴能够对我们的企业和产品有好感、有美誉度。但是如果为了省钱，自己的人去做不专长的活动，而不是专业的人做专业的事，最后活动办出来的结果竟然是造成了负面的影响，就等于花了钱让别人来聚会，吃了喝了礼品拿走，最后还说你不好。这完全就是吃力不讨好，花钱买人骂的可悲结局。

不管是哪一种类型的活动，**活动营销都是为了借力打力，为了实现营销对象的可持续发展。**

事实上，**大型活动就是一把双刃剑：做得好，能极大提升品牌价值；做不好，则会花钱买骂名。**大型活动的三个核心功能便是提升品牌、整合资源、带来收益。**做得好的大型活动将成为提升品牌价值、整合优势资源、带来丰厚收益的最好方式。**但是，如果大型活动执行得不好、执行得不到位，就变成了一个花钱的机器，花钱找人发牢骚，花钱找恶评。在筹划大型活动的时候，一定要先衡量一下自己的活动能力，如果我们自己没有能力去做好一场活动，要么就应该去邀请专业团队来操办，要么直接放弃。然而，活动营销的巨大营销能力让大家欲罢不能、跃跃欲试，就这样，活动经济行业继续痛并折腾着。

三流的企业做产品、二流的企业做品牌、一流的企业做标准。如果我们能够做出一个大活动的标准，让全世界都来参与申报，就是做到活动营销的最高境界了。奥运会、世博会、世界杯足球赛都是由外国人创立起来的，由他们掌握标准，全世界各大城市轮流申办和举办，申办者还得自己提供创意，自己建设活动场地，自己提供一切的安全保障，最后由活动的发起方组成的评委来当裁判，由他们来决定是否把承办的权力交给你。活动标准的创立者靠自己的标准获得了源源不断的收益。在中国，由于活动执行的门槛低，公司小而不全，活动的总体状况还处于做产品或努力做品牌的阶段，甚至打一枪换一个地方，铁打的营盘流水的兵，随时有人出局又随时有人顶上来，活动年年办，低级错误年年犯。这样的状况距离中国活动经济产业的成熟期还非常遥远。

活动营销的五个层次

活动的门槛很低，行业内鱼龙混杂，三五个人就可以搞一个活动，至于活动搞成什么样，活动能发挥多大价值，就得看活动达到了什么样的标准，达到了哪个层次。通常来说，**活动营销有五个层次：项目化、产品化、公司化、资本化、公众化**。每一个层次有不同的专业标准要求，每一个层次所发挥的品牌营销价值也是云泥之别。

活动营销的第一个层次是项目化

项目化处在活动金字塔的底部。项目是要在一定的时间和一定的预算内达到预期的目的。项目侧重于过程，它是一个动态的概念，例如我们可以把一条高速公路的建设过程视为项目，但不可以把高速公路本身称为项目。那么到底什么活动可以称为项目呢？运营一个演出活动，策划一场婚礼，举办一次会议等，这些在我们日常工作中经常遇到的一些事都可以称为项目。

一般来说，项目具有如下的基本特征。

(1) 明确的目标。其结果可能是一种期望的产品，也可能是一种希望得到的服务。

(2) 独特的性质。每一个项目都是唯一的。

(3) 资源成本的约束性。每一个项目都需要运用各种资源来实施，而资源是有限的。

(4) 项目实施的一次性。项目不能重复。

(5) 项目的确定性。项目必有确定的终点，在项目的具体实施中，外部和内部因素总是会发生一些变化，当项目目标发生实质性变动时，它不再是原来的项目了，而是一个新的项目，因此说项目的目标是确定性的。

(6) 特定的委托人。它既是项目结果的需求者，也是项目实施的资金提供者。

(7) 结果的不可逆转性。不论结果如何，项目结束了，结果也就确定了。

项目活动的局限性很大，首先便是项目活动具有临时性和阶段性。项目确立后，临时搭个班子，组建一个团队，项目一完，团队也就解散了。由于项目性的活动没有延续性，所以也就不能沉淀出品牌来。每次做一个新项目，都是重新开始，从终点又回到起点。很多活动项目由于缺乏前期的科学调研和论证，匆匆上马最终也基本上是半途夭折。其次，项目活动基本上是采取独立核算的方式，前期投入不够，资金用完了，也容易导致项目停滞。

现实中大量的活动还处在最低的层次——项目化，甚至有的还不能称之为项目化，因为这些活动连项目化的运作层次都没有达到。项目每年都办的话，就形成常态项目，如果是临时地办一次就完了，那就是临时项目。常态项目需要可持续性的品牌操作，一个项目完结了，再重新组成一个新的项目，但品牌会保留下来并延续下去。做一个大型活动首先必须有策划组、招商组，等这些人员固定到位以后，就要进行人员、场地、运行时间的安排，这时候就形成了一个项目。在活动的项目化运作过程中，首先得有好的创意，有了好的创意就要组建一个班子，开始筹办活动，并为这个活动组织招商。这是项目化的基本套路，即有一个策划案，以此去找企业赞助，或者广招参会人员，收会议费，通过这种形式来实现活动的创利。这种项目化的运作没有太大的影响力，不注重活动的传播，仅仅停留在活动现场的交流展示层面，如北京国展每年都会举办很多场大型的展会。活动的主办单位一般有两种类型，一个是自己举办活动，通过活动得到会议费、广告费、赞助费、门票等收益；另一类是通过帮助企业、政府等客户承办他们的活动，从客户那里得到策划承办费用来实现盈利。

活动营销的第二个层次是产品化

这是优越于项目化，比项目化更上一个层次的活动运作方式。 产品是指能够提供给市场，被人们使用和消费，并能满足人们某种需求的任何东西，包括有形的物品、无形的服务、组织、观念或它们的组合。产品一般可以分为三个层次，即核心产品、形式产品、延伸产品。核心产品是指整体产品提供给购买者的直接利益和效用；形式产品是指产品在市场上出现的物质实体外形，包括产品的品质、特征、造型、商标和包装等；延伸产品是指整体产品提供给顾客的一系列附加利益或增值服务。

　　一项活动只有形成一定的产品和产品群，才能组建队伍进行大范围的营销。达到了产品化的层次，活动被包装成一个产品，它需要满足客户的需求，需要建立自己的品牌，扩大自己的影响力、知名度，然后售卖给目标客户，实现活动营销的盈利目标。与此同时，活动会根据客户的需求，与企业的品牌产品紧密关联，甚至派生出各种衍生产品，通过产品化的运作来实现活动的营销。举办一个活动，通过什么来赚钱，从策划之初就要考虑。如果通过会议费来卖钱，就要设计一款产品，叫做参会费，参会者能得到什么，是能听到有价值的嘉宾演讲、能获得丰富的资讯，还是能得到与行业精英交流的机会，这些都需要突出在产品的售卖推广上。企业的冠名、赞助晚宴、活动的指定产品等，这些都是活动当中派生出来的产品。当一个活动做得具有足够品牌影响力的时候，还可以开发它的衍生产品，如吉祥物、特许商品等。活动要形成一系列的产品，如票务、会务费、冠名、吉祥物，活动的影像带、会刊等，有了产品就能形成销售，就能依靠产品化实现活动的收益。目前大量的活动只有单一的产品，没有形成产品群，拉广告、拉赞助就会缺乏煽动力，单个活动产品的规模与影响力是有限的，所以说吸引到的注意力也是有限的，企业看重的正是影响力。奥运会、世博会把自己的活动与企业的商品进行特许商品整合，把别人的产品整合到该活动的品牌旗帜下，成为它们的特许商品、纪念品来发放、售卖。这就是一个产品化的过程。一场明星演唱会，把门票、企业赞助作为一个产品来推销，这也是一个产品化的过程。一个活动要进行营销，一定要有产品化的过程，有了产品才能形成商品，有了商品才能够有营销可言。

公司化处于活动营销金字塔的中层

当一个项目有了好的产品以后，就必然走产品化之路，但产品化如何做大做强，这就要考虑公司化的运作方式了。有了稳定的收益和规模效益之后，活动就进入了公司化的运作阶段。用公司化的制度、公司化的管理、公司化的财务机制和激励机制对项目进行长期化的运营。由公司进行公司化运营，可以使活动有自己的生命力，有自己的造血功能，使活动得到运作发展。一些大型的赛事，如NBA、世界杯足球赛，还有像学习型中国世纪成功论坛、中国品牌节等这些活动，都是因为有了活动项目、有了活动产品，从而成立了公司，用公司化运营来整合活动产品，从而走专业化之路，实现利益最大化。

活动营销的第四个层次是资本化运作

活动机构的资本化运作是指企业将自己所拥有的一切有形和无形的存量资本，通过流动、优化配置等各种方式进行有效运营，将其变为可以增值的活化资本，以最大限度地实现资本增值的目标。

把活动项目进行系列的开发，有了成型的产品，有了销售的渠道和销售的群体以后，规模进一步地被复制放大，通过上市的途径能够保证这种规模化的持续运作，使公司得以快速扩张，在行业里站稳脚跟。国外就有马戏团上市的先例，这种通过资本运作来打造活动、整合资源，让活动在资本平台上得到更专业、更快速、更充分的发挥，能把公司做得更强。中国比较盛行实景演出，很多的实景演出都是与当地政府联合打造的，实景演出风靡于张艺谋的印象系列打造之后。可以以张艺谋的牌子打造一个印象系列，通过资本运营，使得印象系列的演出成规模化运营，如海南印象、大红袍印象、西湖印象等。有了资本介入，便有更大的团队去运营，这就成了资本化，通过上市的打造来形成规模化的经营。当年的"超级女声"，尽管由于种种原因没能真正地资本化，但其当时被联想投资等风险投资看好，打算给它注入风险投资以打造一系列的活动项目，并通过开发艺人经济、演出经济、唱片、形象代言、出书、下游的衍生产品如超女娃娃等，打造稳定的规模化收益的产品群，试图打造成上市公司。

公众化是活动营销的顶尖层次

一个活动最终要做到大的影响力和好的盈利水平，就要看它能否有公众化的结果。就像奥运会、世界杯足球赛、世博会、达沃斯论坛一样，都已经成为公众化的活动项目。因为他们所关注的话题都是全人类的，他们给大家带来的都是全世界人的注意力和关注度。他们所倡导的理念都是公众化的诉求。上海世博会倡导"城市让生活更加美好"的理念，奥运会倡导"更快、更高、更强"的理念。这些活动将影响力打造成公众化的层次，它们的一举一动都牵引了全球目光的关注，因而**公众化才是活动营销最高的层次，是活动营销最好的商业模式。**

活动超市的集约效应

活动项目多，规模小；活动公司杂，品牌少。大量的活动处于散乱差的状态，大量小而不全的文化公司在策划、操持着形形色色的活动。当我们需要参加一个活动时，却不知道该选择哪个品牌，甚至不知道有哪些同类活动可供参考；一个企业要组织活动、要赞助活动，但却无法断定哪个活动值得信赖，该怎样去了解和评判这些鱼龙混杂的活动。中国缺乏一个活动的采购和供应的平台，缺少活动超市。试想，将大量活动产品集中于一个超市里，集体制造影响，各个层次的活动供应商、各个流程阶段的配套服务都能在超市里实现一站式采购，活动产业链更加成熟，活动品牌大而全，这将大大地方便活动参与各方的需求。环球活动网就是立志于搭建这样一个活动的超市平台，让大量的活动聚集在这个平台上，让消费者知道有什么产品可以供他们集约化地去辨别、筛选、采购。过去，活动分布在各个不同的网站和角落当中，消费的信息不对称，使得我们的寻找成本非常大。如今，只要一想到办活动，就想到环球活动网，在环球活动网这样一个活动超市平台上实现活动的一站式采购，消费者能找到一条龙的活动服务供应商，并且能货比三家。正如该网提倡的理念：轻松办活动找环球活动网！环球活动网正立足于打造一个具有中国影响力、世界影响力的专业的活动品牌机构。这也必将成为一个趋势，大量的活动超市式的交易平台将更多地涌现，作为第三方，以专业、标准、可靠的资讯为活动供应商与企业客户提供交流的平台，也为活动供应商整合资源提供一体化服务和资讯。

　　活动产业不像实体产业，可以通过开连锁店使所有人找到一个地方去现场了解体验产品的性价比。有了活动超市，通过网络架构一个虚拟市场，供大家将服务产品上架、销售和购买。而活动超市为客户提供了一个全系列的活动产业价值链，包括了活动所需要的每个角度每个方向的因素，一个活动服务的"菜单"就呈现在消费者面前：调研、策划、招商、媒体传播、场地、嘉宾、主持人、演员、参会人员邀请、灯光舞美、鲜花、音响、速记、摄影摄像、礼仪、礼品、餐饮、交通以及活动衍生产品(如吉祥物、T恤衫、图书、光盘)的开发与活动后期的评估，这些活动所需要的每个元素，你都能在活动超市的平台上得到对比、参考与服务。活动超市通过网络将这些元素一一呈现在消费者面前，消费者能轻易购买到称心的产品，而交易平台也能吸引来更多的活动供应商，形成电子商务的采购。活动超市作为第三方服务商将更快、更多、更有效率地促成活动的成功举办，活动超市因此也实现了它的产业链价值的发挥。有了这样一个专业的活动交易平台，将带来两个积极的发展趋势：一是活动供应商将更加专业；二是活动服务"菜单化"。更加专业的服务，容易实现品牌的互动，从而使活动价值倍增。而活动服务的"菜单化"通过产业链将各种资源聚拢在一起，集约化将比单一的活动产品发挥更大的潜在价值。

协同作战才能深度挖掘活动附加值

在许多人眼中，活动是一块肥肉、一座巨大的宝藏。由于大型活动操作流程长，经历的环节繁杂，卷入的人员多，投资大，牵涉面广，所造成的社会影响深，所以对操作者来说选择做一项活动绝不能想当然。

每项活动可以说都是协同作战、集体智慧发挥的产物，需要大家通力合作，多方协调行动。在活动中挑大梁的人必须要有敏锐的战略眼光，要有足够强的协调能力及整合资源的能力。团队既要有很强的整体性，又要有很强的灵活性，分则各自能战，合则所向披靡。

做活动，当然也不能赔钱赚吆喝。在充分保证社会效益的前提下，要有充足的市场回报，这样才能使活动的运转进入良性循环，并且不断推陈出新。

活动营销的实质是组合营销，在实际运作中要深度挖掘活动的附加值，拓展延伸产品，以精妙的创意、热忱的服务、优厚的回报来吸引、培育客户。具体来讲，应该充分利用该类广告资源，根据广告传播的目标和企业自身的特点选择适合的项目；在活动正式开始前一定要提前决策，提前运作，在活动的各个流程、各个环节上开发出形式多样、生动活泼的广告产品，将活动的广告价值发挥得淋漓尽致；企业的广告要与活动紧密结合，与观众做心理和情感层面的深度沟通和互动；企业有意识、有步骤地利用观众对活动的高度关注，配合开展各种公关宣传，达到多种宣传工具联动、借既有之势造更大声势的效果；在活动结束后进行"尾声"宣传，将活动所产生的广告效果进一步延续和巩固等。

我们期待更多大策划、大创意、大手笔、大气魄、高起点、高层次的活动出现！

好创意让活动营销价值倍增

通过创意整合媒体能让活动的营销价值得到倍增式的发挥。在这方面，近年来旅游业表现得尤为突出。绝妙的创意与经典的策划，对旅游资源品牌的提升、旅游经济的发展乃至旅游产业格局的变化所起到的鸣锣开道、推波助澜、锦上添花的神奇功效，已为越来越多的实践所证明，并博得了业内外广泛的喝彩。以下便是造势高手通过精彩创意制造的一个个成功案例。

1998年4月17日，叶文智策划为其标志性景点"定海神针"投保1亿元，创世界为石头买保险之先河，在国内外产生强大的冲击波，黄龙洞美名远扬；1999年12月8日至11日，黄龙洞公司独家策划、出资，成功组织和实施的以"穿越天门，飞向21世纪"为主题的张家界世界特技飞行大奖赛，实现了人类飞行史上驾机穿越自然山洞的伟大创举，国内外200多家媒体近500名记者现场采访，中央电视台全程直播。该项活动的成功举办，让张家界这片神奇的山水通过"天门洞"这条时空隧道，通过中央电视台及其他媒体的传播，迅速飞出中国，飞向世界。该项活动已成为中国旅游界策划和举办大型宣传促销活动的成功典范；2001年，叶文智又成功策划和实现了以8.3亿元受让湘西凤凰古城等8大景点50年的经营权，从而完成了他从活动策划到资本策划、品牌策划的精彩转变。

2000年2月22日，万贯集团邀请《华西都市报》在刚开业不久的雅安碧峰峡举行"棋圣"聂卫平一人对150人的多面单打围棋"车轮大战"。这个策划活动一经推出，就吸引了很多新闻媒体前来观战，景区内的11座别墅里住满了来自国内外各大报纸、电视台的记者。

活动过后，碧峰峡知名度大为提升，这个新开张的景区很快就吸引了大批游客。

在万余名观众的欢呼声中，2002年5月11日上午11时，新疆"达瓦孜"传人阿迪力终于走完了自己连续25天在钢丝上生存的最后一步，走下了伴随他600个小时的钢丝。他成功创造了在钢丝上连续生活25天，并在钢丝上行走累积达123小时48分钟的两项吉尼斯纪录。在阿迪力"高空生存"期间，北京市平谷区共接待游客120万人次，实现旅游综合收入6540万元，组织地方税收收入327万元，这就相当于2001年三个旅游黄金周平谷地税收入的总额。而在此之前的2001年10月26日南岳衡山寿文化节上，湖南经济电视台直播阿迪力高空走钢丝的节目不仅为自身赢得了高收视率，更为衡山赢得了极高的人气。

赛事营销的价值链发掘现状

中国的赛事都还处于一个品牌积累的阶段，或者说我们的赛事品牌还处在一个发育成长阶段，因而其价值的发掘非常单一，根本没有形成能够发挥其活动价值的产业链。比如中国内地的选美大赛，特别泛滥而且分散。光旅游方向的选美大赛就有好几个，世界旅游形象大使、世界旅游小姐大赛、世界时尚小姐大赛、国际小姐大赛，各种地方性的选美大赛就更多了。这种赛事都是处在刚刚起步的几年，没有形成品牌的积累，所以还没有打造到能够进行活动营销的阶段。这个阶段还需要不断地培育，需要我们不断地投入，主办方眼光必须放得长远，思路必须拓展开来。不仅不能急于打造自己的产品，还要注重产品的系列性再开发，形成一条相得益彰的产业链。一个活动创办之时就急于想要产出，会变得急功近利，很难得到好的结果。

中国的赛事营销没有成熟起来还有一个原因，大量的赛事都是由中国的媒体在举办，像模特大赛、青歌赛都是电视台在操办。所以赛事没有进行相关产业链的开发和配套，很多媒体在办大赛的时候，致命的弱点是没有把选手作为自己的产品来进行打造，没有了再开发自己所打造产品的规划。我们年年办大赛，年年没有培养出明星来，没有明星，大赛就失去了运作的光环。大赛最终的产品应该是包装出来的明星，就像大浪淘沙一样，通过大赛淘沙的过程淘出闪光的金子来。选出来的金子如果没有一个平台让他们在镁光灯下闪亮发光，没有产业链让他们发挥出光和热，其价值链亦没有得到最大限度的开发，大赛因而显得非常落寞。为大赛而大赛，就无法通过大赛来实现价值的倍增，这就背离了我们活动营销的宗旨。

大赛的举办不是很发达，背后还有一个重要的原因，中国艺人经济的体系还处在发展的初级阶段，因为中国的艺人经济和经纪公司，与艺人的关系、信誉度还处在初级阶段。一个机构通过大赛选出来具有明星潜质的人，真正成长为明星是有很长的路要走的。打造一个明星，需要大量的推广。比如打造一个歌手，需要大量的媒体曝光，需要大量的活动路演、上台和大众接触，这些前期的投入成本相当高。花费大量资金打造出来的明星，往往在成名之后就与经纪公司分道扬镳，矛盾重重，让经纪公司对打造明星寒了心，提不起劲来，因而无从谈及多方位开发出一个明星的价值。中国艺人经纪的制度建设还不是很完善，信用体系还需健全。现如今，很多模特大赛、歌手大赛选拔出来的冠亚季军，对于经纪公司来讲，很难管理，这款产品的运营难度越来越大。特别是在缺乏信用体制的情况下，运营起来更是难上加难。因而使得我们的大赛运营公司和运营媒体都没有把去挖掘、去培育明星作为自己的重点，而是把短期利益放在首位，把通过大赛本身赚取多少的赞助和企业的支持作为自己的终极目标。因为他们觉得打造明星时间性太长，可操控性太弱，变数太大。与其花大量的资金打造一个不可操控的产品，还不如直接获取短期的微薄利益来得实在。这样一来，使得中国的大赛大部分处于急功近利的状态，并形成了恶性循环。运营赛事营销困难重重，但赛事营销在中国未来还是有很大的空间可做的。

对于赛事营销，可供挖掘的价值链是多方面的，充满诱惑。赛事通过长期的打造和积累的品牌，可以进行直接影响力的售卖，如冠名、赞助，这是其中一块基础性收入。其二是我们的品牌授权，比如指定产品战略合作伙伴，这就是一种品牌授权。其三是最核心最关键的收益，即打造属于我们自己的明星产品。要建立很好的游戏规则和制度保障，将我们赛事最后胜出的选手打造成可以真正产生超级附加值的明星。一个大赛成不成功，有一个体验标准可以去判定：不是看大赛的影响力有多大有多响亮，判定价值的大小只需要看通过大赛成长起来的明星有多少。

比如说平遥摄影大展，虽然大赛本身很有影响力，但试问一下，通过平遥摄影大展所产生的著名摄影家有哪些，我们都答不上来。中国有很多体育武术大赛，过去的武术大赛产生了李连杰，李连杰拍的片子报酬过亿，这就是实实在在有价值的。大量的所谓大赛劳心劳力地往前赶，没有把打造明星产品，发掘产品价值作为自己更为重要的目标，大赛没有使命感，选手便没有归属感，仅仅把大赛作为一个跳板，作为自己所利用的一个工具才去参加大赛，双方变成相互利用，没有共同的诉求和共同的发展目标，这是中国赛事营销核心的致命瓶颈。

国际上的世界小姐大赛，历届胜出的选手，一辈子都可能为世界小姐充当慈善公益大使，用她们的言行为大赛增添光彩。可是，很少听说中国的艺人、明星能有这种大赛的归属感。你要问一个明星，到底是怎么发展起来的，他们很少有感恩的心态。因为他们总觉得大赛利用了他们，因而没有共同成长和共同渡过成长岁月的自豪感和归属感。因此，大赛要做好，一定要有好的出口。大赛要做成功，一定要给胜出的选手们一个很好的出路。也就是说，选出来要干什么，为什么选。选出来以后，一定要让他们价值倍增，通过大赛的平台受益，让更多人获得快乐，这是大赛的一个根本出发点。

无论是青歌赛，还是星光大道，赛出来的明星都没有得到有效的包装。如通过星光大道红遍大江南北的阿宝、李玉刚；借助春晚舞台打造出来的赵本山、小沈阳等，这些大的活动捧出来的明星们，实际上都是处在一个自生自灭的状态。如果这些明星自己有运作能力，则能凭助这些大舞台一飞冲天。像赵本山，将通过大赛积累起来的品牌很好地运用到自己的产业中去，形成了自己的产品，如刘老根大舞台、乡村爱情系列电视剧等，打造自己的赵家班底，形成自己的团队。中国的赛事仍然处在一种打造出来以后就不管了的情形，能否成功完全在于选手是否有自我运作能力。而像赵本山这样又是幽默大师，又有很好的运营管理才能的人，是极少数，所以他成功了。通过中央电视台这样一个黄金的平台，诞生出如此多的明星艺人，他们均未在运营公司的帮助下进行长期的运营打造和品牌的维护，使得他们自生自灭，得不到持续的运作和发展，做了一阵子春晚明星之后便销声匿迹了。当然，伴随着赛事营销的成熟，大赛产品得到了越来越积极有效的价值开发。如"超级女声"，不仅仅通过自己的活动选出歌手，同时还多渠道挖掘艺人经济，通过举办歌手见面会、唱片发布会、企业形象代言等活动来打造选手的知名度，使得选手价值不断提高。在打造艺人传统经济的同时，广开财路，打造相应的产业，以团队作战的形式来综合开发选手的经济价值。

第九章

活动营销的困惑与出路

理想很丰满，现实很骨感。痛并折腾着的中国活动营销业界雨点大雷声小，困惑重重，前路光明而艰难。活动营销所带来的价值与财富效应，像一幅美丽的蓝图，让大家欲罢不能；而活动的背后，则骂声不断、质疑四起。在活动的热潮之中行走，进行一定的"冷思考"是很有必要的。

活动营销的现实与困惑

套用一句流行语：理想很丰满，现实很骨感。痛并折腾着的中国活动营销业界雷声小雨点大，困惑重重，前路光明而艰难。我们反复强调活动也是媒体，作为营销手段的性价比又远远高于其他方式，那为什么大量的活动得不到企业的青睐，或者说得不到企业的赞助呢？

事实上，我们有不少活动营销的经典案例。如"超女"与蒙牛的结合、飞机穿越张家界天门洞、柯受良驾车飞越黄河、青岛啤酒节、广交会等。但在浩如烟海的活动营销案例中这些只是个案，更多的是活动并没有发挥出应有价值，反响平平甚至失败的案例。大量的草台班子使得活动经济行业的市场亟待整合。

活动无创意，形式老套，缺乏创新

在策划的环节上缺乏具有爆破性的策划点，这是做好活动营销的第一个制约点。每个团队都在抱怨找不到好的策划人员，在策划上出不了亮点，只好依葫芦画瓢走老路，单调重复的策划自然掀不起浪花，大众看了策划没有兴奋感，自然不会为活动买单。不管是政府的大型活动，还是企业的营销活动，或者是媒体的活动，他们面临的首要问题就是缺乏创新。

大部分活动最后往往都是以晚会、颁奖典礼的形式来收场，而且形式上相互抄袭，千人一面。一段时间里我国曾出现过晚会成灾的情形，而一台晚会动辄耗资几百、上千万，对这种铺张浪费的现象，政府主管部门还曾下令整治过。

我们从电视媒体上所能听到的最恶俗的话，莫过于各种颁奖典礼上获奖者背书式的大套话："谢谢某某主办单位，谢谢我的制作人某某，谢谢我的家人，最要感谢的还有喜欢我作品的观众朋友们。"还有就是，在颁奖晚会上歌手上场表演时，随意指着一处便大喊"我看见你们啦！我爱你们！"形式的老套有时也就直接导致了内容的弱智。

在第九届华语音乐颁奖典礼上，作为颁奖嘉宾的著名电影导演冯小刚心直口快地建议大家在领奖时最好不要喋喋不休地只会说"谢谢"两个字，劳驾大家多谈点自己创作的真情实感。接下来领奖的韩红遵守得还比较好，没有说"谢谢"两字，而是有感而发："请大家放心，接下来我还是会——第一，好好写歌；第二，好好唱歌；第三，好好做人。"但是下一个歌手一上台，又开始一个劲地"谢谢"起来，他们就不怕同样"炒冷饭"的话会令观众的耳朵听出茧来。有时笔者不禁会想，难道他们真的只能重复说几句"谢谢"，还是怕免了这一俗之后，"患红眼病"的同事恶语相加，或是趁此良机为制作公司大打免费广告。如果是后两个原因，有一个"办法"可以解决，那就是在节目结束前以大赛组委会的名义统一向主办单位、获奖歌手的制作人、父母、歌迷致谢10分钟。当然这是开玩笑了。在这方面，好莱坞或者诺贝尔获奖者的致谢辞值得一学。

活动同质化相当严重

全国同质化活动数量太多，行业的混乱导致真正形成强势品牌的活动又太少。全国每天诞生的活动计划不下千个，同时每天也有上千个活动方案不了了之，甚至有的还投入了大量人力、物力和财力。散兵游勇式的活动策划导致的结果多半是自娱自乐，从许多活动都冠以"首届"这一点上便可佐证。活动低水平重复，运作人员的大部分精力都花在"营销活动"上，而远没有达到"活动营销"的层面。

最近一段时间，打开电视，我们看到的都是各种"明星评委+草根选秀"形式的节目，让人眼花缭乱，却很少有新意。"中国好歌曲"、"笑傲江湖"、"我看你有戏"、"造梦者"等，同质化现象相当严重，形式老套而无创意。大家都觉得这种形式来钱快，一窝蜂似的抢过来，但能否再办下一届，则成了一个大大的疑问。在湖南卫视推出"爸爸去哪儿"之后，不少电视台步其后尘，简单复制亲子类节目，但反响平平。

据不完全统计，仅北京就已有模特公司上百家。从当年找不到一家正规的培训机构，到今天全国已经出现了上千家模特培训班，连高等院校里都设了模特大专班。仅仅经官方许可、有红头文件的全国各类选秀大赛每年就有几十个，各分赛区以及其他各类机构组织的赛事更是不计其数。仅以20项大赛计算，每年全国要产生60名前三甲，200名"十佳"模特，也就是说每年至少有200名"名模"诞生。有人笑言，中国是世界上盛产"名模"的大国，我们的名模数量比世界上所有国家的名模加一块儿还要多。业内人士戏言，泛滥的选秀活动实际上就是带团旅游，主办单位是旅行社，模特像是游客，花的是投资方的钱，谁也不心疼。主办单位能得到一笔丰厚的收益，模特们则免费集体观光，难怪年年大赛不断。

国内每年举行的"音乐盛典"同样众多，有点名气的就高达八次之多，而国内真正出色的歌手就那么几个，选来选去无非就是那么些人。试想一下，如果每年都要让一些走红歌星去跑八个场子，领八个奖杯，说八遍同样"感谢"之类的话，即使领奖者不厌烦，观众肯定早已敬而远之了。

俗话说，物以稀为贵。由于活动过多、鱼龙混杂，各种大赛遭遇的尴尬也越来越常见。如，2002年台湾电影金马奖颁奖典礼就遇到了从未有过的获奖者"不领情"而缺席的情况；第三届金鹰节也出现了同样的遗憾，十位获奖演员有四位因"故"不能出席。在"观众最喜爱的男、女演员奖"投票中遥遥领先的陈道明主动放弃了"观众最喜爱的男演员奖"桂冠，而获奖演员江珊头一天还出席了世纪英雄电影投资有限公司在长沙神龙大酒店举办的"鸡尾酒会"，次日晚上却"没能"出席颁奖晚会。诸如此类的"缺席"现象，当然还不止这些。

对如何增强奖项的吸引力方面，台湾电影金马奖主席王晓祥就曾产生过让中国大陆的金鸡百花奖、台湾的金马奖和香港的电影金像奖"三金合一"的大胆构想。他认为，应该"有个华语片市场展，展出两岸三地每年共同的佳作，轮流在台北、香港、上海或北京举行，集合华语片共同的力量，建立起和世界电影市场接轨的机制。同时，两岸三地应有一个更高层次的奖来鼓励产生更多的华语片精品。"而台湾导演李安集合各地精英打造《卧虎藏龙》所掀起的"龙虎现象"，让整个中国的电影界则更为真切地感受到了"资源整合"的优势所在。

缺乏品牌和影响力

大量的活动没有品牌。没有品牌的活动，客户没法对活动营销的结果有预知，无法产生信任度和安全感，结果当然就导致客户不敢把钱委托给这些活动来推广他们的产品。在我们周围，严重地缺乏长期的活动品牌，比如说结婚找婚庆，我们很难一下子就想起一个强有力的品牌来。很多活动只有首届，或者第二届、第三届，很难见到连办五届以上的活动。品牌的形成需要一个积累过程，一个活动如果坚持不了五年以上，它是没有太大影响力和价值的。急功近利、短视行为使得大量活动的运营者撑不到第五届的时候便已经人去楼空了，执行的团队便草草了事作鸟兽散。活动品牌的成长需要经验积累、时间沉淀，还需要顾客的体验与口碑相传。没有专业的团队，没有长久打造品牌的决心和恒心，活动品牌是很难轻易形成的。到2015年，美国的奥斯卡已经举办87届了；中国做得最好的广交会到2014年已是116届，广交会在全世界就很有影响力，理所当然是中国博览会的第一把交椅，中国亟需这样的品牌活动来领军。

雨点大雷声小，大投入小回报，一场浩大的活动结束了，竟然没有产生任何有价值的新闻与影响力。活动做得很多，打一枪换一个地方，影响很难形成；同时，大量的活动执行方不懂得传播，他们不会把一个活动的营销从事后营销变成事前营销，把小活动进行大传播，把活动的阶段性营销变成过程营销，造成的结果只能是"雨点大雷声小"。

商业气息太浓，活动权威性受质疑

近年来，各种大赛的吸引力呈下降趋势，其原因是活动的商业气息太浓。从各种大赛传出的风波不绝于耳这一现象来看，这大多是出于利益考虑而没能"一碗水端平"导致的。极端的功利性使得大赛一开始就变了味。有的甚至认定"有奶就是娘"，谁出钱多就把奖项抛给既定的人，这种短视的做法无疑是杀鸡取卵，其结果只能是"捡了芝麻，丢了西瓜"。

我们应该靠活动的品牌来赚源源不断的钱，而不是靠出卖其"内容"来获取一时的利益。在很多喧嚣的活动背后，我们似乎很难看到活动的价值，很难找到我们举办活动的初衷，活动营销的价值无法真正得到体现。

缺乏执行标准，活动管理杂乱无序，活动营销价值大打折扣

从专业角度来操作的标准活动流程，从领导接待到活动的举行，再到媒体的推广，每一个岗位每一个细节流程都应该有标准化的菜单式要求。没有执行标准，活动的运营者就无法指挥团队进行作战，无法调控活动进程。对于活动组织来说，最辛苦的是总协调人。由于缺乏标准，没有调控的工具，使得很多团队人员只能干着急，不知道该干什么如何干，完全帮不上忙，全场就总指挥一个人在团团转，事无巨细，都得等他来拍板，浪费了大量的时间与资源。很多活动年年办，却年年出现相同的问题。根本的原因就是无标准可循，没法进行总结修改，只好重复地在同一个地方跌倒。这种东一榔头西一棒、指哪打哪、杂乱无序毫无章法的活动操办情况，让与会者没了兴致，也让赞助商冷了心，使活动营销价值大打折扣。

缺乏经验，大量的草台班子占据了活动营销的市场

缺乏经验有两个层面的意思，一是在活动的管理上缺乏经验，二是很难找到有经验的团队，至少目前在国内专业化的团队特别缺乏。很多地方搞活动，无从选择的他们都跑到北京来找公司操办。

很多公司打着中央电视台的旗号，做完大型晚会以后，发现这有问题，那也有问题，最后节目播不出去。其实际情况是某个人在北京拉了一个草台班子就去接活了。在活动营销起步发展的阶段，缺乏品牌监督执行机构，缺乏拥有丰富经验的活动执业人员，缺乏评价标准，造成很多客户找到草台班子，活动投入打了水漂，造成很多不必要的浪费。

执行活动不仅需要团队专业化，同时还需要执行团队网络的健全，在全国各地都有自己的队伍，这样执行成本就会大大降低，因为在执行的时候，不需要从一个地方调配一大批的执行队伍赶到另外一个地方，差旅费就会大大降低。所以在活动营销的市场当中，有大的品牌公司，有全国性的网络，线上和线下有这样的品牌公司出现的时候，对我们企业、城市的活动营销来说，将会大大降低成本，并且提高营销效果。

活动的运营团队中缺乏营销人员，没有营销的活动是难以产生效益的

大量的活动工作人员基本上聚集在执行层面，营销层面上的工作人员非常欠缺。很多活动的打造，从表面上看起来非常热闹，场面恢宏，实际却是赔本赚吆喝。没有专业的营销人员，活动无法形成一种营销行为，活动产品不能得到有效的售卖。我们应该把活动当作一个整体产品群来运营，对活动进行产品开发。比如说冠名是一个产品，在会场之前的视频播放是一个产品，会刊是一个产品，包括网页等都可以形成一个细分产品。这些细分化的产品可以给客户带来销售，给活动带来影响力。有了产品，有了营销人员，活动才能真正地起到营销的放大作用。

活动营销的常见误区

活动营销的误区之一是比活动数量

很多的地方要体现他们的活动业绩，把活动当成一个筐，什么都往里装。

以数量来做形象，鼓吹他们一年要办很多的活动。实际上，几乎所有的活动都要牵扯精力与财力，最后都草草收场。与其分散资源办很多低水平的活动，还不如集中力量办出一个具有品牌性号召力的活动来。一个城市在举办节庆活动的时候，大活动中套着很多小活动，活动数量甚至号称达100个之多，表面上看来这次活动办得很热闹，涉及面广非常成功，但实际上这是个误区，不论一个城市还是一个地区、一个团队，精力毕竟是有限的，**活动太多就削弱了优势资源，什么都只能点到为止，没法将活动做到位就无法满足参会客户的需求**。活动数量越多，出现的差错越多，精力跟不上、资金不到位、资源不够分，这样一来活动质量江河日下没了保障。

提及活动的服务，有人曾经感叹：活动真不是人做的。**对每一位参加活动的人来说，都是会以自我为中心来评价服务的优劣**。受邀参加活动的嘉宾，基本都会以自我的服务需求为标准来评判一个活动。**一个活动的服务是有限的，因为一个活动的人力物力财力是有限的，但活动服务的需求是无限的，因为一个活动所邀约过来的嘉宾都带有个性化的服务需求。如果我们要用服务能力的有限性去**

满足活动需求的无限性，这将会是一件很矛盾的事情。所以说我们靠数量来凸显一个活动的规模、价值，这是非常大的误区。活动不是一个筐，不是什么都可以往里边装的，打着统一的口号，把参差不齐五花八门的活动都往一个整体活动的旗子下聚，而误以为数量可以决定一切。如今不再是一个靠数量能制胜的时代了，**质量才是塑造影响力、实现营销的关键**。

活动营销的误区之二是比邀约明星的数量和名气

邀约明星的目的是为了聚集人气，因而一定要讲究匹配度。当一个活动变成了靠明星的知名度和数量来堆砌，活动就明显地走进了误区，浪费资源而无所收获。

我们要出发，不能忘记了我们为什么要出发。邀约明星是为我所用，要用他们来聚集人气、吸引关注、发挥更大的价值。第四届芷江国际和平节，邀约了很多名人，包括美国前总统卡特，专程从美国坐飞机到芷江来。原以为这次活动会让芷江声名鹊起，结果却搞得悄无声息，这些大牌人物与活动举办地没有太大的关联，对活动没有推动作用，此其一。其二是活动举办方没有充分利用好大牌的影响力，没有顺势做好推广工作。从明星的数量上来说，明星数量过多，反而分散了大众的注意力，还不如重点去邀约真正和自己相关联的大牌明星参与互动做重点呈现。

2010年11月30日，邯郸市致力于打造"中国首个公益领袖城市"，邀约李连杰参加启动仪式。作为壹基金的创始人，李连杰的明星形象与这次活动的主题"公益邯郸，广府行动"非常吻合。从名气而论，国际功夫巨星李连杰的名头足够影响全球的目光；从数量上来说，只请了一个大牌李连杰。事实上，只需要李连杰一个参与就足够了，如果除了李连杰还有其他明星来了邯郸，首先就是邯郸市的接待能力有限，其次明星太多，反而分散了对主题活动的关注度。李连杰倡导公益，邯郸市也倡导公益，这两者结合在一块儿就是一种完美的契合，相得益彰，使得明星形象与活动价值均得到了高度的彰显，从而得到了大众普遍的关注。**活动不是比拼明星数量，而要比拼有没有精细化深度地挖掘明星的活动价值。**把明星邀请过来，把他们作为公众影响力的价值最大化地利用起来，使活动得以借力从而扩大影响。

活动营销的误区之三就是把活动当成广场化的卡拉OK，自娱自乐，忽略了对外的传播与交流

一个活动，从策划、执行到推广都是内部人在亲力亲为，活动的影响力很小，花大力气投入得到的效果却不明显。内部执行人员的非专业化还可能让活动办得非驴非马，一个大型的活动营销结果成了一场广场卡拉OK，参会人是自娱了一把，娱乐过后却什么影响力也没有留下，没有策划的创意、没有执行服务的专业水准、没有营销的对位，参会人没有从这里带走任何值得留恋的东西。在活动走形了的同时，由非专业人员组成的宣传部门也陷入了传播的误区，他们想当然地认为，把媒体请来了就是把传播工作做好了。事实上，**媒体来的数量并不能代表宣传的数量和力度。**媒体来了，活动方能给他们什么好的素材，给他们什么好的新闻点，能给他们提供哪些好的被采访人，这些才是媒体最需要的。满足了媒体的需要，活动的信息才能得到有效的传播，透过媒体让更多的人了解并参与到活动中来。

活动营销的误区之四是只宣不传，一稿(新闻通稿)换豆腐(小报道)，找不到新闻爆炸点，造不出轰动效应

很多活动的宣传部门总是按自己的思维、按自己的概念去写新闻稿，用自己的媒体发表，而不是站在满足全国媒体需要的角度，借助于第三方媒体扩大影响。所以这种形式的宣传只做到了宣告，却没有满足活动传播的营销效果，自己大吼大叫受众很窄，新闻通稿换来了高度重复、碎片化的"小豆腐块"，自然吸引不来外界的关心。在做宣传工作之初，就要以推广品牌、增加人气、吸引招商为出发点，将活动的资讯宣出来，传开来。

活动营销的误区之五是以为用自己的人马去执行活动会节省成本

事实却恰恰相反，非专业人员来操办活动将耗费更多的资源而得不到应有的反响。每个公司都有自己的主营业务，用主营业务的员工抽出时间去做他不擅长的事情，他们的学习成本和试验成本就会很高。一方面，你的钱一分没有少花，因为每个单位搞活动都是零售，你去采购你的服务时，全是以零售形式，买来的服务都是零售的高价。另一方面，由于专业水准的欠缺，活动的结果常常会留下很多遗憾。现如今，许多越来越成熟的公司、大的上市公司、品牌公司，越来越意识到这个问题。因而，对于公司大型活动的策划、执行，包括推广，都采取外包的形式。企业把它的核心需求提出来，在市场上寻找相应的服务商。企业根据活动目标和活动标准去掌握结果、验收服务效果。专业公司用它的业界资源，能更轻松地提供专业而优质的服务，从而实现花更少的钱办出更有价值的活动。

活动营销的问题反思

活动营销这块数千亿市场的大蛋糕，诱惑重重，问题重重，要修正问题就得反思现状，去探寻究竟是哪些原因造成了活动营销市场的混乱与低效。

行业进入门槛低，鱼龙混杂，专业程度低

在一个行业的快速发展时期，需求的放大使行业进入门槛降低，大家蜂拥而来瓜分这块诱人的大蛋糕。但消费者却没有辨别能力，盲目的消费让活动供应商鱼龙混杂，是个公司挑起名头就去承办活动，专业水准令人堪忧。小而不全的活动公司、活动团队造成了活动成本的增加、活动营销效益的下降，这个行业亟待一次大洗牌，让一些有品牌、有影响力、有信誉、专业化程度高、社会资源丰富的大公司上位，来挑起活动经济的大梁。

缺乏执行标准，评价、监管体系不健全

中国的活动营销缺乏标准，一个活动的打造应该走怎样的程序，每个流程细节应该遵循什么样的标准，一个活动应该达到怎样的效果，毫无标准可循。由此一来，参会人员无法预知活动的准确状况，赞助企业无法预知自己的投资回报，没有标准则没有保障，致使大量的活动门前冷落。电视台有收视率，报纸有阅读率，图书有发行量，电台有收听率，虽然这些数据也有水分，但至少是一个标准，可以相对衡量它们的价值，让观众、读者、听众、赞助商有

一个可衡量的标准，但活动却毫无标准可言。什么是好活动，什么是有品牌传播价值的活动，它的衡量指标有哪些，这些评价标准需要一个监督机构来制订，有了标准才有评价，才有监管。一个活动第十届跟第一届的影响力是不可同日而语的，可信度是不一样的；一个活动的举办方是谁，举办方有没有权威性？如果举办方是不知名的，可信度当然也无法得到大众的信赖；如果举办过活动，都有哪些嘉宾参与过，参会者是什么样的人群，出席活动的嘉宾和参会人员的质和量如何，你在什么地方举办过活动，得到过哪些企业的赞助、冠名支持，这些都是一个活动的衡量指标。举办过的活动在各类搜索引擎中所查到的影响力、传播力有多少，你的媒体传播力如何，活动有过哪些合作伙伴，合作伙伴的层次和质量、数量也决定了活动影响力的大小。我们把活动的评价体系拆分出这些指标，把它做成可以计算和评价的权重。这样就有了可衡量的标准，消费者就能借助这个平台，权衡一个活动的参会与赞助价值，明明白白地放心消费。

有了标准就能构建科学的评价体系，有了评价体系就能更好地监管活动营销的执行与操作，让活动营销能更加规范有序，能真正发挥优于其他方式的营销效果。所以说，**第三方评价与监管机构的发展势在必行。**

缺乏规模效应

大量的活动都是小打小闹、没有品牌影响力的小活动。小活动又没有大传播，百十人、二百人、上千人，量不够大，活动营销的集约效应就发挥不出来，缺乏规模效应就缺少价值影响力。一个三五百人的会议，去找一家大的企业做活动营销或者冠名、赞助，它的价值就太小了，大企业一般不屑于与小活动整合营销。对于小活动来说，耗费大量的时间、精力去洽谈得不偿失。要得到大企业、品牌企业的支持和赞助，首先要解决活动的规模问题，规模一定要做到一定的量级，传播力也要做到一定的量级，影响力更是要做到一定的量级，参与力做到一定的量级，才能产生消费力和购买力，这样才能有更多的企业愿意支持活动。

此外，小活动团队由于规模偏小，所以运作人员当中就缺乏营销人才、策划人才、设计人才，规模偏小的活动如果小而全，人力成本就会直线上升。对于消费者与小活动公司来说，由于活动小，资源分散严重，沟通成本也大幅提高，质量还得不到保证。这些都是小规模造成的后果。作为活动超市提供商，环球活动网将众多活动产业链上的小活动串联起来，或者将具有关联性的小活动进行规模化整合，这样一来，受众群体成规模后，活动自然有了更好的传播价值。

活动与宣传周期短

活动周期不仅仅包括活动的举办期，还包括活动的筹备期，如果活动的筹备期没有制造影响力，这个活动筹备期就没有意义。所以对一个企业的吸引力如何，首先得看活动的影响力如何。在活动的筹备发起之初，就不断地制造大的概念来炒作、宣传，不断地累积影响力，最后影响力达到一定高的级别时就会有很多企业主动来找你合作。企业主动在媒体上获取活动的信息，独立判断活动的自身价值，他们就会得出一个结果，我一定要去争取与这个活动进行资源整合与营销合作。现在的活动操作还有一个严重的问题，大量的活动出了策划案以后就是埋头筹备运作，根本没有提前炒作环节，没有提前制造出概念和影响力。活动方拿出来给企业谈合作的是几页白纸，是自说自话、自卖自夸，没有具有说服力的案例和思路时，企业是不会信的。因为你自己说的话是处在自卖自夸的阶段，我们一定要学会转换角度，形成第三方传播。有了第三方去传播，通过活动介质去传播，活动的信度就大大提高了。一般活动都有最后的盛典，盛典前面有新闻发布会、启动仪式，中间有很多的启动环节、座谈会、论坛交流会、路演等。从这个过程开始，就应该结合企业的品牌派生出一系列的活动来，借助整个系列的活动一步步地把企业的品牌带到你的活动品牌中来依次做大。

活动其实就是一个雪球，要把企业的品牌包进去，形成一个共同的球体来滚动，最后才能把共同的影响力做大。所以，要尽量地拉长活动的宣传周期，做好活动的前期宣传、活动中的宣传和活动后的宣传，这样一来，活动的周期被拉长，宣传周期也被拉长，其捆绑的影响力自然扩大了。大量的活动、节庆都是把新闻发布会放在临近举办活动的时候才召开。2008年，张家界邀请环球活动网参加"2008中国湖南国际旅游节"。旅游节于当年的9月举行，我们去后问宣传部：新闻发布会什么时候举办？对方说在旅游节开幕前一天召开。我追问他们：你们举办新闻发布会的目的是做什么？今天举办发布会，明天登出来活动就开始了，有很多人看到新闻之后来不及到你这儿来。前期新闻发布会太匆促，一来拉升不了你的客流量；第二，请媒体来参加活动，只有两天的时间，两天的时间里给媒体发新闻通稿，发出来的稿子只有两条，领导一删就变成了"豆腐块"。媒体高度重复这种"豆腐块"，传播就失去了意义，品牌也得不到提升，何谈活动的影响力和举办的意义呢？这种情况在许多的活动中司空见惯，问题出在哪儿？究其原因，就出在他们往往注重事后营销，活动举办了，通过新闻再传播出去，这叫事后营销。事后营销，因为事情一办完就是结论性的东西，没有悬念，只剩下碎片化的豆腐块新闻，因而传播的影响力与价值就被削弱了。如果尽可能把新闻周期拉长、把活动周期拉长，把筹备期都列入到宣传周期中去，尽可能提早举办启动活动的新闻仪式，结果将大不一样。后来，2008年的"中国湖南国际旅游节"改变了传播思路，定在6月的时候在天门洞室外举行旅游节的启动仪式，这个启动仪式表明活动开始了。启动仪式结束之后没再搞新闻发布会，因为新闻发布会太老套、太传统，没有可传播的新闻图片和新颖形式，电视不会播出，媒体照片也不易于传播。因此，其将在宾馆里举行的新闻发布会移出到室外，在天门洞底下做启动仪式，把这里的民族文化挖掘出来，还与当年的北京奥运会挂上钩：登天门做奥运。如此一来，该活动鼓励全世界的人来北京看奥运会，到天门山来看风景。一个别开生面的启动式给张家界带来了空前的关注度，这个天然的舞台形成了很好的画面，给电视台制造了很好的素材，满足了媒体的需求，自然加大了传播的力度。活动仪式启动以后还不能偃旗息鼓，这样是没有办法拉长活动周期的。于是，主办方再搞了一个"绝美张家界选美大赛"，即绝美张家界形象代言人、绝美张家界摄影大赛、绝美张家界书法大赛，这三个活动启动后在全国征集参与者。最后选美胜出的12个美女，进入到旅游节开幕式演出当中，成为最高潮的部分。12个仙女从天而降，像仙女下凡一样，披着长长的白纱飘逸而来。这和前面的启动构成了有效的呼应，形成了一系列的滚动传播。这样的活动很好地实现了变事后传播为事前传播和过程传播，解决了活动太短，辛辛苦苦筹备半年热闹两三天的尴尬局面。所以说，**要把活动做出影响力就必须延长活动周期。**

　　另有一个案例是，2010年3月28日至4月2日举行的"刘邦文化万里行"。"刘邦文化节"举办了七届,每两年一届,14年之后很少有人知道刘邦的故里江苏沛县还有一个"刘邦文化节"。2010年,受沛县的邀约,环球活动网实地调研筹划如何提升这个活动的影响力。经深入调研了解,其认为"刘邦文化节"之所以无声无息,最主要的原因就是活动周期太短,这是致命的弱点,为此,环球活动网将"刘邦文化万里行"两三天的活动拉长为半个月的活动,把单独宣传刘邦故里变成沿着刘邦起义和项羽一起灭秦,最后建立大汉王朝的路径,将几个节点城市连接起来进行一次行走文化,从地域与时间上都做了很大的拓展。这个策划大大地把"刘邦文化节"宣传周期拉长了,同时为"刘邦文化节"制造了很多宣传传播的新闻源。成系列的新闻源使其他媒体不断转载、跟踪、报道。这个策划还很好地调动了与刘邦生平相关的其他四个省的五个城市,借助他们去发动当地的媒体资源来共同关注与本地相关的活动。五个地方共同发力,共同调配自己的资源,共同发动自己的媒体资源来进行集约化的跟踪式的连续性报道。最后通过"刘邦文化万里行"产生的影响力是非常巨大的,到后期"刘邦文化万里行"行走的时候,当地的组委会不断接到各地媒体打来的电话,主动要求宣传报道。如此一来,活动实现了求媒体前来报道到媒体主动上门免费报道这样一个逆向的转变。

缺乏系统的构建和长远的规划

活动营销大军目前仍缺少正规军编制,大多属于单打独斗的杂牌军。杂牌军干一单算一单,目光停留在眼前的生存问题上。参差不齐的"草台班子"忙于沟通、忙于整合资源,以解决手中的活动。其一单接一单,无暇顾及系统的构建和长远的规划。

缺乏系统构建和长远规划，"草台班子"们不会将精力放在做大做强做出品牌的发展之路上来，也不会投入成本来培养专业的人才，更不会做标准，不懂得如何将资源整合在自己的旗下以节约成本并发挥倍增价值。因此，活动营销的军团仍然散漫而无法取得高效益。

活动营销的成功策略

活动营销要做成功，有三个行之有效的策略：第一，做好系统规划；第二，掌握好传播策略；第三，做好活动营销的执行。

做活动首先要有系统性的规划

很多活动主办者想一招出一招，关于活动的主题、活动的推广都变得断断续续不成体系，这种分散型的状态让内部执行人员一筹莫展，让外部受众更是一头雾水。系统性的规划应该包含系统性的调研和系统性的构建，这样就能把当地的文化、当地的资源、当地和未来发展的目标和空间，以及当地的区位优势、资源优势等诉求结合在一起，这样来打造我们的活动规划，不仅充分利用了资源优势、结合了地方特色，让活动办得更有活力和个性，而且更能发挥出活动的营销价值。**活动是一个工具，是为我们的城市建设、经济建设和文化建设发展服务的**。在活动的系统规划里，首先一定要了解我有什么，我能做什么，我要做什么，当理清了这些资源和目标以后，我们就明白我们要策划什么样的活动，来打造我们的城市个性，来推广我们个性化的区域文化，来带动我们区域的经济发展。磨刀不误砍柴工，做好了前期的系统调研，后期的策划与执行才会更顺畅。像城市节庆活动，一定要结合活动当地的实际情况，而不是舍近求远。比如说河南安阳，有殷墟文化、甲骨文文化、曹操文化、红旗曲艺文化。文化多了反而不珍惜了，最后竟然选择去做滑翔运动基地，弄得不伦不类，受众也糊涂了，这就是没有系统规划的结果。反过来说，很多地方没有文化，反而去争文化、抢文化，如曹操墓、西门庆、李白故居，有多少人加入了争抢的行列，都是为了借助历史名人来提升自己的人气。未来的竞争是文化的竞争，无论对于企业、国家，还是对于一个地方来说，文化的影响力和感召力都是持久的。人文景观美轮美奂的是少数，有了故事就有了张力。所以说要策划好的活动去营销，或者说做好活动营销，一定要把握住产品的核心价值、消费者诉求。对于城市来说，要把握住地方文化、差异化、区域性的独特文化，去做好调研，做好系统规划，然后做出长期规划。活动是文化建设的一个载体，也是一个展示的平台和渠道，应该把活动纳入到文化建设的主体中去，把活动纳入到文化规划之中去策划筹谋，文化才不至于很虚很空。

活动营销的成功诸要素中，传播策略是一定要好好掌握的

小活动大传播，变事后传播为事前传播，变一次性传播为过程传播。这种传播策略无论对于企业、政府还是媒体来说，都很重要。没有有效的传播，活动就失去了营销的价值。而传播策略的运用，让活动变得更有捆绑营销的价值。从传播学的角度来说，公众永远更喜欢声势浩大、更有煽动性、更有兴奋点的爆炸式新闻；对有悬念的事情永远都会抱着浓厚的八卦兴趣；对任何事情都有想提前预知的欲望。因此，小活动也得往大里传播，得制造出能拉动媒体、大众关注的新闻点，成系列地层层推出，一步一步紧紧抓住大

众的眼光，让大家跟着活动的流程关注活动的前因后果，关注与活动相关的品牌形象。事后传播向事前传播转变，一次性传播向过程传播演变，拉长了宣传的周期，也将**一个告示性的新闻短篇变成了连续剧式有情节、有悬念起伏、有故事的系列新闻，吸引力、关注度自然非同凡响。**

北京奥运会，自从北京成功申办奥运会之日起，到成功举办结束之日为止，这都是还没有出现最后结果的营销最佳时期。闭幕式一结束，传播力就进入了衰竭期，所以，任何想借助奥运话题火一把的活动，都要抓住最有利的前期来做好传播。这种成熟的国际型活动，从来都不会是一篇新闻通稿或者一次性传播，而是一个不断涌现新闻源的过程传播，制造新闻源让媒体有自发的需求，增加报纸的阅读率、电视的收看率和电台的收听率来做有利于活动的报道。这样一来，传播就可以持续了，就能够变传播的量变为质变，形成最后的品牌爆炸效应。

执行到位是活动营销能够成功的保障

执行与创意如同鸟儿的翅膀，缺一不可，没有好的创意，活动成了无源之水；执行不到位，好的创意有如空中楼阁，没有实际意义。执行是活动的转化流程中最长的一个环节，在这个漫长的流程中怎么才能让执行到位，让创意增值，让活动精彩，至少不要出现明显的漏洞，是活动执行者必须重点关注的问题。保障执行到位、活动不走样有以下三个措施。

第一，杜绝草台班子，应选用专业的、一站式服务的执行团队。

在执行这个长环节中至少有十多项甚至几十项具体的活动需要分别去执行，如果靠活动主办方亲力亲为或者分别找很多不同的小公司来执行这些活动，不仅会增加学习与沟通的成本，而且每项小活动之间无法顺利地对接，容易出现扯皮、断档的问题。这是因为他们对活动的流程和操作缺乏经验，没有总体调控活动大局的能力。这种采取整合不同供应商的形式在协商上也容易出现问题，中间总有各不相同的利益诉求。如果将活动交给一支专业的品牌团队，他们能带来一站式的外包服务，与数十个执行点的沟通就变成了与一个执行机构对接。活动主办方只需要监管结果，过程全交给专业人士。一个能够提供一站式服务的活动品牌执行公司，它经验丰富，能应对任何紧急事件，能更快速有序地处理执行过程中的事务。并且，行业地位让它积聚了大量的活动需求，所以它对外采购的时候采购价很低。这样的话，它能给客户提供更加价廉物美的服务，因此就能充分保证活动执行的效率和活动执行的质量。大家熟悉的携程网就是这样，携程网聚集了大量的旅游酒店资源，所以说它能给客人提供更多可选择的价格优惠、服务上乘的旅程服务。

第二，制订活动执行的标准。

前面已提及，标准能让执行有参考、有依据，能让执行更到位。有了标准，就等于有了执行的工作手册，对执行提出了具体化、量化、流程式的标准要求。比方说我们在筹划一个颁奖典礼，它应该有哪些程序，应该有哪些环节，它的表现形式是什么样的，我们应该如何做、做到什么程度等，我们只要根据执行标准就能知道怎么去规范化地开展工作了。有了执行的标准，主办方、消费者、受众就能根据标准去评价活动执行的水平和质量，从而监督活动的执行，确保活动在执行过程中不出现偏差。

第三，执行"菜单化"。

"菜单化"管理让活动流程变得简洁而有序。执行过程中，每一步该做什么，下一步该做什么，该怎么样做，有一个"菜单"式的执行工作单，对照每一步指令做好工作，既保证了流程不出偏差，也保证了工作上的衔接。

节庆同质化现象调查

我国各地的活动数量很多，办出特色和高品质的却很少，而且同质化现象特别严重。

据粗略统计，我国每年仅油菜花节就达23个：贵州罗平国际油菜花文化旅游节(已办16届)、青海门源油菜花文化旅游节(已办15届)、贵州安顺油菜花旅游节(已办12届)、陕西汉阴油菜花节(已办9届)、浙江仙居油菜花节(已办7届)、湖北荆门油菜花旅游节(已办7届)、重庆潼南油菜花节(已办7届)、广东英德市油菜花节(近年无太多影响)、南京高淳油菜花节、广东王子山油菜花节、中国"最美油菜花海"陕西汉中旅游文化节、江西婺源油菜花节、四川越西文昌故里油菜花节、成都国际油菜花节、郑州娄河油菜花节、上海奉贤油菜花节、浙江仙居油菜花海节、浙江瑞安油菜花节、江苏兴化油菜花节、广东始兴油菜花节、贵州贵定油菜花节、青海门源油菜花节、湖南安仁油菜花节等。而油菜花节最有影响力的却要数韩国济州岛的济州油菜花节，举办的历史长，而且有特色，如今已举办32届。

还有全国的桃花节、梨花节、梅花节、菊花节、牡丹节、荷花节等，每种花节都有很多。而且，每个花节的活动形式和内容也都十分雷同或相似。真可谓"年年岁岁花不同，岁岁年年节相似"！

笔者受青岛市李沧区政府之邀策划青岛民俗文化节时，对全国的民俗文化节做了一次调查统计，发现同样是这个问题：办类似节庆的很多，有影响力的却寥寥无几。

同质化现象如此严重，政府、城市却还在乐此不疲地举办着各种没有影响力的活动，这种痛并折腾着的原因便是：(1)政府、城市需要活动，需要一个抓手来提高当地民众凝聚力，扩大当地品牌影响力；(2)活动的举办缺乏有创意的策划，缺乏专业的执行团队。

要想跳出同质化的怪圈，我们必须让活动营销这个行业尽早成熟起来。

附
全国各地民俗文化节调查统计

1. 北京民俗文化节暨东岳庙春节文化庙会

主办单位：北京东岳庙(北京民俗博物馆)等

举办时间：每年春节

举办届数：至2015年已举办14届

活动特色：原汁原味的老北京民俗庙会

2. 庆阳端午香包民俗文化节

主办单位：甘肃庆阳市委、市政府

举办时间：端午节期间，为期10天左右

举办届数：至今已成功举办12届，创办于2002年活动特色：在"香包节"的带动下，以庆阳"五绝"(香包、刺绣、剪纸、皮影、民歌)为代表的特色文化产业快速发展，已经成为广大农民群众增加收入的一个重要手段，文化驱动已经成为庆阳市加快发展的一个重要战略。

3. 朝鲜族民俗文化节

主办单位：吉林市

举办时间：2014年5月31日，第13届朝鲜族民俗文化节举行

举办届数：至2014年已举办13届

活动特色：内容包括吉林地区朝鲜族优秀文艺节目展演、歌唱比赛、舞蹈大赛、排球比赛、足球比赛、乒乓球比赛、掷柶戏大赛、秋千比赛等民俗活动。

4. 广州民俗文化节暨黄埔"波罗诞"千年庙会

主办单位：广州市文化局、黄埔区委、区政府

举办时间：第十届广州民俗文化节暨黄埔"波罗诞"千年庙会于2014年3月9日举行，为期7天

举办届数：至2014年已举办10届

活动特色：结合"波罗诞"庙会活动，每届的内容不断充实，形式不断创新。

5. 厦门元宵民俗文化节

主办单位：厦门市委宣传部，厦门市湖里区委、湖里区政府

举办时间：春节期间，厦门第十届元宵民俗文化节于2012年2月14日举行

举办届数：至2014年已举办10届

活动内容：原汁原味的台湾美食、省内外优秀的民俗表演、千人动手扎灯笼等。

6. 徽州古城民俗文化节

举办单位：黄山市歙县

举办时间：第九届徽州古城民俗文化节于2013年11月10日开幕

举办届数：至2013年已举办9届

活动特色：弘扬徽州文化，打造古城品牌，促进文化、生态、旅游的深度结合。

7. 汕头民俗文化节

主办单位：汕头市委宣传部、市文联

举办时间："五一"节期间

举办届数：至2007年已举办五届，后续没有查到相关新闻

活动特色：汇聚富有潮汕民俗特色的民间艺术、民间技艺、民间小吃美食、民间体育趣味游艺，集展演、展示、竞技、比赛、观赏、娱乐、休闲、美食于一体，形成一个群众性节庆民俗文化盛会。

8. 河北省民俗文化节

主办单位：河北省文化厅、河北省非物质文化遗产保护工作领导小组、石家庄市人民政府

举办时间：2014年6月14日至16日在廊坊国际会展中心举办

举办届数：至2014年已举办7届

活动内容："燕赵手艺"河北传统技艺大展、非物质文化遗产专场展演、河北省传统手工技艺生产性保护论坛、河北烹饪技艺及地方名吃联展等。

9. 闽都民俗文化节

主办单位：福州市文化局、市文联、鼓楼区委、区政府

举办时间：元宵节期间

举办届数：至2014年已举办3届

活动内容：17项民俗活动，除了舞龙、舞狮、腰鼓、高跷、旱船、闽剧、打钱串、秧歌等民俗表演外，还有水榭赛诗、临水夫人祭祀大典、接春、琴江抬阁、海神灯巡游、宏琳厝"状元筹"、诗钟与书法等难得一见的民俗活动。

10. 嘉兴端午民俗文化节

主办单位：嘉兴市委、市政府

举办时间：端午节期间，2014年6月9日至12日

举办届数：2009年举办首届

活动特色：以"过端午到嘉兴"为主题，深入挖掘嘉兴马家浜文化、稻作文化和粽子文化等传统民俗文化的丰富资源，把嘉兴打造成集端午传统民俗文化之大成的展示地。

11. 鹤壁民俗文化节

主办单位：鹤壁市文化局，中共浚县县委、县政府

举办时间：春节期间，2009年2月6日，首届中国鹤壁民俗文化节暨浚县"正月古庙会"开幕

举办届数：2015年举办第七届

活动特色：以"逛千年庙会，赏中原民俗"为主题，以原汁原味的民间社火、古朴灵动的民间工艺、具有浓郁地方风味的民间美食促进消费，拉动当地春节旅游。

12. 烟台市民俗名吃文化节暨毓璜顶三月三民间艺术节

主办单位：烟台市芝罘区旅游局

举办时间：清明节期间，历时10天的烟台市首届民俗名吃文化节暨毓璜顶三月三民间艺术节于2009年4月6日结束

举办届数：2009年举办首届，无后续消息

活动特色：集中展示名吃文化、胶东传统民俗文化，打造民俗

文化景区；在三月三至清明节期间为烟台市民及外地游客提供一个休闲、度假的好场所。

13. 洮州民俗文化节

主办单位：中共临潭县委、临潭县人民政府

举办时间：2007年6月19日(农历五月初五)端午节

举办届数：7届

活动内容：大型文艺演出、秦腔演唱、"洮州十八位龙神"迎神赛会、洮州花儿对唱、民间手工艺品展览、洮州书画展览等活动。

14. 砀山梨花旅游节暨民俗文化节

主办单位：安徽省旅游局、宿州市人民政府

举办时间：2014年3月20日至4月15日

举办届数：8届

活动特色：以"游黄河故道，赏万顷梨花，品民俗文化，享幸福人生"为活动主题。

15. 成都民俗文化节

主办单位：人民日报社，中共成都市委宣传部、市政府办公厅，成都《世界乐园》等

举办时间：1995年金秋季节，计划每年举办，但是后续没有查到相关消息，2015年2月10日举办有"成都文化四季风"暨"成都民俗文化节"

举办届数：一届

活动特色：展民族风情，显神州风采。

16. 黄山民俗文化节

主办单位：黄山市黄山区区委、区政府，黄山风景区管委会政治处

举办时间：2011年9月28日举行第四届

举办届数：4届

活动特色：展示黄山丰厚的地方民俗文化。

17. 安徽民俗文化节

主办单位：铜陵市委、市政府

举办时间：2011年11月1日至3日举办第二届

举办届数：两届

活动特色：结合铜陵悠久灿烂的铜文化，打造集独特性、参与性、娱乐性于一体的大众文化节日。

18. 陕西新春民俗文化节

主办单位：陕西省民间艺术促进会

举办时间：2010年2月14日至3月2日

举办届数：一届

举办特色：赏民俗、观彩灯、闹社火、猜灯谜、尝美食，男女老少齐上阵，欢欢喜喜过大年。

第十章

活动营销的评价标准

伴随着"活动营销"的兴盛，活动经济行业的问题亦是层出不穷，良莠不齐的活动导致了整个行业质量泥沙俱下。提升价值是硬道理。在一片质疑声中，活动产业必须找到一种商业模式，制订出一整套让活动可以复制生产的标准化工序和流程，从而打破接一单做一单的旧格局，使业务变得稳定且易于扩张。活动营销则需要研发出一套可以进行量化考核的评价标准，有了标准和监管才能迎来真正的活动营销王者时代。

品牌活动八要素

策划创意、主办单位及运营机构、出席嘉宾、参与人群、举办场地、媒体传播、企业赞助、活动的延续性，这是品牌活动运营的八大要素，对于活动的成功举办缺一不可。同时，它们也构成了活动营销评价标准体系的指标，任何一个指标的层次高低都将影响客户对活动的评价结论。

第一要素，活动的策划创意

策划创意是一场活动的基因，基因先天不良，则很难让活动出彩。策划首先得有高度，高举高打落地后才有力量。立意有什么样的高度，就决定了活动能整合到什么样的高端资源，能吸引到什么样的群体参与。物以类聚，人以群分，说的就是这个道理。再者就是活动有没有意义，人是为意义而活着的，活动也是一样，没有意义或意义不大的活动做不大，也做不长久。

第二要素，活动主办方的实力与运营机构的执行力

活动主办单位的品牌影响力对于消费者的消费态度是有明显影响的。主办方代表活动的出身，出身不好，活动的品质和影响就会打些折扣。若把主办方比喻为活动的婆家，运营机构则是活动的大管家，家业操持得好不好，就得看大管家的了。如果运营机构没有强的执行力，再好的活动策划也只能是空中楼阁。反过来，仅有执行力而没有好的策划创意，执行也会是无"力"可施。

目前还存在一种较为普遍的情况，有很多活动打的旗号吓死人，指导单位、主办单位、支持单位一大堆，其实就是挂羊头卖狗肉，真正的运营机构却很弱，他们往往躲在背后或挂在最后不打眼的地方。

第三要素，活动到场嘉宾的层次

看戏看主角，判断一场活动的影响力大小其实很简单，透过出席活动的嘉宾分量就可以看出活动的层次。媒体最关注的也是活动中那些为数不多的重量级嘉宾。若出席的嘉宾是社会名流、明星大腕，活动的层次和影响力自然会提上一个新的台阶，吸引过来的媒体也就自然会增多。大家想想看，什么样的活动才会是群星璀璨、嘉宾云集、高朋满座呢？一定是有品牌、有影响，能给大家带来欢乐、帮助，给社会创造价值的活动。

第四要素，参与人群

什么档次的活动吸引什么层次的人。一场活动的参与人群，是人气和现场气氛的主要保障，是活动营销的主体对象。赞助企业对参与人群层次和质量的关注甚至超过活动本身。

第五要素，举办场地

活动场地的高知名度往往能给活动带来加分。譬如说每年"维也纳新年音乐会"的法定场所维也纳金色大厅，维也纳交响乐团每季度至少在此举办12场音乐会，这里成了名副其实的世界音乐殿堂。蜚声世界的维也纳新年音乐会，仅1993年就有30多个国家和地区通过电视卫星收看实况转播，收看人数达10亿以上。随后，新年音乐会所影响的受众也一直在逐年增多。

2002年12月20日，宋祖英在澳大利亚悉尼歌剧院举办"好日子"个人独唱音乐会。据称，这是中国民族歌唱家首次在海外举办个人独唱音乐会，更是著名的悉尼歌剧院第一次迎接亚洲歌唱家举办独唱音乐会。从此以后，华人歌唱家都把在悉尼歌剧院举办歌唱会作为他们打造国际国内影响力的首选场所。

国内很多高端活动则纷纷将举办场地选在人民大会堂、钓鱼台国宾馆、国家大剧院或鸟巢等。在具有地标性的高端场地举办活动，邀请出席活动的嘉宾层次或吸引来参与活动的消费者层次自然就会"水涨船高"。但是，近年来很多活动运营机构利用人们看重活动举办场地的心理，在人民大会堂、钓鱼台国宾馆等地举行了纯粹以盈利圈钱为目的的活动，此举在一定程度上影响了活动场地的公信力。

第六要素，媒体传播

活动事前传播的影响力如何，有多少媒体关注，活动传播的影响面是全国的还是区域的，这些都是进行活动营销的企业非常注重的问题。活动既能制造新闻，又能传播新闻，关键在于活动运营者是否善于挖掘新闻亮点，是否有媒体资源的整合能力。活动不在大小，有新闻点就"灵"；活动也不在花费多少，有热点人物出现就会"火"。

第七要素，企业赞助档次和额度如何

一个知名品牌要赞助一项活动，都会经过前期大量的摸底和调研。所以，看一项活动历届赞助商的层次和赞助额度，是检验活动品牌影响力最简便最实际的一种方式。

第八要素，活动举办的届数

活动与其他产业一样，需要时光打磨才能大放光彩，活动的品牌需要积淀才越发厚重。就像年份酒，越久越醇香。活动办的届数越多，积累下来的经验、资源自然也就越多，下一届举办的成功率也就越大。活动举办的届数代表着活动的生命力和存在的价值。

以上这些活动营销价值的评价标准是可以量化的，但需要做大量的实际调研和测试工作。但一个综合评价体系的建立需要很长一段时间的测试、跟踪调查、校正各指标之间的权重、再测试、再收集反馈等。

活动营销的三个评价面

我们说提升价值是硬道理，活动价值的提升就靠这诸多因素的整合。但评价活动营销的价值与好坏，不是执行团队的自夸自卖，也不是带着人文因素的自我感觉，必须有一个量化的标准。根据调查的数据，对活动营销考评所涉及的每个面预设一个量化的指标，根据这些指标就能形成对活动营销的有效考评，就能明明白白地看到价值是如何彰显出来的。

客户对活动营销的评价

活动营销缺乏评价标准，缺乏第三方评价机构，这是一个现状。在一个没有标准的状态下，作为消费者该如何评价活动营销的效果呢？**客户需求的满足度应该是这个评价的核心**。对客户而言，参与活动有两大需求：一是品牌传播影响力的需求。通过活动，它的影响力比活动之前扩大提升了多少？这可以通过第三方调研机构来实现。二是产品销量提升的需求。企业产品的销售量在活动后提升了多少？城市的旅游人次从推广之前到推广之后拉升了多少？这些都是可以通过数据统计出来的。在活动之前定下营销的目标数据，活动之后再来核验，两相对比就能衡量出这个活动营销的价值。这些考评的数据也将成为下一轮活动的客户是否选择一个活动品牌的依据。

执行方对团队的考核

作为活动的执行方，一个活动结束之后肯定要总结、反馈、修订。**完善的反馈机制是修订活动差错、打造活动品牌、提升活动影响力的有效渠道，也是对团队成员绩效考核、激励发展的保障**。这也可以叫自我评价。

对团队的考核涉及如下四个大的方向：

(1) 根据执行标准与执行菜单，核验执行的差错率；

(2) 根据对客户进行满意度反馈的抽样调查检验客户的满意度；

(3) 活动的直接营销效果，嘉宾的到场率、参会人数、产品销量、投入产出比等；

(4) 媒体影响力，通过媒体宣传的时间长度、涉及的媒体数量及媒体类型、新闻数量、影响力调查、网络信息量、媒体的传播态度等来对比判断媒体影响力。

第三方评价

如同建设高楼大厦，监理方应该是第三方的。未来的活动营销也需要一些第三方机构，对活动的流程进行监管和评价，独立于自我评价与客户评价之外，它既是一种社会监督，也是一种数据供应商。能够为活动执行方与合作者提供公正的数据资讯。

对于一次活动营销，活动本身的影响力，它的媒体影响力、公众影响力、美誉度，活动的现场状况包括参与活动的人群规模和质量，出席嘉宾的规模和质量，赞助企业的层次和质量，主办方影响力和经验如何，这些评价可以借助于市场调查，采集数据对活动之后和活动之前进行抽样调查对比，对活动的整个过程传播影响力进行量化指标的评定。未来的第三方评价机构，还会提供对活动营销的跟踪检测、抽样调查和最终的评价等专业性服务。

随着活动营销行业的日趋成熟，第三方评价机构将成为活动营销利益各方的专业顾问。

提升活动营销价值的六大策略

一个活动延伸出来的市场是很大的。它能够在最短的时间内聚集政府、媒体、赞助厂商、器材商、交通运输业、安保行业、餐饮业、工程施工业、玩具制造业等产业链上的所有相关行业。活动在给社会带来价值的同时，也能给活动机构自身带来价值。

要真正把活动办出特色，办出品位，办出影响，办出效益，办出价值，活动的操作应该注意以下几个方面，我们结合实际的案例来加以说明。

做好前期策划

一般来说，成功举办的活动都具有创意新颖、参与性强、社会关注度高、具有可连续开发性等特点。活动的竞争，越来越多地表现为策划的竞争。一个绝妙的创意往往能起到"四两拨千斤"和"以一当十"的奇效。

策划是一项立足现实、面向未来的活动，也是一种专业性极强的创造活动。从过程来看，策划常常是一个系统工程，需要大量的信息和综合分析。从策划前的调查研究到确立目标、制订方案，再到实施、评估、调整方案，无不显示出当代系统策划的特点。具体到一项活动的策划，实际上就是根据现实的各种信息，判断和预测传播内容发展变化的趋势，全面构思、设计实施方案，选择合理的行动方式，从而为活动的良性运作创造条件。

从信息的传递，到分析、预测，以及手段的运用，策划都要具有先进性和超前性，这样才能保证策划目标的实现。因此，要提高策划的实际效用和科学水平，活动界必须尽快形成专业性的策划队伍和策划机构，以结束目前散兵游勇式的游击战。

一个富有创意的活动不一定能成功，但是缺乏创意的活动注定是会失败的。所以我们首先应该以稀缺性和差异性为原则，着力提升创意的含金量，要靠高质量的创意来盈利。要扩大活动的影响力，其波及面必须要广，也就是说策划的活动要具备较强的亲和力，活动形式要适合大众参与，活动内容要对社会具有一定的公益性。只有先保障活动具有高的公信力才能赢得社会的高关注度。而要产生长久的影响力，活动本身则必须要有可持续发力的特点。中央电视台办活动，一般以一年为一个周期，大活动套小活动，一路引发连锁反应。这种延续性行动，不仅降低了单元成本和探索成本，而且其盈利的环节和手段多，极具深度开发的张力。

创意无极限，大手笔中见工夫。创意就像活动的翅膀，它将人们引向无限的空间。一些重大事件或重大节日，往往是各个活动机构进行创意大比拼的重要由头，当然也是他们进行实力展示的绝佳舞台。

实现活动创意能力与执行能力的有效链接

对于一项活动来说，创意好至多只成功了一半。随着竞争的日益加剧，创意对活动产业发展的影响越来越大。可以这样说，一项活动在实际操作中，其创意的含金量高低将决定其胜出的把握。

如果一个团队只具有较强的创意能力，而没有较强的运作或执行能力，眼睁睁看着自己好的创意落不了地而被别人抢得了先机，这种"思想上的高个、行动上的矮子"充其量只能称为空想家；反过来，如果一个团队只具有较强的执行能力，而没有较强的创意能力，其结果就只能像无源之水不能长流、无根之木不能常青、无水之河无法载舟。巧妇难为无米之炊，干事者纵有冲天的力气也会没处使，而蛮干往往会产生破坏，还不如不干。一个具有战斗力的团队应该是创意能力和执行能力两者兼备的，应该是"思想者"和"实干家"的有机结合体。

保证活动的权威性

权威、公平、公开、公正，是各种大赛和评选活动的生命。而要做到这一点，必须要制订出科学、合理的操作标准，并且要有严格的监督机制保证其执行的严肃性。

以中央电视台举办的"中国经济年度人物"为例，首先它具有一套严格的评选标准。

(1) 创新精神。创新是一个民族进步的灵魂，是一个国家兴旺发达不竭的动力，也是推动经济增长的源泉，当代经济的竞争其核心就在于创新。只有创新才能创造财富，当一个国家为有知识的年轻人创造了充分发展的自由空间，这个国家的富强就指日可待了。

(2) 挑战性。他(她)们的事业具有一定难度，需要涉关闯险，他(她)们的所作所为非常人之举，需要有克服困难的勇气和智慧、有坚忍不拔的精神。

(3) 影响力。他(她)们的举动在本年度中国经济生活中引起广泛关注，带动社会进步，对中国经济的发展有着独到贡献。

此外，候选人的参评条件规定为"非政府官员"，评选强调时效性。为了推出新面孔，从第三届评选开始规定"前一届获奖者不参加本届评选"。

"中国经济年度人物"的评选程序，分为两个阶段，每个阶段都有一套严格的程序和规则。

第一阶段，提名入围。首先由100位提名人提交候选人名单。100位提名人中，除往届获奖者18人外，企业家(各个行业的领军人物，个人智慧与勇气体现在企业经营管理上，经营业绩较好)、财经记者(业内知名度较高，对中国经济的发展有独到的眼光，所在媒体具有一定竞争力和影响力)、经济学家(有较高的学术造诣，关注经济发展，有较强的社会责任感，具有一定的知名度)各占1/3。根据得票多少，前20位作为候选人，排名前三位的单项奖提名进入第二轮程序。

第二阶段，评选获奖。由11位在社会上或业界具有很高公信力、知名度和影响力的专家组成"中国经济年度人物"评选委员会

(主任由中央电视台领导担任)，并由评选委员会对进入第二轮的20名候选人进行评审，确定最后的获奖者名单。评选以此方式来充分保证其严肃性和高规格。

为避免评选受到不良干扰，维护评选程序的公正性，提名人名单和评选委员会名单都实行了严格的保密措施。提名人名单到第一轮评选结束公布20位候选人名单时才予以公布，而评选的最高机密机构"评选委员会"的组成名单要到颁奖典礼现场才公布。

对同样是中央电视台举办的"中国电视体育奖评选"活动来说，其权威性也有重重保证：首先中国奥委会和中华全国体育总会参与主办，为中国电视体育奖在体育界及社会上产生深远影响提供了更强有力的保证；由国际知名的普华永道会计师事务所独立计票，投票、计票的全部过程将按国际惯例严格保密。

中国电视体育奖专业奖评选分两个阶段进行。评选流程科学、严密，初评、总评环环相扣。首先由"新闻界评委会"进行初评。担此重任的是300名来自全国200多家著名新闻媒体的体育新闻工作者，他们将从专业成就奖候选者中投票产生9个奖项的45个提名奖获得者，组委会宣布提名奖获奖者名单。随后，由80名体育界著名人士组成的"专家评委会"，在现场直播中投票决定专业成就奖各奖项最终获奖人(队)。

打造知名品牌

为什么国际发达媒体所办的活动能令全球心动，其如此巨大的辐射力和穿透力来自何方？许多媒介中人经常会自觉不自觉地想到这一问题。细心分析一下，我们就会发现原因在于，他们虽然每年做同样的活动，但是在表现形式上寻求创新，在内容上精益求精，他们是在做加法；而我们许多媒体则每年热衷做不同的活动，就像"猴子摘玉米"的寓言故事一样，摘一个丢一个，最后累得不行了，留在手上的却只有一个新摘的玉米，这样做的就是减法。

美国历史只有200多年，但是生长在其土地上的奥斯卡到2015年已办到87届了，美国电视电影金球奖也已办到了第72届。欧洲的柏林影展至今已办到了第65届，戛纳电影节办到了第67届，威尼斯影展延续到了第71届。而中国影响最大的"电影双奖"金鸡奖才办到29届，大众电影百花奖也才32届。由此可知，并不是我们技不如人，而是我们太不善于积累或积累不够。

活动在表现形式上要不断丰富和创新

在表现形式上的创新和丰富，我们可以列举很多的实例。如文化考察活动就是在原来纯粹纪录片的基础上进行了突破与求新，它是带着当代人的体验去行走的。

中央电视台在《两极跨越》节目中把引领大家叩问世界各地文明的出镜者的"头衔"定为"报告人"，而不是"记者"或"主持人"。如果你细心体会，就会发觉其解说词中用的是第一人称"我们"，而不只是"我"，其实这是电视人苦费心机的一种策略，在不动声色中巧妙地将原本处于第三者的观众拉进了文化考察的活动中，你会为眼前不断变化的美景而感慨，为意外的发现而欣喜，在不知不觉中你就会融入其境而成了"镜头"中的一名队员。是"我在走着看"，而不是"你在告诉我"。

尽管行走过于匆忙，镜头不是很讲究，制作有些粗糙，但是给观众的感觉却真实可信，让人有"到此一游"、"我曾到过某某地方"的心理安慰。其行动本身就是一种带普及性的行动，因为电视本身就是一闪而过的东西，容不得你去过多地回味，但却能给你视觉上的愉悦，形象生动，浅显易懂。关注文化的观众，可以通过片子对各地风俗民情有个大概的了解；还想有所发现，最好是亲自扎进一个地方的生活里好好体验；如果想对某种特定文化做深入研究，最好的方式是到书堆里去接受"文字浴"。

在节目的拍摄中，主创人员运用了大量现代科技手段使文化"苦旅"变成快乐之旅，如频繁采用航拍、水下拍摄等高难度技术，多视角、全方位展示拍摄主体。片中既有现实的体会，又有历史的背景。节目一会儿与历史对话，一会儿又与现实交流，有时你确实能体会到在接受文化的洗礼，感受精神冲击的快意与酣畅。

"走进非洲"与"极地跨越/两极之旅"相比，这次跨国活动除引入作为智力保障的学者外，还引入了明星人物老狼和朱哲琴。主办者是想让活动充满歌声和浪漫的气息；在充满人文关怀的思索中，又有轻松的形式来加以调节。这便是主创人员在形式上丰富与创新的苦心经营之处。

再举一个例子，第二届中国电视体育奖与第一届相比，在严格坚持评选宗旨，遵循公平、公开、公正原则的同时，在保持其评选架构、评选流程和规则不变的前提下，也做了有益创新。

(1) 新增"年度最佳残疾人运动员奖"和"年度最佳组合奖"两个奖项，并将"年度最受欢迎男运动员奖"和"年度最受欢迎女运动员奖"两个群众奖评选提前到与10个专业奖(包括年度突破奖、最佳新人奖、最佳残疾人运动员奖、最佳组合奖、最佳教练奖、最佳非奥项目运动员、最佳团队奖、最佳女运动员奖、最佳男运动员奖、体育荣誉奖)初评同步进行，使奖项设计和运作更为科学、周全、合理。

(2) 在品牌包装上寻求创新和突破。加强新闻媒体联动，以颁奖盛典为核心，推出CCTV中国体育人物摄影大赛、CCTV中国国际著名品牌体育服装服饰展示晚会等配套活动和节目。在颁奖盛典前后，以多样的电视形式表现体育文化内涵的丰富性，更好地满足观众和读者对体育相关文化产品日益增长的需要，让高尚的体育精神更加深入人心。

要善于造势

古代开战前要鸣锣鼓舞士气，一项活动要想取得更多"注意力"的支持，提前造势也非常关键。"兵马未动粮草先行"，大活动必须得有大的广告赞助来支撑，只有提前造好势，才能凝聚到更多人气，才能受到广告商的青睐。在操作大型活动方面，凤凰卫视可谓"造势高手"。

就拿"走进非洲"这一大型活动来讲，"行动"还没有开始，凤凰卫视早早地就在荧屏上滚动播放着几个版本的宣传片。

版本一："从北京出发，历时100天，走进非洲30多个国家，亲历千变万化的地理环境，倾听800多种语言，体验文化差异，深入当地部落，邂逅不同种族，揭开非洲神秘面纱。与真正的非洲展开真正的相遇，让非洲自己解答所有的谜底和疑问，中央电视台、凤凰卫视2003年度巨献——《走进非洲》，敬请期待。"

版本二："(同期声)钟大年：'非洲是很特殊的一个洲，它的面积也比较大，国家很多，它有50多个国家。'(配音)凤凰卫视年度巨献《走进非洲》已经起航。"

版本三："谁创造了自然，谁改变了世界的最初面貌，如果一切能够重来，谁可以阻止我们重蹈覆辙，人类还来得及向自然取回那一片失落的净土吗？寻找答案的老狼与提供答案的非洲，5月在凤凰卫视展开环保问答。"

版本四："(同期声)朱哲琴：'我觉得非洲是一个非常纯净和自然的地方，我觉得非洲的音乐资源非常丰富，我带着非常多的问号去，然后去聆听。非洲之行对我来说是个梦想，但是我没有想到我的梦想提前十年实现了。'(配音)纯净自然的非洲与纯净自然的朱哲琴(2003年)5月在凤凰卫视展开心灵对话。"

版本五："行动一，走近世界遗产，让世界为您喝彩；行动二，踏遍非洲大地，感应地球原始律动；行动三，穿越世界屋脊，走出一条自己的路。2003年凤凰三大行动，尽在《行动地球》，今天晚上十点一刻凤凰卫视中文台。"

高频率的宣传片"轰炸"，其活动很快就给人留下了先声夺人的强烈印象。

除此之外，凤凰卫视联手中央电视台为活动举行新闻发布会、出发仪式，邀请其他媒体同行等，也是其大造声势的惯用方法，并且收效极佳。

《感动中国——年度人物评选》的成功运作

《感动中国——年度人物评选》是中央电视台从2002年开始举办的。至2014年，已连续举办十三届。在众多由媒体举办的年度人物评选活动中，中央电视台《感动中国——年度人物评选》何以能脱颖而出，并迅速成长为一个知名度与美誉度都极高的电视品牌？评选出的十大年度人物何以能得到如此广泛的认同？播出的节目又何以能感动大众，感动中国？

以该活动的策划为切入点，我们以2003年实例来具体分析一下《感动中国——年度人物评选》的成功运作。

大手笔策划

不断用新的视角去审视新的现象，用新的方式表述新的内容，这是时代赋予媒体不断创新的重要内涵。

当下媒体的竞争，越来越多地表现为策划的竞争。而重大活动，往往是各大主流媒体进行策划大比拼和实力展示的大舞台。可以这样说，一项媒体活动在实际操作中创意的含金量高低，将直接决定其胜出的把握性大小。

1. 立意新

《感动中国——年度人物评选》仅凭其名称就可一语道破活动的宗旨——通过梳理一年来"感动公众、感动中国"的年度人物，振奋昂扬向上的民族精神，弘扬无私无畏的社会正气，倡导与时俱进的时代精神，褒奖鼓舞人心的传统美德。

当一些媒体热衷于"另类"、"边缘化"的评选，极尽炒作之能事争夺眼球时，《感动中国——年度人物评选》却大胆从主流的意识入手，以"感动中国"为主题，以"感动公众、感动中国"的人物作为评选对象，无论他们的身份、背景、经历如何，也无论他们是曾经见诸媒体还是不为人知。在其关注的视线里，他们或者用自己的力量，推动中国社会的进步和发展，诠释着一个人对这个国家、对这个社会，应该担当起怎样的责任，以坚强的民族精神挺起国人的民族脊梁；或者用自己的故事，解读人与人之间应该有着怎样的情感，带给人们感人至深的心灵冲击。他们是一群以震撼人心的人格力量感动中国的人，他们是当今时代精神和行动上的双重"巨人"。因为有了他们的故事，公众的心灵被一次次打动；因为有了他们，公众的世界被一次次照亮。记录下了这一年被感动的瞬间，记录下了这一年感动中国的人们，也就记录下了曾经有的这样一个年头。

在这里，最朴实的表现手法成了最高明的技巧；在这里，十位"感动中国"的年度人物在千千万万聚集的目光中成为了真正的明星；在这里，真情成了真善美的催化剂，感动成了人们心灵和行动的指南针。这样一次打破行业限制和身份限制、极具人文关怀和价值追问的年度人物大评选，从更大的意义上讲，完全是一次具有时代特征的人格大检验。

2.起点高

策划必须立足现实、面向未来，系统地将现实的信息、对未来趋势的判断结合在一起，从而创造性地选择最合适的创意方案。《感动中国——年度人物评选》在筹备前期就做了大量调查、信息搜集及分析、整理工作。各种事项的协调更是任务繁重。

一项评选首先要有能体现公平、公开原则并切实可行的规则。规则越先进，操作越规范、透明，实施的效果也就越理想。

《感动中国——年度人物评选》对"年度人物"的定义是：人物事件发生在本年度，或者人物在本年度引起社会广泛关注。推选人物须具备以下一种或几种特点：

(1) 为推动社会进步、时代发展做出杰出贡献，获得重大荣誉并引起社会广泛关注；

(2) 在各行各业具有杰出贡献或重大表现，是国家级重大项目主要贡献者；

(3) 爱岗敬业，在平凡的岗位上做出了不平凡的事迹；

(4) 以个人的力量，为社会公平正义、人类生存环境做出突出贡献；

(5) 个人的经历或行为，代表了社会发展方向、社会价值观取向及时代精神；

(6) 个人在生活、家庭、情感上的表现特别感人，体现中国传统美德和良好社会风尚。

具体到《感动中国——2003年年度人物评选》，其推选办法及运作流程具体如下。

(1) 为确保评选活动的公信度，邀请各行各业的杰出人士，组成一支阵容强大的推选委员会。

(2) 2003年11月18日，中央电视台在北京中华世纪坛召开新闻发布会，《感动中国——2003年年度人物评选》正式启动。

(3) 请推委推选出其认为合适的候选人物，并填写他们的事迹材料和推举理由。

(4) 组委会筛选了25位人物作为推荐人选，请推委投票推举出其认为合适的候选人物，并填写推举理由。

(5) 请地方合作媒体推荐人选，并填写推举理由。

(6) 通过归纳整理推委反馈回来的意见和网友、观众们的推举投票，组委会在2003年底前确定20位候选人，并从2004年1月5日开始陆续在中央电视台《东方时空》栏目中进行展播。地方联动媒体连载候选人物事迹文章，全面推进"感动中国"的人物评选活动。央视国际网站和《中国电视报》同时发布20位候选人的详细资料，供观众和网友参与投票。

(7) 从20位候选人中最终评选出10位"感动中国"的2003年度人物。

(8) 2004年2月20日举行颁奖典礼。

整个操作流程环环相扣、步步推进，设计得非常严密。

在评选过程中，节目组是高效的信息通道，推委会和组委会是强健的信息处理器，信息的首端和末端都是大众。活动组织构架及其功能定位的合理性，最终确保了"三贴近"的原则得以最大化地体现。

3. 公信度好

活动的公信度不仅来自于评选规则的公正、公开，还来自于尊重大众。2003年，在组委会最初推荐的25个人选中并没有巴金的名字，是推委钟诚先生推荐了这位百年老人。最后，在大众的推举下，巴金还是入选了十大年度人物。而央视国际网站及时推出网友推荐的人选及评语，动态显示各位候选人的网上票数，则极大地确保了活动的广泛参与性，最终使整个活动赢得了大众的信赖和尊重。

大范围资源整合

握指成拳才有力量。更何况，电视作为高投入、高产出，并且需要高度合作的行业，整合资源就显得尤为重要。而组织内外的合作则是整合资源的最常见的一种外化。

在整个传媒生态环境中，竞争越激烈，就越需要合作。合作能提高组织的运作效率、能达成资源共享节约成本、能实现优势互补和组织内部各环节的价值链接，从而产生出超常规的巨大力量，扩大活动的影响。

《感动中国——年度人物评选》就是通过创意和制订先进的规

则很好地整合了中央电视台内外的资源。

1. 链条式整合内部资源

中央电视台是将《感动中国——2003年年度人物评选》列为2003年度的重大项目来运作的。这就从组织上突破了栏目行为或部门行为力量单一的局限，为全台相关栏目或部门实现全面互动、最终形成合力提供了保障。如《东方时空》展播候选人物的事迹，央视国际网站和《中国电视报》的紧密配合，《面对面》制作成龙访谈节目，《新闻联播》的新闻报道、主持人的安排，颁奖典礼时间的开辟等都在台里的统一组织协调下有条不紊地进行。

《感动中国——2003年年度人物评选》节目播出后，出版发行的《感动中国》一书还连续几个月位列畅销书榜。

2. 全方位整合专家资源

中央电视台充分发挥其强大的资源整合能力和社会动员能力，在第一届的基础上再次扩大了推委会的规模，邀请更多专家学者、社会各界精英，组成50人的推选委员会。推委中有国家统计局副局长邱晓华，外交部发言人、新闻司副司长章启月等政府官员；有中国人民大学校长纪宝成、中国农业大学校长陈章良等教育界名流；有金庸、王蒙、濮存昕等知名人士；也有敬一丹、白岩松、崔永元、水均益等著名主持人。

3. 跨媒体整合地方资源

为更大程度地打响"感动中国"这一品牌，中央电视台还在全国各地遴选了30家优秀的地方媒体，组成"感动"联盟。在评选过程中，中央电视台还邀请金庸等知名人士一起陆续举行一系列活动，以诠释和深化"感动"这一主题。《北京晚报》把十大年度人物总结为十种精神。《三湘都市报》、《海峡都市报》等地方媒体不仅积极参与评选活动,还以"感动"为主题进行了地方的年度人物评选。如烟台日报社就在2003年11月至2004年1月期间,联合《烟台日报》、《烟台晚报》、《今晨6点》、《生活周报》、《阅读文摘》、《新闻人物》以及水母网站在烟台地区举办了《CCTV感动中国之'张裕杯'感动烟台2003年度人物评选活动》。通过地方联动媒体的层层辐射,"感动中国"也就自然触动了社会的神经末梢——家庭。

大气魄制作

《感动中国——年度人物评选》颁奖典礼,无论从舞美设计、灯光布置、片头短片制作、背景音乐运用、节奏把握、镜头运用,还是主持现场把握、颁奖辞风格、活动形象标识来看,都很好地体现了庄重、大气这一品质。所有表现元素聚集在一起,合奏出的是震撼人心的时代强音。

1. 节奏感强

每个年度人物的颁奖样式大致是:事迹介绍性短片+专家评语+颁奖词+颁奖+简短访谈。

整个节目的颁奖流程具体如下。

(1) 暗场,镜头推至台上的大屏幕,介绍年度人物动人事迹的短片。

(2) 大景,亮灯。中景,主持人请年度人物上台。

(3) 音乐起,舞台上的大门缓缓拉开并展露出活动的形象标识。年度人物在观众期待的目光中从后台走到前台(具有一种寓意)。

(4) 近景,特写,年度人物上台后站在颁奖台前,或坐在访谈区接受主持人白岩松或敬一丹(两人交替或同时上场)的简短采访。

(5) 主持人在宣读一到两个评委对获奖者的个性化评价后,宣读

"感动中国——2003年度人物"评选委员会的颁奖词。

(6) 小号声起，两位少年在颁奖台前为获奖者献花，主持人把奖杯交给获奖者。

由于舞美灯光的巧妙变化、背景音乐的有机烘托，再加上颁奖程序的规律性安排，使得我们在观看颁奖典礼时很容易感受到一种生命的韵律和节拍，从而产生一种愉悦感。

2. 颁奖辞独具特色

组委会为每个年度人物"量身"撰写的颁奖辞准确、生动、大气、权威，极富人情味，并且为观众提供了多种视角。

譬如，组委会授予杨利伟和钟南山的颁奖辞分别是：

"那一刻当我们仰望星空，或许会感觉到他注视地球的眼睛。他承载着中华民族飞天的梦想，他象征着中国走向太空的成功。作为中华飞天第一人，作为中国航天人的杰出代表，他的名字注定要被历史铭记。成就这光彩人生的，是他训练中的坚韧执着，飞天时的从容镇定，成功后的理智平和。而这也正是几代中国航天人的精神，这精神开启了中国人的太空时代，还将成就我们民族更多更美好的梦想。"

"面对突如其来的SARS疫情，他冷静、无畏，他以医者的妙手仁心挽救生命，以科学家实事求是的科学态度应对灾难。他说：'在我们这个岗位上，做好防治疾病的工作，就是最大的政治。'这掷地有声的话语，表现出他的人生准则和职业操守。他以令人景仰的学术勇气、高尚的医德和深入的科学探索给予了人们战胜疫情的力量。"

简单几笔传递出的却是极为丰富的信息，几乎句句都是画龙点睛之笔。短短一个多小时，十大年度人物的光辉形象跃然荧屏之上，真可谓"浓缩人生精华"。

3. 人物短片极具冲击力

介绍年度人物事迹的短片，其资料运用和表现手法极为丰富，信息量非常大，细节捕捉也很到位。每个短片就像一个人物的小纪实片，现场感强，镜头具有很强的冲击力。同期声中既有获奖者心声的自然吐露，也有见证人的评价。例如，在《感动中国——2002年年度人物评选》中，介绍为保护人民生命财产安全而壮烈牺牲的公安干警赵新民的短片，大量运用了当地记者现场拍到的珍贵镜头，从赵新民在执勤途中意外碰到一位身绑炸药的歹徒行凶抢劫，到他为制服歹徒甘当人质，为阻止歹徒进入商场而与歹徒周旋，到最后他在歹徒引爆松发式炸弹的巨响中英勇就义，观众随着短片中事态的发展心跳一步步加快，在痛恨残忍歹徒的同时，更为赵新民大无畏的精神所深深打动。短片一播完，主持人将赵新民的妻子、女儿和坐着轮椅上的母亲请上前台。妻子在无比悲痛中道出的怀恋亡夫的话："他会永远活在我心中！"与短片所产生的强烈冲击交汇、叠加，最后在观众心中形成了巨大的情感共鸣。

颁奖典礼最后在《感动中国》的主题曲和年度人物的感动画面重现中结束。节目首尾呼应，一气呵成，看后令人荡气回肠。

总之，在信息时代，拥有独家题材，已几乎不可能。也就是说在这个信息时代真正重要的不是拥有信息本身，而是对于信息的深度加工。这种深度加工就是一种独特视角和表达方式的确立，就是一种高起点、高层次的策划介入。正是由于大手笔策划所带来的大范围整合和大气魄制作，才使得《感动中国——年度人物评选》的整个过程充满了强烈的张力和无穷的魅力。

人物推选委员会授予每一位获奖者的颁奖辞简洁、煽情，很好地引领观众进入情境、领会人物精神的精髓。

两位现场节目主持人白岩松和敬一丹的情绪从头到尾非常饱满，他们的情绪把握与现场气氛、节目内容十分吻合，在与77岁的河南中医学院退休教授高耀洁访谈时，敬一丹哽咽着说出一句"看见您，我就想起了自己的母亲"，场面令人动容。

在整台节目的形式设计上，编导可谓匠心独运。节目中各个人物出场的方式灵活、有变化，毫无雷同之感，这是其一；在节目的结尾处，衡阳火灾中大楼坍塌后唯一幸存的战士出现在现场，衡阳大火中牺牲的消防战士照片从顶端徐徐放下，气氛庄严、悲壮，把整个节目的情绪推向高潮，我们看到当时现场众多观众已经为之落泪，这是整台节目的点睛之笔。

此外，本台节目中音乐的运用不能不提。节目开头是一位小提琴手和交响乐的合奏，为节目开始营造了特定的情境；节目中间插播的小片子里的音乐与片子内容非常吻合；节目结尾把这些人物的画面编辑在一起，配上专门创作的《感动中国》主题歌，听起来荡气回肠。

节目的结尾，《感动中国》的主题歌缓缓响起："用第一抹光线的纯净，为世界画一双眼睛；用第一朵花开的声音，为世界唱响一首歌曲；用所有春天的消息，为你写下传奇；用初次见你时我的眼睛，流下幸福的泪滴；感动你我，感到中国……"在纯净的音乐旋律声中，出现在屏幕上的有衣裳雪白、忙碌在病床前的钟南山；有步履蹒跚、却慈祥和蔼的高耀洁老奶奶拉着艾滋孤儿的手；有身材魁梧、表情凝重的梁雨润和乡亲们一起抬着一口普通农民的棺材；有日本老人尾山宏律师迈着大步走向法庭……

台下，我们用自己满含热泪的双眼注视这些身影。

第十一章

活动营销的实战攻略

对于活动，我们既爱又恨。爱的是做活动有成就感，自己的想法可以通过活动变成鲜活的现实，带来丰厚的收益。恨的是做活动太辛苦，可变因素太多，做完一场活动几乎就得心力交瘁一次。怎样才能让办活动更轻松呢？这就需要我们不断地总结和探索。

让活动执行轻松起来

办活动者的尴尬可用三个字来概括——难、累、苦。做活动看起来简单，说起来容易，但做起来却很难，要做到令"领导"、"群众"和"赞助商"等各方面都满意，就难上加难了。活动操办者经常熬夜，可是却做了大量的无用功。一方面是领导意见不一，今天甲领导一个想法，明天乙领导一个要求，活动内容经常变化和改动。另一方面，各个环节的执行机构，相互扯皮和推诿，很多精力花在了无效沟通上。这便是"累"。活动办完了，还说不出失误是由哪个环节造成的，由谁来负责，活动整体运作的负责人有苦说不出。这便是"苦"。

尽管做活动"难、累、苦"，但是做活动的人对做活动却欲罢不能。他们办完一场活动，等于大病了一场，发誓再不办活动了，但一等休息好了，又"好了伤疤忘了痛"。这些自称"命苦"的人，就如此这般"痛并快乐着"不停地办活动。

失误总会有原因，成功总会有方法。能不能让活动执行轻松起来？答案是肯定的。如何才能让办活动轻松起来呢？我们得从失误的"原因"中去寻找成功的"方法"。

1. 减少可变因素，并为可变因素准备好操作预案

可变因素多，是活动难办的主要原因之一。要想活动办得轻松，就得让不变的因素标准化，并尽量减少可变因素。

"可变因素"是相对的，有些"可变因素"对于轻车熟路的专业人士来说，就是"不变因素"。因为这些"意外"每次出现的原因和方式都是一样的。有很多可变因素对于一个活动来说是"可变因素"，但是对于同一类型的活动来讲，这些"可变因素"出现的方式和几率都是相似的，如果我们总结好应对措施，这些"可变因素"也就变成"不变因素"了。因此，我们要善于总结，要把同类型活动容易出现的问题形成菜单化，提前准备好预案。如果临时抱佛脚，等出现问题了再手忙脚乱去补救，不仅费事、影响大家情绪，还会极大地破坏现场效果，到头来吃力不讨好。对于活动之中的"可变因素"，我们不能做救火队员，而要未雨绸缪防患于未然。

2. 在活动方案中下足工夫，执行中才能少走弯路

很多活动之所以在执行环节出问题，就是因为前期策划工作没有做到位。科学成熟的活动方案是一项大型活动的行动指南，所有合作人员都需要按方案中的分工和时间安排同步推进。如果前期工作没有做到位，方案没有经过认真推敲和纸上排练就匆忙上阵，在执行过程中发现问题再去修正活动方案的话，会牵一发而动全身，整个动静就大了，造成的后果将十分可怕。特别是在活动方案还没有得到领导班子共同确认的情况下就去执行，后续的问题就更多。因为不同的领导有不同的想法，经常会出现这种情况：执行团队先按分管领导的意思执行，但是后来"一把手"听完活动执行汇报后，提出自己的一套思路，后续的所有活动操作都得按"一把手"的意思转向。这种情形在政府活动中较为常见。

磨刀不误砍柴工。在做活动之前，先形成科学、详尽、可行性强的文案，包括视觉效果图、执行效果评估、团队分工、时间安排等。最好能做出两种方案，把不同方案的优缺点、可能会出现的问题、执行效果与难点都描述清楚，让领导拍板决策。与其等"一把手"领导指出问题或提出新思路后再花大量精力去整改，不如在执

行之前将方案做细、做深、做透，等得到主要领导确认签字后再全力行动。前期方案下足工夫，后期执行起来就轻松了。大家按方案中的分工和要求行事，各部门就能步调一致、整体协调推进了。

3. 将成功的活动案例形成可到各地复制的运营模式

不同类型的活动，有不同的运作规律和方式方法。但是，对于同一类型的活动来讲，其运作是相似的。而且，同一类型活动在不同区域举办，由于活动参与者不同，所以活动的内容和形式，以及运营模式都是可以复制照搬的。有了可借鉴的成功经验，活动操作起来自然就轻松了，这一点对于那些全国布局的公司来说切实有用。但区域性的活动公司在同一区域复制同样的活动，客户和受众都会不买账。

这就需要活动运营机构成立专门的活动研发机构，将活动分成不同的类型，找出每种类型活动的共同点，总结出不同类型活动的操作流程、岗位设置、创新方法以及最容易出现的问题清单。就像制造业的研发中心一样，将来**一个活动机构的研发部门也是决定公司发展前景的动力来源**。策划创意能力，是活动机构的引擎，是发动机，是不可替代性的服务，是核心竞争力。活动执行可替代性很强，因为有了好的创意，找哪个有执行力的团队来操作都是可以的。当然，活动的研发与创新也是有规律可循的，就像好莱坞的电影可以形成模式化一样。**只有能模式化的创新，才能形成巨大的产业。**

4. 将个人经验总结成活动操作手册

活动机构人员流动性大，可谓铁打的营盘流水的兵。个人的经验容易流失，因为活动项目负责人一旦离开岗位、跳槽或者改行，前期好不容易积累下来的活动操作经验就会被带走或者荒废掉，而**活动执行是个经验型的行业**。所以，企业必须在每次活动过后就及时总结，将每个人的经验、教训，总结、补充到公司的活动操作手册中去，最终形成标准化的操作流程。这样，后来人员就能根据操作手册，轻松上马。但大量的活动执行公司规模小，缺乏长远发展规划，没有人愿意在经验总结上花时间，这就需要活动行业的领军企业来完成这一历史使命。将来，谁掌握了活动行业的标准，谁就是最后的王者。

分工不明确，责任不明晰。这也是活动执行中的一大"杀手"。一场大型活动牵涉的工作岗位和人员非常多，光靠现场调度，是很容易出现问题的。好在每种类型的活动，所需要的岗位是一样的，每个岗位的工作要求也是基本相同的。如果我们能将不同类型活动的岗位和职责描述清楚，让大家一看就明白自己要干什么，干不好会有什么责任，活动流程管理也就容易了。

5. 将活动积累的资源在共享机制中盘活

做活动实际上是在做资源。一场活动要用到各种各样的资源，而一个机构中不同的活动项目是由不同团队来执行运营的，每个团队的资源是有限的，如果能够共享整个机构中的资源，那么活动运作起来就会轻松很多。

活动是整合资源最快的方式，一个机构通过长期的活动运作，不仅会积累丰富的经验，更重要的是还会积累各种宝贵的资源。资源不用，过期作废。问题是，很多活动机构连自己有哪些资源都不太清楚，谈何盘活？策划人员是需要根据所能掌控和调配的资源来策划方案的，他们在不知整个机构有哪些资源的情况下，策划思路就会受到一定的束缚。

那如何才能盘活资源呢？首先就得盘点一下多年来运营的成功案例，一个个整理，形成可随时查询借鉴的案例库。其次，将分散在各种项目组的专家资源、客户资源、媒体资源等进行整合，将零散的资源形成共享的资源数据库。每场活动的资源需要及时入库，资源数据库也需要及时更新与修正。资源数据库同时记录资源录入者，根据录入的多少与他们的日常考核挂钩，鼓励大家累积、拓展资源。同时，其可形成共享机制，使盘活的资源不至于贬值。最后，要做好资源数据库的管理和保密工作。资源数据库是一个机构的软财富，如何不让这一财富流失，要有一套严密的制度保障和规范化的查询流程。

总之，要想将办活动变得轻松，就需要有丰富的操作经验、专业的执行团队、强大的资源整合能力和完善的产业链。

找出政府类活动的绊脚石

全国各地的节庆活动经过多年的实践，目前的发展状况如火如荼，地方争先恐后举办节庆活动，有的地方几乎"月月有节"，文化节、艺术节、美食节等名目繁多，各个地方靠举办节庆活动来打造城市名片的热情空前高涨。虽然节庆活动如此之多，但大浪淘沙，真正形成品牌、良性运作、产生效益的却只是少数。

活动主办承办方诉求不一，缺乏可持续发展的机制

活动经济在国内还是个新兴产业。地方办活动，基本上都是政府包打包唱，财政掏钱为一方官员做政绩工程、贴金工程。所谓"文化搭台，经济唱戏"，文化在他们眼里成了手段、附属和配角，活动的举办成了应景之作。政府要求所属媒体这一"无偿资

源"对活动加大宣传推广，媒体则依赖政府拿钱。主办承办身份模糊和诉求分化，会直接导致活动落入走过场的尴尬境地。

与国内政府办活动的情况不同，国际上一些大型活动，一般是由专业机构运作的，如奥斯卡、格莱美、世界小姐、环球小姐、世界模特大赛等。

政府办活动，运作者容易把一项成功活动的政绩系于领导身上，而忽视组织和团队业绩。继任者不愿步前人"后尘"，认为这是"给人作嫁衣"，总觉得"别人的孩子不亲"。于是，继任者只愿栽树，不愿长期护理，活动的举办没有可持续性。而一个大型活动的品牌需要有培育、成长、成熟的过程。

另一个极端是活动完全交给公司实行商业性操作。承办公司到主管政府部门拿到批文后，满脑子所想的就全是金钱了。因为公司只具有活动的短期承办权，而不具备活动品牌的长期拥有权，即"过了这个村也就没这个店了"，所以在实际操作中必然就会出现承办方急功近利抽血式经营，巴不得让活动的每个环节都能带来滚滚财源。与前者相反，承办公司谁都不愿栽树而乐意摘果。

活动举办缺乏系统构架

大型活动是个系统工程，首先需要有明确的活动目标和定位，而国内许多活动缺乏市场调研，操办者往往是拍胸脯表决心，拍脑袋定方案，弄不好大不了拍屁股走人。没有责任心，没有系统架构，致使活动无法持续发力，先天有些发育不良。

缺乏实际运作经验的专业人才和机构

没有专业的人士来操作，活动要么漏洞百出，要么很快终结。

专业操作手段的缺失使得活动运营思路过于狭窄，因而出现大量趋同现象，这些都使活动的价值大打折扣。

缺乏对活动的总结与持续提升

做活动选对路子至关重要，譬如我们在草地或烂泥巴路上跑步是跑不快的。对举办过的活动要善于总结，出了问题不能头痛医头脚痛医脚或棒喝一切。

这些都是政府办活动的绊脚石，如果不从根本上解决这些问题，地方活动的营销效果就很难有大的改观。

以节庆活动促进旅游发展

随着各地旅游资源的不断开发和旅游市场竞争的日益加剧，中国的旅游景点纷纷通过节庆活动进行品牌营销。

中国发达地区的旅游业，自然抢先一步，如北京打首都牌、西安打古都牌、上海打时尚牌、深圳打购物牌等，不一而足；许多内地景区也开始打造节庆品牌，渴望利用和挖掘当地现有的独特资源，创造出自己的特色。其中最为突出的便是各地城市充分挖掘本地的民俗、历史、传说、地理、旅游等特色文化资源，做起节庆营销的文章。大连的服装节、洛阳的牡丹花会、青岛的国际啤酒节、南宁的国际民歌艺术节、桂林的山水旅游节、云南昆明的世博会、成都的国际熊猫节、哈尔滨的国际冰雪节等节庆活动已经成为各城市的城市名片。一些小城镇也借助节庆活动大大提升了各地的旅游品牌，拉动了当地的旅游经济。三亚的选美赛事、河北吴桥的国际杂技艺术节等活动让本来默默无闻的城市在节庆期间大放异彩，万众瞩目。城市节庆活动不仅成为各地旅游形象和地方形象的塑造者，更成为促进旅游业和地方发展的直接动力。

湖南岳阳市作为中国历史文化名城和中国优秀旅游城市，以其两千多年的悠久历史、灿烂文化和1.5万平方公里的奇特地貌、秀美风光而誉满天下。岳阳市的文化旅游资源得天独厚：有雄踞江南、千古叫绝的岳阳楼，上刻有范仲淹的千古奇文《岳阳楼记》；有世界四大文化名人之一的屈原自沉纪念地——屈原祠；有驰名中外、形如青螺的君山岛；有水天一色、风月无边的洞庭湖；有可与"日内瓦"相媲美的南湖风景区。深入挖掘自身文化旅游资源，打造品牌节庆活动是岳阳进行旅游营销的利器之一，先后举办了浪漫山水爱情文化旅游节、屈原文化旅游节、岳阳楼洞庭湖旅游文化节、中国汨罗江国际龙舟节等结合本土文化特色的节庆活动。2006年7月，岳阳旅游部门着力打造君山岛的爱情旅游品牌：2006君山爱情岛旅游文化节。自此，"爱我就带我去君山岛"成了君山岛的旅游名片。

岳阳的成功经验为我们以节庆带动旅游发展树立了榜样，带来了许多可借鉴的经验。

1. 选择精准的节庆主题

洞庭天下水，岳阳天下楼。八百里洞庭湖流传着许多优美动听的传说故事。八百里洞庭湖中的君山岛是国家重点风景名胜区和国家4A级旅游区，孕育了"湘妃泪竹"和"柳毅传书"两大举世闻名的爱情故事，被誉为"世界爱情岛、东方伊甸园"。而爱情是人类最崇高、最圣洁、最美丽的情感，也是人类永恒的主题。古往今来，人类不知演绎了多少惊天动地的爱情故事，写下了多少浪漫的爱情诗篇。有了爱情的人生才是完美的人生，有了爱情的家庭才是和谐的家庭。在国家力倡"构建和谐社会"的今天，打造以"相约君山爱情岛，共谱社会和谐音"为主题的节庆活动和旅游品牌，新颖独特，富有深意。君山爱情岛旅游文化节活动通过爱情这一主题，不仅很好地把节庆旅游与本土独特的文化资源深入结合起来，爱情主题也有利于节庆旅游关注度和参与度的提升。

2. 打造一个标志性的主题活动

集中优势资源，通过重点培养一到两个强势的标志性主题活动来塑造节庆旅游品牌，同时打造不同类型、互相配合的系列节庆活动，最终才能形成众星捧月的集群效应。在2006君山爱情岛旅游文化节系列活动中，"情满洞庭湖，爱溢君山岛"中国当代十大经典爱情故事评选无疑是主线和主打活动，此活动从2006年7月中旬开始至10月下旬结束。参选故事要求是目前健在人物的真人真事，活动组委会将邀请全国知名专家、学者组成评委会，对应征故事进行层层筛选，并对故事的真实性进行严格核实，选出20个入围故事，在《中国妇女报》等相关媒体上展播和刊登，最后通过手机短信、网上投票和专家评选而产生中国当代十大经典爱情故事。同时，活动邀请著名青年歌手晏菲担任君山爱情岛形象大使和本次活动形象代言人。

3. 系列活动紧紧围绕主打活动开展

每个节庆活动都有一系列相互配合和补充的各种类型活动组成，除了主打活动外，其他活动只有类型多样，才能显示节庆活动的丰富多彩，只有互相配合、紧紧围绕主打活动来进行，才能形成合力、彰显节庆品牌。在2006君山爱情岛旅游文化节中，除了主打活动"中国当代十大经典爱情故事"评选外，在文化节的高潮部分还组织了2006中国当代十大经典爱情评选颁奖晚会、中国爱情文化论坛、2006浪漫婚庆大典暨2006中国岳阳婚庆用品博览会等次主打活动以及种植爱情常青树、在君山爱情岛铸造永久性人文景点——连心锁、中国爱情文化墙揭幕、君山情结签名、君山爱情誓言宣誓等参与性较强的爱情文化活动。这些以爱情为主题的系列活动共同烘托出爱情旅游文化节的浓浓爱意。

4. 政府协调能力是节庆能否成功举办的关键

节庆活动是个系统工程，需要大量辅助部门的支持配合，并不是单个企业能够协调的，因此政府主导和政府强有力的协调能力是节庆成功举办的关键。在体制上来说，设立节庆活动管理的专门机构、形成节庆活动的协调机制就成为节庆得以持续举办的重要经验。为了做好君山爱情岛旅游文化节的筹备工作，岳阳有关旅游部门成立了专门的节庆组委会和评委会，从宣传造势、宾馆接待、安全保卫等方面协调相关部门和媒体全力配合。为了本次活动顺利进行，全力打造君山爱情旅游品牌，在评选揭晓暨颁奖晚会之前，岳阳市有关部门还在君山岛开展一系列配套建设，装扮爱情景点，营造浪漫意境，完成爱情常青树种植、中国爱情文化墙揭幕、"君山情结签名"、"君山爱情誓言宣誓"等系列爱情文化活动现场的基本建设以及颁奖晚会的场地选择、舞台搭建、灯光音响设计等工作。前期的未雨绸缪为节庆活动的成功举办奠定了良好的基础。

影视类活动营销的实战经验

在中国影视圈，张艺谋与赵本山绝对是"活动营销"的高手，当然也是"活动营销"的最大受益者。

众所周知，张艺谋的成名是因为他早期的作品频频在国际电影节上拿奖，有人说他是通过放大中国人的丑事而博得了老外的同情分。然后，老谋子迅速将影响力"出口转内销"，在国内赢得投资人张伟平源源不断的大额投资。为了赢得全球最大的活动营销平台奥运会开闭幕式的导演资格，张艺谋更是苦心经营多年，从商业电影大片《英雄》、《满城尽带黄金甲》的大场面、人海战术，到开创《印象刘三姐》等系列实景演出，老谋子非常懂得奥运会开闭幕式要的是什么。此外，张艺谋开创了商业电影大片"全球首演典礼"的营销模式。而且，他还乘势而为，迅速将个人品牌进行多元开发，导演歌剧《图兰朵》等。

《十面埋伏》首映庆典沸腾工体

2004年7月10日，北京工人体育馆里座无虚席，明星云集，他们都为一台电影主题晚会而来——备受瞩目的电影《十面埋伏》全球首映庆典当晚在这里隆重举行。当晚参与直播或转播的有200多家省市电视台，覆盖了7.5亿观众，这台晚会的影响力可想而知，甚至变成一次文化事件。

为一部电影的发行举办一场首映晚会，《十面埋伏》并不是第一个，在此之前的《英雄》也举行过首映庆典。但这次《十面埋伏》没有沿袭《英雄》在北京人民大会堂举行首映盛典和剧组人员包机参加沪穗等地首映庆典的促销方式，而是史无前例地花了2000万元"盛情邀请"全民参加"《十面埋伏》全球首映庆典"，在北京工人体育馆设主会场，在上海、广州等地设6个分会场与北京主会场遥相呼应。张艺谋、刘德华、金城武、章子怡等影片主创人员悉数到场；影片主题曲演唱者、国际歌坛巨星凯瑟林·巴特尔、李宗盛、童安格、张信哲、韩红、陈慧琳、朴树、阿杜、刀郎、S.H.E和女子十二乐坊组合等各路明星前来助阵，使得首映盛宴豪华气派，星光璀璨。同时，活动通过卫星电视转播到千家万户，将影迷们的胃口吊到极致，使《十面埋伏》宣传促销水到渠成：《十面埋伏》票房最终达到1.53亿，成为年度票房亚军。在暑期档与进口大片的竞争中，《十面埋伏》捍卫了国产电影的应有地位，同时显示出中国电影与国际接轨、向全球电影市场迈进的信心和实力。

《十面埋伏》首映庆典晚会本身就开辟了晚会活动的新天地，特别是在晚会营销方面。第一，它首开先河将首映庆典变成了明星演唱会，北京音乐台FM97.4用广告时段换得全程转播权，并通过全国卫星音乐广播协作网向全国20个城市直播，以交换方式各得其所减轻投资风险。第二，它首创首映庆典门票配送电影票的销售方式。无论是主会场还是分会场，凡购买一张庆典门票配送一张电影票，观众可凭票自选影院、自选场次看电影，让参加首映庆典的观众一举两得，吸引歌迷、影迷等各路追星大军齐参与，增加门票收入。在首映庆典前，厦门有2.6万人签名支持这项活动就是例证。首映庆典不但活动形式创新，融资方式也创新。通过北京设主会场、全国各地设6个分会场举行大规模的首映促销活动，赢得了政府、媒体、广告商等各方融资，转嫁投资风险(分会场转播权保底价为50万元)。《十面埋伏》首映庆典晚会因此成为晚会整合营销的经典案例。

赵本山则从一条战线发力多年，同样取得了影视剧"活动营销"的辉煌战果，如今他导演出品的农村题材电视剧出一部火一部。赵本山多次上央视"春晚"，不仅做活了电视剧，还在全国开起了"刘老根大舞台"连锁店。赵本山比张艺谋技高一筹的是，他充分盘活了"春晚"资源，带出了如小沈阳等一批徒子徒孙，后继有人的问题也一揽子解决了。

对于娱乐圈而言，大型活动是增加艺人曝光率，制造新闻、绯闻的"工厂"。张艺谋、赵本山充分领悟了活动营销的真谛，他们的团队甚至把每部剧都可以当成一项大型活动来炒作和运营，从写剧本到选演员、从看拍摄景地到开机仪式、从探班剧组到公布片花、从首演仪式到电视访谈，等等，一个秀场接一个秀场，目标就是一个：吸引注意力，赢得高票房。

与张艺谋、赵本山影视作品名利双收的情况相比，全国每年生产的大部分影视剧其命运却是：被主人自娱自乐后就打入冷宫锁进铁柜里了。这与他们把全部的钱都投入到拍摄制作，而无力进行后期活动营销有非常重要的关系。好莱坞影片至少花1/3的资金投入到市场推广上，结果是大影响、大收获、大回报。

下面，我就以自己亲自参与的一部电影和一部电视剧为例，谈谈如何做好影视剧的活动营销。

《铁色高原》带来的电视剧营销新思维

这些年来，国内电影营销方面开展得如火如荼，在市场推广和营销方面都很出色。《让子弹飞》、《非诚勿扰》等大片，在首映前都做足了宣传推广活动。最近的《智取威虎山》、《爸爸去哪儿2》大电影、《一步之遥》，更是做足了多渠道的宣传与互动。与电影营销相比，国内电视剧的营销模式较为单一，大部分电视剧只是在播出之前由电视台做些预告，播完之后就悄无声息了。而作为2005年CCTV-1黄金剧场压轴的电视剧《铁色高原》，其整合营销模式为国内电视剧的营销开拓了新思维。

1. 从单向式营销到捆绑式营销

以前企业的广告投放基本上是单一形式和单向的，企业把广告费打给媒体，媒体只需按单一的广告形式发布就行。伴随企业品牌整合营销时代的来临，媒体以"拉广告"为主的传统广告营销模式已经受到了极大的挑战，国内媒介行业正面临着从传统广告模式向整合营销传播迈进的深刻转变。在这种大趋势下，企业与媒介的结合度和依存度将更为紧密，最终形成相互融合的战略合作伙伴关系。企业与媒体的合作已逐步发展成为多维度多层面和双向互动的营销行为，而且这种相互捆绑带来多赢的合作模式正在受到越来越多企业和广告商的追捧。

如果说"超级女声"与蒙牛的捆绑合作开辟了电视栏目整合营销的新路子，那么《铁色高原》与长丰汽车的捆绑合作则开创了电视剧整合营销的先河。《铁色高原》所表现的是铁道兵修筑西南战略铁路的故事，全剧充满了不怕艰苦、勇于接受挑战的无私奉献和牺牲精神及革命英雄主义精神，正好与面临国内外汽车业激烈竞争的长丰汽车艰苦创业、振兴民族汽车产业的精神相匹配；再加上长丰越野车是深受男人喜爱的车，《铁色高原》又是一部实实在在的男人戏。这两点正是《铁色高原》制片人黄河很快打动长丰汽车全力推广该剧的重要理由。

在中央电视台一套黄金剧场播出时，《铁色高原》每集片尾都很醒目地注明了"湖南长丰汽车制造股份有限公司"为该剧的"首席赞助商"以及"联合录制"、"联合出品"单位；制片方在公开发行的两万多套音像制品中，每集《铁色高原》的开头和中间都分别插入了一次长丰飞腾汽车的形象广告片，在画面的右下角还特别压制了长丰汽车的标识；制片方还特制了一大批将《铁色高原》与长丰汽车融合在一起的画册、个性邮册、台历和宣传海报及宣传单页，这些宣传品和纪念品在新年和春节到来之际发送给热心观众、音像店、长丰汽车经销商及客户等，这一过程其实是一次人性化或者说充满人情味的捆绑传播。

除此之外，长丰汽车更是拿出了100多万元现金和11辆总价值130多万元的最新款猎豹飞腾汽车，通过搜狐网进行强力造势和"看《铁色高原》，受艰苦奋斗教育，中猎豹汽车大奖"短信互动；在《铁色高原》开播后，他们又投入20多万元，在全国六家都市报连续三天发布为配合央视播出和搜狐活动的通栏广告，而选中的广州、南京、成都等6个城市正是长丰汽车的重点销售地区；长丰还将分布在全国重点机场和高速公路旁的50多个路牌广告全部换成了猎豹飞腾与《铁色高原》主演融合在一起的图像。

正是由于《铁色高原》与长丰汽车的深度合作，最终产生了企业、媒体、制片方等几方多赢的共振效应。

2. 从广告投放到广告投资

一个企业赞助一部电视剧的推广，一般意义上都称之为广告投放。但制片人黄河则将这次长丰汽车对《铁色高原》的支持称为广告投资。笔者认为，广告投放与广告投资的区别在于，前者重在营销电视剧及借力企业，后者则重在电视剧营销与企业借力。

长丰汽车帮助《铁色高原》宣传推广，采取的是社会效益先行、经济效益后续跟上的策略。企业强烈的社会责任感必定会赢得大众和客户的信赖感和认同感。在社会效益先行的基础上赢得的企业品牌影响力将会更加持久。中国传媒大学广播电视文学研究所所长曾庆瑞认为，在专家、学者都在声讨如今的电视节目出现了"娱乐至死"的恶性倾向时，长丰汽车投入大量的人力、财力来推广一部主旋律电视剧，他们尝试着走出了一条新路，可以说他们伸出一只干净的大手，在抓收视、抓市场、抓企业知名度。原中国文联副主席李准则认为，支持什么样的内容，支持者反映出来的品位也就不同。推广央视一套的主旋律电视剧，至少观众会记住长丰的胆量和文化品位，长丰得到的回报将是长期的、隐性的。

从社会效益上讲，长丰的这次"广告投资"是完全值得的。从经济效益上来看，长丰得到的回报同样不菲。《铁色高原》在中央电视台一套播出期间，制片方与搜狐联合推出"看《铁色高原》，受艰苦奋斗教育，中猎豹汽车大奖"活动，电视观众和网友只要通过发短信回答与电视剧有关的问题，就有机会获得1辆价值12万元的最新款猎豹飞腾汽车，每天一辆。长丰为活动提供11辆总价值为130多万元的飞腾汽车，通过短信资费还将收回60多万元的成本。当然这还只是短期的回报，如果放到企业品牌的价值提升和长远的产业延伸层面上，这样的投资则完全可以称得上是高回报了。

3. 从单一的版权销售到产业延伸

国内的电视剧往往是由投资方投资拍摄完成之后，卖给各地不同的电视台，仅仅靠节目成品来收回投资。在这样一种盈利模式下，电视台靠电视剧的收视效应往往赚了大钱，电视剧制作方的盈利情况却不容乐观。

《铁色高原》与长丰汽车的合作模式，向我们提示了电视剧与企业之间可以通过制片方这座桥梁来完成品牌延伸和后续的产业开发。

中央电视台研究室主任王甫认为，长丰的软广告营销能进入央视一套，已是非常大的成功，而且相比央视播出电视剧中的硬板广告、标板广告，长丰的广告费用已经非常划算了。接下来长丰应该加深人们对"铁色"的认可，比如他们可以集体签下剧中的六位主要男性演员做汽车广告；在出厂汽车的最主要部位强调"铁色"概念；设计"长丰汽车，一部男人的车"的广告语，做好做足男人文化这篇文章；在青藏铁路上开通"猎豹铁色"专列，推出《铁色高原》姊妹篇《铁色沙漠》，等等——只有这样，才能实现1+1=10的效果，强势打造"铁色"系列。不仅如此，"铁色高原"已成为品牌，"铁色"已成为一种精神，一种中华民族实现伟大复兴所需的精神。就像白沙集团持续打造"飞翔"文化一样，长丰汽车应在所属品牌中深深植入这种"铁色"精神，使企业自身的发展与中华民族的腾飞相融合，从而使长丰品牌获得广大消费者情感上的认同，这才是品牌经营的最高境界。

在强势媒体中播出并产生广泛影响的电视剧本身就是一种强势媒体，而品牌营销又是一个持续发力的过程。宣传造势要累积到一定的量，才能实现由量变到质变的突破，就像运载火箭一样，只有在多节火箭的持续推动下，才能将航天飞船顺利送入运行轨道。若《铁色高原》播完后，长丰汽车的营销推动也戛然而止，那么最后的结果将会是前功尽弃，尤其是在当下这个好酒也要勤吆喝的时代。

好在《铁色高原》制片方与企业早有产业开拓的想法。为实施品牌延伸，制片方在拍片之初就成立了以"铁色高原"命名的一家文化传播公司，如果长丰汽车能参股这家文化公司，将其纳入长丰旗下，并将有关"铁色高原"的无形资产出小价钱买断，今后"铁色"品牌的产业延伸才会更具有产权保障。继2005年12月18日在人民大会堂举行隆重的《铁色高原》首映式及"看《铁色高原》，受艰苦奋斗教育，中猎豹汽车大奖"活动启动仪式之后，12月31日长丰汽车《铁色高原》创新论坛又成功举办，论坛组织这次的猎豹获奖者、媒体代表及主演等一起重走铁色高原的成昆之旅也正在紧密筹划当中，这些与正在撰写的《长丰汽车〈铁色高原〉营销新思维》，无疑会构成一连串步步为营、层层推进的营销事件。与一次性营销相比，过程营销最大的优势是能不断制造话题，让事件主体成为新闻的新闻源，从而引来众多媒体的追随以及持续不断的免费"广告"宣传。加上电视剧的二轮发行，长丰与《铁色高原》各自的品牌影响力在不断升级中，产业延伸也就自然能水到渠成。

4. 从各自为政到合作共赢

无论是对电视剧市场来说，还是对企业来讲，竞争只能会越来越激烈，而竞争越激烈就越需要合作，因为优势互补的合作往往能产生新的能量。单打独斗的生存土壤已很难找到。

《铁色高原》的后期营销推广方湖南铁色高原文化传播有限公司正是在追求共赢的原则基础上，通过创意很好地整合了中国最强势的播出平台中央电视台一套黄金段、被称为中国三大门户网站之一的互动营销平台搜狐、《铁色高原》电视剧本身的强势平台、推广赞助商长丰汽车、大型活动执行机构北京典盛文化传播，以及上百家跟踪报道的媒体。长丰汽车的支持解决了《铁色高原》宣传推广的经费来源，所有外围媒体的宣传推广最终形成了众星捧月(央视)之势，使得《铁色高原》理所当然地成为2005

年年末的全国收视冠军。这让中央电视台一套节目在提高市场份额的同时，也让《铁色高原》投资方从中直接受益，因为央视一套黄金剧场从《铁色高原》开始首次采取按收视率定价，在一定底线价格的基础上，收视率每上升或降低0.2个百分点，加减1万元钱。而在搜狐推出的"看《铁色高原》，受艰苦奋斗教育，中猎豹汽车大奖"活动，利用大奖刺激收视率，对《铁色高原》以点论价，无疑增加了筹码，从中搜狐不仅赢得了点击流量，还赢得了上百万现金流量。当然，长丰汽车肯定也会在《铁色高原》影响力的不断攀升中有所收获。再加上湖南铁色高原文化传播与北京典盛文化传播的强强合作，让创意和执行真正实现无缝链接，正是在这场多轮驱动的合作中，各方资源共享，分工合作，各得其所，最终实现了皆大欢喜的多赢、共赢局面。

从《M-ZONE天使任务》探析电视剧前期营销

山东卫视与赞助商中国移动2006年年初合力推出并且持续一年的《M-ZONE天使任务》，为国内电视剧的前期营销走出了一条具有探索价值的新路子。

1. 以共同需求撬动前期营销

系列电视活动《M-ZONE天使任务》源自新浪上的一部热点网络小说《会有天使替我爱你》，小说讲述的是一个忧伤的现代爱情故事。影视制作公司看上这部小说后，仅以5万元的代价就买下了其影视改编权，并将这部同名的电视连续剧定位为"亚洲超人气偶像剧"。要实现这部剧的前期营销，媒体介入和企业支持就成了先决条件。

山东卫视是国内最早上星的地方电视频道之一，也是在国内覆盖最广的地方卫视之一，占据了非常高的农村收视市场份额。但是，调查公司所铺设的收视率数据采集点全都集中在城市，在市场的压力下山东卫视正谋求将播出的节目内容向年轻化、时尚化、娱乐化方向发展。在2005"超级女声"、"梦想中国"等电视选秀活动火爆中国荧屏的背景下，《会有天使替我爱你》制作发行方21世纪影音公司与隶属山东电视台的北京领航传媒一拍即合，双方确定在全国范围开展一次为该剧挑选演员的电视大行动。山东电视台不投入资金，而以提供山东卫视的平台资源成为该剧的出品方之一。通过合作，一方面电视剧及其前期营销推广有了铁定的播出平台和市场营销的发力点，另一方面山东卫视则借助这次活动吸引更多的年轻受众，提升整体收视份额，从而带动山东卫视广告的创收。

活动方案很快吸引了中国移动动感地带的代理方实力传媒。动感地带用户都是年轻人群，他们将是手机视频消费的主体。中国移动意在利用《M-ZONE天使任务》活动吸引更多的潜在客户，以占领市场先机。

在共同需求促使下，中国移动、山东卫视、21世纪影音公司走到了一起。至此，支撑电视剧《会有天使替我爱你》前期营销的铁三角已经形成。

2. 以整合资源做大前期营销

电视剧的前期营销是个系统工程，涉及电视剧的筹备运作、活动策划、节目制作、宣传推广、企业品牌塑造等内容，单凭电视台活动组是很难完成好的，需要以主办单位为龙头来整合各个环节的专业队伍，大家以利益为纽带，强强合作，优势互补，资源共享，各司其职，最后大家各得其所，实现共赢。

《M-ZONE天使任务》是一个牵涉面广、环节多、历时长、影响大的综合性大型电视活动，分为四个阶段。

第一阶段"天使任我选"，2月20日在北京正式启动，6月18日结束。通过济南、广州、成都、长沙、杭州、北京6个赛区4个月的海选，全程以大众短信投票的方式评选，最终胜出的两位选手7月出演在青岛开拍的偶像剧《会有天使替我爱你》男女主角。

第二阶段"天使任我拍"，为从观众和手机动感地带用户中选出电视剧制作花絮拍摄团，到片场探班，然后将各自拍摄的内容在山东卫视展播并让观众进行评选。

第三阶段是"天使任我秀"，电视剧《会有天使替我爱你》将于年底在山东卫视进行展播。

第四阶段是"天使任我行"，当电视剧首播结束后，会立即推出各种衍生产品，并组织电视剧中的艺人进行巡回演出。

整个电视活动由主办方山东电视台旗下的北京领航传媒为总协调单位，山东电视台台长助理、北京领航传媒总经理高立民为执行总指挥，整合了活动赞助方中国移动、电视剧制作发行方21世纪影音公司、活动节目制作方北京贝思特公司、艺人资源提供方百代唱片公司、客户代理方实力传媒以及负责媒体及市场公关的北京大拇指文化传播公司等7家单位。北京领航传媒投入此次活动的工作人员不到10人，却盘活了一支规模达160人的合作团队资源，合作各方在共同理念的统领下一齐发力，做大电视剧前期营销这块新蛋糕。

合作各方在生产链条的各个环节发挥着不可替代的作用，

各种资源在整合过程中被一步步优化、盘活，最后达到增值的目标。

作为主办方，山东卫视在得到中国移动的支持后，在内容制作上，积极配合中国移动贯彻"动感地带"的品牌诉求。这次活动提出的"新奇、时尚、酷玩"主张与动感地带的品牌特质十分一致，两者的结合度非常紧密。北京领航传媒牵头与实力传媒、山东卫视以及北京大拇指文化公关公司为"动感地带(M-ZONE)"设计了一整套活动品牌的策划方案，通过节目包装、内容设计、评选规则来强化"M-ZONE"的品牌特质和形象。在节目制作上，领航传媒从两岸三地迅速组成了一个优秀的制作团队，电视节目的质量与传播效果大为提升。另外，他们还把动感地带的业务设计成这个活动节目的环节，实现业务与活动的捆绑。节目中，主持人不断地利用手机将赛场内选拔的精彩视频发送给场外嘉宾，让其加以评点。此外，活动全程以短信投票的方式来进行评选，这自然也为中国移动增加了不少短信息费的收入。在活动中，其还不断强调动感地带"我的地盘我做主"的特权精神，只要是动感地带用户，就可以使用话费积分来兑换该活动电视节目的DVD。于是"M-ZONE"的品牌形象以植入式广告的方式无孔不入地渗透到节目各个元素当中。山东卫视在广告回报、资源配置等方面的投入大大超出了中国移动的预期。

相应地，中国移动也加大了活动在营销推广上的投入。在以往其他电视台举办的活动中，中国移动通常以合作的形式，从互动短信业务中参与分成。这次活动中国移动已不再是幕后推手，而是站到了营销活动的最前台。中国移动拥有庞大的手机用户，可以利用手机对受众进行点对点的推广和服务，中国移动将这种推广和服务转用于为《M-ZONE天使任务》的推广。此外，中国移动还在全国媒体发布投放广告，利用自己的营业网点为《M-ZONE天使任务》做户外宣传。

而作为艺人资源提供方百代唱片公司，正因为其背后有着非常丰厚的演艺资源以及它的积极介入，观众才会轻松领略到节目中超豪华的明星阵容：嘉宾主持吴宗宪、蔡康永、谢娜等；现场评委周杰伦、黄子佼、何炅、王力宏、任贤齐、玄彬、seven以及来自台湾的该剧导演叶鸿伟等；飚歌明星何润东、陈怡蓉、许绍洋、吴克群、许巍、江美琪、胡彦斌、林志颖、阿牛、范晓萱、游鸿明等。如果仅凭山东卫视一家来运作则很难做到如此程度。

合作是一种相互给予。只有让对方受益的同时自己也受益的合作才会是愉悦和稳固长久的；反过来说，不能让对方省力和价值提升的合作是容易破裂的。

3. 以产品至上做实前期营销

将产品意识引入到节目生产中，是"超级女声"品牌迅速窜红的法宝。当赵薇的身价随着湖南经济电视台投拍的《还珠格格》热播一路飙升时，电视湘军的领头雁魏文彬就曾大为感慨："因为拍戏前没有与赵薇签约，我们至少损失一个亿。"香港亚视或无线电视台在投拍电视剧的同时就在经营艺人经济，他们将新演员视为开发的新产品。

选手是各种电视选秀活动的终端产品，最终胜出的选手则是为活动带来核心竞争力的拳头产品。获奖选手人气指数和媒体关注度越高，在市场上就会越抢手，在为企业产品代言、演出、出唱片等各种商业活动中的附加值就会越高。我们时常能在各种企业或产品代言广告、明星演唱会、音乐排行榜、杂志封面、网络人气指数排行榜见到"超级女声"的拳头产品李宇春、周笔畅、何洁等，而却极少发现同类电视活动"我型我秀"前三甲的踪影。这就是"超级女声"与"我型我秀"最根本的差距。

《M-ZONE天使任务》把一部人气颇高的偶像剧《会有天使替我爱你》引入选秀节目中来。先有剧本，再来选秀，选上了就可以加盟偶像剧，成为男女主演，同时，胜出者还有机会获得百代步升唱片公司的合约和中国移动动感地带的广告演出合约，与"80后"的精神偶像周杰伦一起成为M-ZONE的形象代言人。这样，比赛胜出的选手就有了一个非常明朗、清晰的出路，而不是像有些选秀节目，为了选而选，所有的选手都迷失在盲目的唱歌跳舞中，即使最终获胜了，未来怎样仍然不可预知。

在打造电视活动与电视剧产品的过程中，差异化定位也至关重要。《M-ZONE天使任务》凸显的是选手表演才能的比拼。从形式上，《M-ZONE天使任务》也有意提炼出与其他选秀节目相区隔开的新符号。譬如，"超级女声"制造了热点词"PK"，《M-ZONE天使任务》则另出新招创造了新词"KO"，即Knock out的缩写，意为击倒、淘汰，他们希望更多体现新生代的朝气和个性。

品牌营销是一个持续发力的过程。宣传造势要累积到一定的量，才能实现由量变到质变的突破。《M-ZONE天使任务》的四个阶段"天使任我选"、"天使任我拍"、"天使任我秀"、"天使任我行"，步步推进、环环相扣，获胜选手最终会随着《会有天使替我爱你》的热播而成为演艺界夺目的新星。选手的一步步走红反过来又会对电视剧的继续热播与下游产品开发产生进一步的推动。我的地盘我做主，我的天使任我选。电视剧《会有天使替我爱你》就这样个性张扬地在历时一年的《M-ZONE天使任务》活动中，轻松实现了自己的前期营销！

"柯受良飞越黄河"新闻事件制造的始末

"柯受良飞越黄河"这一新闻事件，多少年来仍然震撼人心。因为筹划与直播该事件，凤凰卫视得以借力在大陆一飞冲天。

虽然飞越只用了1.58秒，但是它留给中国人的记忆却是永恒的。这是凤凰卫视与中央电视台在香港回归前夕为祖国特制的一份珍贵礼物。因为成功的前期宣传，此次飞越为刚过一岁的凤凰卫视在中国内地赢得了人气，也为它今后的飞越打下了坚实的基础，为新生媒体迅速崛起提供了一个范本。

1997年6月1日13时19分7秒，历史聚焦在中国的黄河壶口，港台影视明星、"亚洲第一飞人"柯受良驾驶汽车，以1.58秒的惊、奇、险，成功飞越50米宽的黄河壶口瀑布，聚集在黄河两岸数万名观众无不为之惊叹。此时此刻柯受良一跃而过的身影同样也凝聚着电视机前亿万双眼睛的欣喜与狂欢。

当天黄河壶口瀑布上空天气晴朗，但风力较大。柯受良驾驶重1491公斤的汽车，从黄河东岸的山西省境内，沿264米临时搭建的跑道，开足马力，凌空跃入对面——黄河西岸的陕西省境内。在其驾驶汽车的前车窗上贴有"飞越黄河，柯受良迎接九七"的字样。专家介绍，柯受良是从静止状态，用11秒的时间将车速提到145公里的，其飞越的空间距离为50米。

在柯受良飞越黄河的现场，晋陕两省和"柯受良飞越黄河"活动组委会共同举办了"黄河儿女庆回归"的喜庆表演。表演突出展示了黄河地区淳朴粗犷的文化格调。高亢雄浑的山西威风锣鼓、神采飞扬的陕西安塞腰鼓组成了黄河岸边特有的大型鼓阵，黄河两岸群众的《黄河大合唱》、充满黄河风情的陕北民歌《天下黄河九十九道弯》、黄河派舞蹈代表作《黄河水长流》更显示出母亲河宽广博大的胸怀。来自海内外的演艺界人士也在这里献上了欢庆回归的心声。

为了宣传飞越黄河的壮举，使世界的目光更多地关注中国，使全球华人更多地关心祖国，中央电视台和凤凰卫视将该次活动列入"97回归庆典"的前奏。当天，两家电视台联手向全中国各地及海外50余个国家和地区直播了这次活动，香港当地电视台、台湾中视等同时向全球转播。参加这次"飞越黄河"报道的记者达600多名。作为现场主持之一的吴小莉在她写的一本书里非常感慨地说："飞过的不只是壶口瀑布，更飞越了来自台湾、香港和大陆不同文化背景的电视人对彼此并不了解的鸿沟！"

凤凰卫视中文台除当天的现场直播外，还专门开辟了"飞越黄河"的专栏，自1997年2月23日起，每个星期日以30分钟的时间对柯受良的试飞、飞越工程的兴建、黄河两岸的风土人情和建设步伐等做出了系列报道。

壶口，位于黄河中游陕晋交界处，是因地壳运动在黄河河谷中间形成的一段巨大落差、将滚滚河水收之一壶而得名，两岸分属黄土高原上的陕西宜川和山西吉县。这里是大自然奉献的奇观：400余米宽的浩瀚河面骤然收缩成为50米宽的一束，倾入落差30余米的石槽之中，形成世界最大的黄色瀑布，响声如雷，迸起50米高的水雾。壶口虽是万里黄河的一点，但由于在河道中间形成瀑布而蔚为世界奇观，更何况它被视为母亲河的"腰眼"，很长一段时间里，这条河与我们长期积累的文明联系在一起，让人反思，催人奋进。因此，所有能与壶口搭界的事件都可以说意义非凡。驾驶汽车飞越黄河，既是人与自然的契合，又是人向自然的挑战。这种契合和挑战发生在中华民族的母亲河黄河，必定会引起世人瞩目。当全世界亿万双眼睛投向黄河时，中国改革开放带来的巨变也就为更多的人所知道了。黄河两岸的变化，带给全世界黄皮肤黑头发的中华子孙以更大的鼓舞。

据报道称，中保财险公司为此次活动承保了6000万元巨额责任险。跑道投资约100万元，演出台100万元；凤凰卫视出资1200万元，彩虹集团独家赞助600万元；柯受良广告身价升至200万元；销售门票2万张，每张50元；中保财险西安公司免费提供保险费52万元，为柯受良提供保险金100万元。

柯受良是世界知名的电影特技人。在20余年的电影生涯中，他做过演员，当过导演，而使他声名远播的，则是他一次次跃下高楼，飞过峡谷的高难特技动作。1982年，柯受良远赴南斯拉夫，向西方世界显示中国特技人的实力：他驾驶超级跑车飞越一条车辆穿梭的高速公路，写下个人开汽车飞越最远障碍的纪录。1992年11月15日，44岁的柯受良驾摩托车飞越万里长城北京段金山岭烽火台，举世瞩目。

谈到"飞黄"的原始创意，有种这样的说法。1991年，中国摩托车队的教练秦克宁和手下曾提出以飞越长城的方式，为中国申办2000年奥运会造声势。但受观念、体制的限制，尤其是穷得叮当响的现实，这一创意未能实现。在1992年柯受良飞越长城表演后，中国摩托车队教练搞出一个"中国摩托车精英集体飞越黄河的方案"。1994年4月15日,国家体委正式批复同意举办这一活动。因为这是一种商业活动,缺乏有足够知名度的车手加盟,车队就拉不到赞助。因此,"飞黄"策划就一直停留在"纸上谈兵"的阶段。而柯受良在1992年飞越长城后,一句"飞越黄河"在冲动中脱口而出。柯受良经过多次实地考察,把飞越地点选定在壶口瀑布。

从萌发飞越黄河梦的那一天起,柯受良就开始四处寻求赞助。他接触了不少大企业,甚至大跨国公司的老板,和他们畅谈,当一辆疾驰的汽车,凌空越过壶口瀑布时,那是多么壮观啊!为了给企业以回报,他甚至提出在自己驾驶的汽车两侧、顶部,哪怕自己的衣服、帽子上,都可以为赞助厂家做广告。结果,没有一家企业愿意"接招",原因很简单:没有一家新闻单位为之鼓舌摇旗。就在柯受良变卖家产投入300万元后,窘迫中的他一度产生放弃飞黄河的念头。他算了一笔账,要实现黄河飞越,凭自己的力量需要在后半生的大部分时间里疯狂赚钱方能实现,到那时他已没能力再飞了。直到1995年赛特文化中心牵线搭桥,香港凤凰卫视感兴趣投资1500万之后,柯受良的飞跃黄河方开始柳暗花明。此后,凤凰卫视为推动柯受良飞越黄河的活动,从协调壶口岸边两省政府,到找寻合作伙伴——与中央电视台进行联合直播,足足磨了9个月时间。最终,山西省旅游局、陕西省旅游局、临汾地区行署、延安市政府、赛特文化发展公司、凤凰卫视有限公司会同柯受良电影制作公司组成了飞越黄河组委会,全力支持他的飞越。

飞越的当天,现场主持人为凤凰卫视的吴小莉和中央电视台的三位"名嘴"。吴小莉和朱军在山西起飞现场,周涛和张政在陕西落点现场,表演节目两边穿插。

1997年6月1日凌晨1点，壶口宾馆里灯火通明，会议室内所有台前幕后工作人员仍在一段段对着脚本流程，因为时间的不允许和舞台现场无法架机进行演练，所有上片头、进影片、换场景，都只能在纸上练兵。最后，节目总导演张晓海说："兄弟姊妹们，咱们明天是'带机彩排'了，大家必须照着流程走！"当天10点多开始，电视要进行的是三到四个小时的现场直播。"开始起风，黑哥有点急躁了，他情绪已经准备好，要提早飞，不然情绪会下来。"中央台文艺中心邹主任亲自跑上山西起飞点的舞台，对吴小莉和朱军说，"节目更动，随时准备飞，你们随机应变！"尽管提前飞越，但由于队伍训练有素，整个直播活动还是有条不紊地顺利完成了。直播一结束，凤凰卫视许多工作人员激动得抱头痛哭，要知道他们为成就凤凰起飞这个梦想付出了多大的努力。

时值香港回归，政治意义加在特技表演上，使柯受良"飞黄"大获成功(5年后，柯受良又在4万多群众的见证下成功飞越布达拉宫)。

随后，有更多人对"飞黄"产生了兴趣。1999年6月20日，山西吉县青年农民朱朝辉在县政府的大力支持下，驾摩托车也飞过了壶口天险。1999年10月30日，有人在山东境内的黄河蛇口处骑自行车"飞黄"，山东卫视还对实况进行了现场直播。

从校园活动谈拓展终端渠道

站在客户的角度来看，高校活动与社区活动一样，是一种渠道类的活动。通过这类活动，不仅可以帮助客户塑造品牌，还能帮他们拓展终端渠道，促销产品。现如今，越来越多的大客户看重进校园、进社区的活动。

大学生是个很活跃的群体，他们有热情和精力举办活动。每所高校基本上都会举办校庆、元旦晚会、毕业晚会、校园歌手大赛、文化周、运动会、足球赛、篮球赛等活动。单个的活动形成不了赞助价值，但是把全国上千所高校的活动整合在一起，这样的赞助价值就大了。

大学生容易接受新生事物，正处在对品牌形成忠诚度的关键时期。大学时期认同的品牌，会影响人一辈子的消费选择。大学生对时尚用品的消费非常活跃，所以不少国际品牌非常看好校园渠道，赞助大学活动便是一个进入校园渠道成本最低、效果最佳的方式。

有关调查显示，截至2014年，中国共有2500多所高校，在校大学生总数已经超过2400多万。仅北京地区普通高校就有84所，成人高校24所，在校学生总量超过300万，其总体受众人数相当于一个中小型城市。2400多万，已经相当于1/3个英国和1/4个德国的人口。

中国高校市场的价值已经被越来越多的企业所重视，并针对大学生的心理为大学生量身定做产品。而中国大学生又具有与社会群体不同的特质，他们崇尚新颖、追随时尚的潮流，他们挑剔、敏感，他们有着特殊的消费习惯。由此也应运而生出很多符合大学生心理特征、行为习惯的媒体推广方式，例如高校内餐桌媒体、报纸橱窗媒体、校园灯箱媒体、高校饭卡媒体等。

随着社会重视程度的增高，对于高校市场资金的投入、校园营销企业的深入运作，各种各样的营销手段走进校园。什么营销方式深受学生喜爱？哪种校园活动使学生记忆犹新？未来高校市场营销如何推进？如何获得品牌与销量的同时推进？这一系列问题有待于深入探讨。

为此，环球活动网于2008年3月22日特别举办了中国高校市场营销峰会，营销领域的专家、致力于依托高校市场的企业单位、40所知名高校的学生会干部出席了本次峰会。他们针对高校市场营销方面出现的问题以及未来发展状况进行交流。

环球活动网举办该峰会，旨在搭建高校市场营销平台，促进高校市场营销健康有序地发展，同时希望社会各界对于高校市场予以关注，形成充分共赢局面。

餐饮业的活动营销新思潮

餐饮业中兴起活动营销热潮

过去十年，是我国餐饮业蓬勃发展的黄金时期，整个行业经历了从无序到有序，从蚂蚁到大象的逐步发展壮大过程。餐饮业在国民经济中的比重，从无足轻重的位置飞速增长到年营业收入上千亿元，已成长为我国经济发展不可忽视的重要力量。

但是，因为市场的巨大，也吸引了更多的人前来分食这块蛋糕，于是各类餐饮企业蓬勃发展了起来，都致力于用最快的速度占领最大的市场份额，导致餐饮行业进入了竞争激烈的"春秋战国"时代。综合目前现状，餐饮行业一定会在近年内重新洗牌，"强者更强，弱者更弱"，并逐步成长起一批有规模、有实力，而且具有持续发展特点的现代化餐饮企业。

面对这种大趋势，中小餐饮企业要发展，必须寻求非常策略，而创意发展以小博大，能够使蚂蚁迅速成为大象的策略，正符合中小餐饮企业大发展的需求。在创造差异化的过程中，一部分餐饮企业利用标准化的食品工序，科学地管理，用"直营+加盟"的方式迅速地扩大市场规模，比如小肥羊；一部分餐饮企业利用百年老店，经典食品文化，也迅速地发展起来，比如"全聚德"；还有一部分餐饮企业重新定位企业文化标识，并借助风险投资，迅速圈地并发展壮大，比如"俏江南"。

在激烈的竞争中，一批具有战略投资眼光的餐饮企业迅速吸纳创意产业的元素，以活动营销的方式进行整合传播，从而达到后来居上的目标。"粤色天湘"是北京一家高品质餐饮企业，在"餐饮中的艺术家"的响亮口号下，他们有计划地推出了一系列持续不断，并具时尚、前卫特色的文化艺术沙龙活动，陆续邀请文化界的专家、学者和艺术家来到"粤色天湘"，从而让"粤色天湘"成为有实力、有品位、有思想人士聚集的地方，同时也让"粤色天湘"的品牌随思想远播，吸引更多白领及中产阶层前来就餐聚会，最终打出"粤色天湘不只有美味佳肴，还有思想盛宴"的金牌口碑。

文化植入是餐饮活动营销的活化剂

高品质的餐饮消费，应该不只是消费美食，在更多的意义上是在消费文化。所以，适宜的文化植入能让餐饮活动营销如虎添翼，从而大大提升餐饮企业品牌的含金量及其服务的附加值。

粤色天湘从一开始就定位于特色文化，力求打造一家高品质的餐饮企业，提出了"太平盛事，粤色天湘"的响亮口号。粤色天湘选择了以中国传统文化中文化最兴盛的唐朝和宋朝为背景，并将这种文化氛围融入饭店的每一处装饰中。餐厅进口的"和谐龙"、

"奔跑牛",大厅正面的将传统绘画与现代玻璃工艺相结合的"画圣"吴道子经典作品《八十七神仙图》,大厅的右侧是一处玻璃水幕。30多个包房各具特色,都体现了唐宋时期的盛世繁荣、鼎盛文风。热烈中彰显沉静,沉静中透出大气。丝丝缕缕,润物无声。

在传播中,思想层面的影响是最深刻和最持久的。在营销策略与执行中注入文化的基因和思想的元素,以富有创意的文化活动,形成易于表达和转述并能产生品牌联想的故事,让众多媒体跟踪、追随与转载,从而引发具有传播价值的媒介事件。

2006年年末,有学者提出了龙的形象带有侵略性,容易招致国际上的误解,应该废除,并重新建立国家形象图腾,在社会上引起了广泛而激烈的争议,这种讨论在网络上持续了几个月。2007年2月,粤色天湘联合典盛传播、环球活动网,以"和谐龙文化高层沙龙"的形式,邀请了中科院古生物和古脊椎动物研究所研究员徐钦琦、中华传统文化论坛秘书长龙荣臻、中华文化复兴研究院院长李伯淳以及画龙第一人、写龙第一人、《龙凤呈祥》词曲作者等一大批文化艺术界名流聚集到粤色天湘对龙文化进行互动探讨交流。最后,大多数人认为,西方"Dragon"是长有三个头还吐着火的怪物,会给人带来灾难。而中国的龙,虽然有皇权的专有象征,但更多的是民众对民富国强的追求,对和谐生活的追求。龙在中国有几千年历史,是十二生肖之一,中国人对此都有深厚的感情,龙也已经成为民众心目中的吉祥物。活动结束后,参与活动的上百位文化名流把参与粤色天湘活动的信息传播到相关人和相关圈子里,从而以口碑的形式,避免了直接推销带给人们的心理抵触。有部分知名的嘉宾将其参与活动的感受直接写进博客中,从而实现了更为广泛的传播;另一方面,该沙龙还得到了数家平面媒体和门户网站的支持，还有部分媒体进行了专题报道，并被网络媒体大量转载。

沙龙结束后，粤色天湘趁大家兴致正浓之际，邀请书画名家现场挥毫泼墨。然后，粤色天湘再将这些名家题写的字画精心装裱，分别挂在酒店的醒目位置和高档包间里。与此同时，粤色天湘的企业网站也有了活动的文字、图片和视频等鲜活的传播内容。

活动营销，即通过精心策划的具有鲜明主题，能够引起轰动效应的，具有强烈新闻价值的单一的或者系列性组合的营销活动，达至更有效的品牌传播和销售促进；它不但是集广告、促销、公关、推广等为一体的营销手段，也是建立在品牌营销、关系营销、数据营销的基础之上的全新营销模式。活动营销本身就是一项高强度、高密度的综合性整合营销行为，它包括活动的消息报道、深度的新闻专题描写、直接的平面广告、多媒体宣传广告配合，以及特定"公众"的现场参与等。粤色天湘正是通过结合文化热点进行事件营销和活动营销——将高端沙龙与高档餐饮场所嫁接融合，从而为"粤色天湘不只有美味佳肴，还有思想盛宴"注入实际内涵和可供传播的话题。

活动营销让餐饮企业一箭双雕

高端沙龙与高档餐饮场所相结合，创造出了"美味佳肴+思想盛宴=粤色天湘"的餐饮企业发展新模式。

而这种商业模式又是基于以下几个方面的需求点。

第一，人们沟通交流的需要。

随着科技的迅猛发展，通信手段的简单快捷，人们之间见面的机会反而越来越少。大家聚在一起，往往需要一种理由，无论是国家元首之间，还是世界500强财富大亨，以及我们身边的亲朋好友，这就是为什么近些年来各种论坛、沙龙不断涌现的原因。对于倡导"民以食为天"的中国人来说，在一起吃饭、喝酒、聊天是大家聚会的最享受的理由。

第二，餐饮店价值开发最大化的需要。

粤色天湘在选址、室内装修、整体格局方面以及菜的品质、服务等方面进行了上千万元的投入。而除了11:00—15:00和17:00—22:00是酒楼利用率非常高的黄金时段之外，9:00—11:00和15:00—17:00相对闲置的时段有待进一步开发，以最大化盘活资源。充分利用相对闲置时段举办各种具有思想穿透力的文化艺术沙龙活动，是增加"粤色天湘"文化内涵，提高场地利用率，提升品牌附加值的最有效方式，同时又不会额外增加场地及人力成本。

第三，在雅的环境下，谈俗的话题。

静态的艺术装潢只能产生一时视觉上的愉悦，而不容易形成持久的话题和谈资。至少大的豪华包间里都要有故事可讲。各种文化艺术沙龙活动，是制造故事和话题的绝好方式。

第四，体验传播，带来体验经济。

一次高档聚会后，肯定会有一部分人留下来品尝"粤色天湘"的美味。多次活动，不断累积，在口口传播中，客户会迅速递增，而且会不断产生回头客和忠诚度高的常来客。

由于活动营销综合运用了餐厅形象营销、博客营销、短信营销、电话营销、菜单营销、广告营销等诸多方式，特别是其具有近距离情感交流与真切体验的人际传播功能，从而有力保证了粤色天湘在每项活动的实施过程中实现品牌与营业收入双丰收的目标。

在初步品尝活动营销的甜头后，粤色天湘开展"2007首届文博汇"活动，即邀请知名网站中在文化艺术方面的热点博主汇聚"粤色天湘"，让高手们品美味佳肴，抒发思想情怀。策略是通过热点博文进行餐饮体验式传播，聚人气，树好口碑。同时，粤色天湘还运作举办"2007餐饮品牌企业与投资高层沙龙"、"智慧与美丽同行——卓越女性高层沙龙"、"2008新年诗词音乐联姻会"等系列高品质活动。

餐饮作为中国文化的一条重要支流，与华夏文明一样博大精深、源远流长。2008年北京奥运会与2010年上海世博会是驱动中国餐饮业走出国门走向世界的强大动力，而粤色天湘探求的"餐饮搭台，文化唱戏"的活动营销模式必定会为中国餐饮业的健康快速发展增添新的活力！因为在世人聚焦中国元素的大时代背景下，中国餐饮文化同样会彰显出中国的魅力！

附

2010泰山论坛总体方案

(部分内容)

一、论坛背景

泰山是世界首例文化与自然双遗产，是东方历史文化宝库，华夏儿女的精神家园，中华民族精神的象征。

为贯彻党的十七大关于促进社会主义文化大发展大繁荣的战略部署和胡锦涛总书记"弘扬中华文化，建设中华民族共有精神家园"的指示精神，落实国务院《文化产业振兴规划》和省委、省政府《关于促进文化产业振兴的意见》，进一步弘扬泰山文化和中华优秀文化，促进文化产业振兴，扩大泰安、泰山的知名度和影响力，打造山东文化产业发展高地，借鉴国内外先进经验，结合第26届全国大中城市宣传部长联谊会，于2010年11月上旬举办"2010泰山论坛"。

二、目的意义

作为五岳之尊，泰山是中国文化和历史的浓缩，它同长城、长江、黄河一起成为中华民族的象征。

1. 顺势而为

当下中国正吹响文化产业大发展的号角，全国各地在文化产业的摸索发展中，产生了一批领军企业与领军人物，同时各地也面临着不少文化产业发展困惑。泰山论坛顺应时代潮流，率先发起文化产业论坛，必将先声夺人，抢占"文化高地"。

2. 打造论坛经济

从世界财富论坛、达沃斯论坛落户中国，到中国创办博鳌论坛、亚布力论坛，每个论坛都在极短时间里给举办地带来了经济、文化、旅游、城市建设、投资等一系列大发展。过去称"文化搭台，经济唱戏"，其实"文化输出"如今已成为美国等发达国家最大的经济支柱。

3. 打造城市名片

大活动提升城市大活力。世界名城都有世界著名的活动，如达沃斯与达沃斯论坛、戛纳与戛纳电影节、慕尼黑与慕尼黑啤酒节等。通过长期举办泰山论坛，必定能让泰安享誉全国、走向世界。

4. 盘活"泰山"品牌

大型论坛是整合高端资源和提升城市品牌最快、最见成效的方式。泰山品牌享誉全国，但是依托泰山品牌的文化产业链却远还没有形成。通过举办泰山论坛，将能迅速整合国际国内高端资源，如此一来，依托泰山的文化产业群才会逐步形成。

5. 弘扬民族优秀文化

以泰山论坛为抓手和持续发力的平台，整合资源，激荡思想，促进交流，弘扬泰山文化，践行泰山精神，从而推动中国文化产业科学发展，促进中华民族伟大复兴，最终将泰山论坛打造成凝聚全球华人的文化高地与精神家园！

三、论坛定位

先有"大思路"，加上"大运作"，才能构建"大平台"。

1. 差异化定位

博鳌论坛主要关注政治话题，中国亚布力论坛主要关注经济话题。目前国内还缺乏关注"文化"的高端论坛平台。泰山论坛锁定"文化"是最佳选择。

2. 点状突破

"文化"领域值得探讨的话题很多、很广。宽泛就会乏力，聚焦才有力量。尤其对于一个新生的论坛，主题选择需要在"点"上寻求突破。"文化"中"产业发展"是最令人关注的。泰山论坛聚焦"文化产业"发展必能引起中央和业界人士、企业的关注与支持。

3. 定位高端

高举高打才有力量，才会引起"官、产、学、研"高端人士的关注。除提出"南有博鳌，北有泰山论坛"的口号外，还可定位泰山论坛为文化界的"达沃斯"，这才能引起世界的关注。

4. 话题解渴管用

泰山论坛除了给文化产业业界提供国际国内政策解读外，更加重要的是要能为参与论坛的文化产业投资者、经营者、从业者提供切实管用的实操信息。需要从文化机构与企业中广泛调研、征集，最后才能形成具有张力和指导性强的论坛话题，最终才能引起参与论坛者的持续关注。论坛话题要虚实结合、中外结合、古今结合，让参与者充分感受到文化的魅力与文化的力量。

四、论坛宗旨

弘扬中华优秀文化，促进文化产业振兴。

传播什么？传播泰山文化与泰山精神。

带来什么？带来影响力(社会影响力、发展思路、招商引资)。

留下什么？留下文化成果，如泰山论坛永久地址、泰山论坛名人墙(字、画、印章、手模)、泰山精神文化丛书、泰山论坛电视专题片、泰山论坛主题歌、泰山精神全球网络征集、泰山文化礼品等。

五、本届论坛主题

随着中国经济的崛起，中华文化越来越受到世界的关注，我国的文化和文化产业也得到了较快发展，中华文化崛起蓄势待发。论坛就弘扬中华优秀文化与文化产业发展进行探讨，探索创新中华文化的产业发展之道。

本届论坛主题为"中华文化与产业发展"。

六、主体活动

(一) 泰山盛请——2010泰山论坛启动仪式

为迅速提升泰山论坛影响力，吸引各界人士关注，拟定在泰山南天门举办"2010泰山论坛启动仪式"，面向全球华人广发英雄帖。

"启动仪式"打破传统新闻发布会过于严肃的老套模式，在特定的场景为媒体制造易于传播和转载的"新闻源"。

时间：2010年10月18日

地点：南天门(以十八盘和迎客松为背景，寓意诚邀天下宾朋，泰山论坛正式启动)

内容：

(1) 宣布2010泰山论坛正式启动

(2) 公布2010泰山论坛主要活动内容

(3) 发布泰山论坛标识

(4) 开通泰山论坛官方网站

(5) 启动泰山精神全球网络征集活动

(二) 泰山盛典——2010泰山论坛开幕式

为保证泰山论坛既庄重又热烈的氛围，弘扬泰山文化，践行泰山精神，在《泰山封禅大典》节目的基础上，打造一场高品质、高规格的论坛开幕式。

时间：2010年11月18日《泰山封禅大典》演出前半小时

地点：《泰山封禅大典》剧场

内容：

(1) 千人朗诵《泰山颂》

台上台下齐朗诵、合唱。台上一白发老人携一小孩领诵。

(请作曲家为《泰山颂》谱曲)

(2) 泰安市委副书记、市长主持开幕式

(3) 泰安市委书记致欢迎辞

(4) 政府领导(全国人大副委员长或政协副主席)发表《中华文化与民族复兴》主题演讲

(5) 政府领导为泰山论坛永久会址揭牌

(三) 2010泰山论坛(重点)

2010泰山论坛分主论坛和"中华文化与泰山精神"、"文化与产业"、"文化与旅游"、"文化与资本"四个分论坛。

1. 主论坛：弘扬中华文化 振兴文化产业

在全球经济一体化的大背景下，提升文化软实力已经成为国家战略。如何更好地弘扬中华文化，振兴我国文化产业，实现中华民族的伟大复兴，已成为摆在全球华人面前的重要课题。

2. 分论坛一：中华文化与泰山精神

中华文化博大精深，源远流长。泰山精神乃中华精神。

泰山，五岳之首，是中华民族的象征，是灿烂东方文化的缩影，是"天人合一"思想的寄托之地。

泰山精神的内涵已成为中华民族文化、民族精神的重要内容：

"会当凌绝顶"的攀登意志；

"重如泰山"的价值取向；

"不让土壤"的博大胸怀；

"捧日擎天"的光明追求；

"国泰民安"的美好寄托。

3. 分论坛二：文化与产业

中国文化产业发展面临千载难逢的大机遇和大挑战。随着全球经济一体化和互联网的发展，好莱坞电影、各种洋节等西方文化对年轻人的影响越来越大，增强我国文化软实力刻不容缓。

近几年来，在我国经济高速发展的大环境下，全国各地的文化产业发展风生水起，各出奇招，显示出一番蓬勃发展的崭新态势。但是，不容忽视的是一些问题也随之出现：跟风严重创新乏力、项目缺乏科学规划、文化叫好不叫座、低俗之风盛行等。本场论坛，透析现实，前瞻未来，为文化产业实际工作者提供新思路，辨明前行的方向。

4. 分论坛三(平行论坛)：文化与旅游

泰山历史悠久，文化深厚，融自然与文化遗产于一体，1988年被联合国教科文组织批准为"世界自然与文化遗产"。

泰山，巍峨壮丽，以拔地通天之势，擎天捧日之姿雄峙天东，在华夏子孙的心目中是一座名山、圣山、神山。泰山日出东海的奇观，阳光夕照的晚霞，波澜壮阔的云海及古老的岩石，苍翠的松柏，倾泻而下的瀑布，吸引着历代文人墨客前来观光游览，留下了许多不朽的诗篇。

5. 分论坛四(平行论坛)：文化与资本

随着我国社会主义市场经济的逐步完善，资本的力量越发显现。

美国的好莱坞、迪士尼，英国的创意产业，日本、韩国的动漫等，其发展轨迹无不说明，文化产业与其他产业一样，具有大体相同的经济属性与发展规律，文化产业的大发展背后同样需要有强大资本的推动。

(四) 泰山宣言

从司马迁到毛泽东的"重于泰山"之说，表明自古以来，泰山都与"责任"紧密相连。振兴中华文化，人人有责。在新世纪中国屹立于东方之林的今天，在泰山之巅发布《振兴中华文化泰山宣言》，具有非常重要的历史意义，必将对中华文化的繁荣发展产生不可估量的作用。

内容：

(1) 泰安市领导讲话

(2) 嘉宾代表讲话

(3) 文化名人发布《振兴中华文化泰山宣言》

(4) 全体人员在《振兴中华文化泰山宣言》长卷上签字

(五) 泰山会盟

南岳衡山(湖南)、西岳华山(陕西)、北岳恒山(山西)、中岳嵩山(河南)通过当地媒体(省级都市报及电视台)，评选出当地的杰出文化人士和象征当地文化精髓的文化礼品。在2010泰山论坛之日，四地杰出文化人士从祖国的四面八方护送象征当地文化精髓的文化礼品，齐聚东岳泰山，与东道主互赠文化礼品。

五岳文化使者的会盟，寓意中华优秀文化携手并进，共创辉煌未来。

此活动还能充分调动各地新闻媒体持续关注和跟踪报道泰山论坛。

地点：玉皇顶

内容：

(1) 泰安市领导讲话

(2) 五岳文化使者讲话

(3) 南岳衡山、西岳华山、北岳恒山、中岳嵩山文化使者分别与泰山论坛组委会互赠文化礼品。

(4) 北京著名雕刻家赠送五岳群雕作品给泰山论坛组委会作永久收藏。五岳群雕作品反映"泰山如坐，嵩山如卧，华山如立，恒山如行，衡山如飞"。

(5) 全体人员合影留念。

(六) 泰山祈福(泰山作证)

泰山安则四海皆安，泰山稳则四海皆稳。

自古以来，泰山成为帝王封禅、文人题咏、民众朝圣、香客崇拜的神山、圣山、文化山，成为民族团结、社会安定、国泰民安的精神体现，是中国和谐社会的见证与象征。

让泰山作证，让我们共同见证中华民族的崛起与伟大复兴！

地点：玉皇顶

内容：

(1) 泰安市领导讲话

(2) 文化产业项目合作集体签字仪式

(3) 中华祈福：模拟古代的祈福仪式，展示石敢当，向全体嘉宾祈福。最后升华到祈福中华，国泰民安，表达泰山安，四海皆安的美好祝愿。

(4) 启动下一届泰山论坛。

(5) 出席论坛嘉宾集体合影。

(七)"泰山精神"推广语全球网络征集活动

泰山乃中国国山，泰山精神乃中华精神。

"泰山精神"包括哪些主要内容，研究者各有不同的诠释。为面向全球大力推广"泰山精神"，在2010泰山论坛主体活动中特别推出"泰山精神"推广语全球网络征集活动，希望通过集体的智慧进一步提炼"泰山精神"，将其形成易于大众记忆、表述和传播的推广语。

地点：由北京面向全国

内容：

(1) 启动仪式

在2010泰山论坛启动仪式上，同时启动"泰山精神"推广语全球网络征集活动。

(2) 网络征集

通过新浪网、新华网、凤凰网、环球活动网面向全球征集。

(3) 专家评审会

结合网络投票和专家意见，评选出"泰山精神"推广语。

(4) 揭晓仪式

在2010泰山论坛开幕式上揭晓"泰山精神"推广语征集结果。

(5) 大力推广

国际友谊小姐为"泰山精神"推广使者；

全国书法家书写"泰山精神"推广语。

(6) "泰山精神"推广语征选要求：

① 言简意赅，易于记忆、表达和转述；

② 朴实大气，能反映泰山文化的精神内核；

③ 内涵丰富，推广语深长意味，能留给人以想象空间。

七、论坛风格

论之有道(论坛主题要有深度和前瞻性)；

听之有味(论坛话题要有参与性和关注度)；

行之有效(论坛效果要有可操作性和可持续性)。

引进与发展文化产业园，并在论坛结束时举行合作签订仪式。

八、论坛主题歌

1. 以季羡林先生的《泰山颂》为歌词

2007年8月3日，温总理在看望季羡林先生时称赞《泰山颂》："写得很好。文章感人，而且有气势。"

2. 邀请国内著名作曲家作曲

九、论坛标识

大汶口"日月山"

说明：大汶口文化与长江流域的河姆渡文化共称中华民族的文明起源。

大汶口地区是人类发展史上最早有人类活动的地方，是文字产生最早的地区，大汶口文化伴随了人类发展的全过程。大汶口最典型的文字就是"日月山"或"日火山"。它被发现在古代的器物上，记录了当时大汶口人的活动，传说每年的农历三月份大汶口的先民都要爬上泰山之巅，向上天祈求一年的风调雨顺，吉祥平安。"日月山"文字的出现，源自于人类对太阳神的崇拜。

十、论坛特色

(一) 开门办论坛

2010泰山论坛突破传统闭门办论坛的方式，遵循"走出去，引进来"的思路，发扬海纳百川兼容并蓄的泰山精神，登高望远，打开视野，广泛寻求合作伙伴与智力支持，联手数家联合主办和承办单位，合力打造中国一流论坛。

(二) 做足泰山文章

立足泰山。以泰山为论坛背景和活动现场，充分体现和挖掘泰山文化。

跳出泰山。泰山为中华民族文化的缩影，泰山精神乃中华精神。泰山论坛以弘扬中华优秀文化为己任，聚焦文化热点、难点、疑点问题，促进文化产业的繁荣发展。

回归泰山。季羡林先生说："欲弘扬中华文化，必先弘扬泰山文化。"提炼泰山精神，并发挥其当代价值，最终将泰山论坛打造成为引领中华文化科学快速发展的策源地和风向标。

(三) 讲究实效

泰山论坛不仅仅是坐而论道，更重要的是构建平台，激荡思想，整合资源，促进交流，从而推动中国文化产业科学发展，加快实现中华民族伟大复兴！

2010泰山论坛将产生永久地址、名人墙、泰山文化丛书、泰山电视专题片、泰山论坛标识、主题歌、泰山精神推广语、泰山文化礼品等一批成果。

(四) 注重传播

小活动，大传播。电视化表达，网络式互动，跨媒体传播。

(五) 形式创新

突破传统的论坛形式，室内室外相结合，场内场外相互动。

2010泰山论坛工作细项

一、撰稿

1. 总体方案(主题、议题、背景、意义、宗旨、目标、组织机构、合作媒体、实施步骤、拟请嘉宾等)

2. 分论坛方案(中华文化与泰山精神、文化与产业、文化与旅游、文化与资本)

3. 实施方案(开幕式流程、论坛流程、人员分工、倒计时排期单、布展物料清单、嘉宾接待及票务预订、媒体推广计划、后勤及安保)

4. 论坛电视化台本

5. 泰山精神全球网络精神征集方案

6. 五岳文化会盟(五岳薪火传承)策划方案(泰山论坛——文化

界的"武林大会")

7. 泰山论坛成果规划方案(主题歌、图书、电视专题片、泰山论坛永久地址、泰山论坛名人墙——书画作品、印章、手模、雕塑等)

8. 其他文案撰写(邀请函、论坛须知或服务指南、论坛温馨提示)

9. 领导讲话稿

10. 中华文化泰山宣言稿(责任)

11. 主持人主持词

12. 泰安文化产业介绍及投资指南

13. 贵宾或合作机构致谢信

二、邀请嘉宾

1. 党政领导

2. 文化名人

3. 主持人

4. 企业家

5. 投资家

6. 主流媒体

三、论坛视觉设计与布展

1. 论坛VI设计(标识、指示牌、接机牌、签到板、背景板、易拉宝、便签、论坛时间控制牌)及制作

2. 论坛会刊设计、排版、印刷

3. 论坛街道横幅、路牌广告、拱门、气球、彩旗等氛围营造

4. 论坛嘉宾简介及演讲主题投影视觉制作

5. 嘉宾演讲稿PPT制作

6. 嘉宾桌牌制作

7. 论坛文化纪念品设计与制作(反映泰山文化的图书、光盘或文化衫)

8. 论坛专业摄像、摄影

四、活动宣传推广

1. 新闻亮点挖掘及新闻稿撰写(初期、中期、后期)

2. 主流媒体发稿(电视、报刊、网络等)

3. 论坛官方网站开发建设与维护

4. 设置论坛新闻稿公共邮箱(供媒体下载论坛文字、图片、视频等宣传资料)

5. 媒体发稿跟踪、落实

6. 中央电视台访谈或专题节目策划与联络

7. 出席论坛主流媒体邀请

8. 媒体采访问题及需采访嘉宾信息收集

9. 活动现场为媒体提供个性化服务(提供资料及个性化稿件、对接采访嘉宾、审核媒体重要稿件、统一发稿数据与口径等)

10. 组织举办新闻发布会

11. 论坛电视宣传片制作(解读活动主题、背景、意义)

12. 论坛主题歌作词、作曲、音乐制作

13. 书法家题写"泰山论坛"

14. 媒体发布结案报告(媒体发稿收集、统计)

15. 新闻宣传危机处理预案

五、论坛工作排期

1. 合作单位及合作内容确定 (合作协议签订)

2. 策划人员进驻泰安(方案讨论、修正、再讨论、方案完善)(10月3日至10月6日)

3. 方案定稿(10月7日前)

4. 邀请函印制(10月8日)

5. 邀请函发送(10月9日至10月11日)

6. 泰山论坛网络专题开发制作(10月8日至10月12日)

7. 新闻发布会及泰山精神网络征集启动仪式(10月12日)

8. 全国主流媒体发稿跟踪落实(10月13日至10月14日)

9. 嘉宾第二轮电话邀请及回执确认(10月15日至10月16日)

10. 出席嘉宾专访及在主流媒体系列发稿(上中央电视台访谈节目)(10月17日至10月20日)

11. 社会各界名流为泰山论坛题词(10月10日至10月30日)

12. 五岳文化会盟——五岳文化薪火传承(泰山为五岳之尊,全国优秀传统文化汇集泰山)(10月12日至11月10日)

13. 论坛物料准备(10月10日至11月10日)

14. 演讲嘉宾演讲稿邀约、收集及PPT制作(10月10日至11月1日)

15. 嘉宾往返机票预订

16. 论坛工作人员接待礼仪培训(11月2日至11月4日)

17. 论坛工作人员协调会(11月4日)

18. 论坛布展(11月4日)

19. 论坛灯光、音响测试(11月5日)

20. 参会人员注册报到,论坛流程彩排,论坛开幕式晚会(11月5日)

21. 论坛活动流程执行(电视及网络直播)(11月6日)

22. 文化产业洽谈会及文化考察(11月7日)

23. 参会嘉宾送行(11月8日)

24. 论坛新闻发稿及跟踪落实、收集整理(11月5日至11月20日)

25. 论坛图书编辑、出版(10月20日至12月20日)

26. 论坛结案报告(11月20日)

打造活动超市

　　我有一个伟大的梦想，就是要和团队致力在全球建立一个最大的活动超市——环球活动网。从2006年初，我给网站取名时就已种下这颗梦想的种子。也是那时，我首次提出了"活动超市"这个概念。我们已经历最艰难的五年跋涉来探路，力争再花十年时间将梦想变为现实。

　　世界上最伟大的一种商业模式就是连锁超市。世界500强的第一名就是沃尔玛。超市不生产任何一件商品，不需要研发产品、建流水线、打造产品品牌、做市场营销，但是每卖一件商品，它都有利益分成。这种模式看起来相当简单，不就是找一个地方，把各种货物集中在一起销售，然后把住一个个关口，刷条形码，坐地收钱吗？对顾客来讲，简单易行是硬需求。商业运营与科学、艺术一样，看起来越简单的事情，越难做。就像苹果平板电脑一样，简单操作的界面背后体现的是超强的科研实力。超市模式简单背后是精细化流程管理、健全的物流配送系统、个性化的顾客售前售后服务和先进的供应商合作机制。而这些管理标准都是可以在全球扩张中进行复制的。另外，对于一种成功的模式，内部容易复制，而外部却是很难复制的，因为构建一种模式的是一个完整的系统，缺一环都行不通。

　　建活动超市面临的第一个问题，就是要建立活动行业的标准。

一流企业做标准，二流企业做品牌，三流企业做产品。绝大部分活动机构连产品都还没有，做标准就更是难上加难的事了！但是，我有一个信条，就是越难做的事，做成功了就越有价值，竞争优势就会越强。多年前，面对麦当劳、肯德基的大举"入侵"，很多人说中国的快餐店无法标准化，我们无法参与竞争。事实上，这些年已有中国土生土长的快餐店做到了标准化生产，而且扩张势头很好，我相信将来在美国开中国店也会很吃香，就看是谁去开了。还譬如，中国快捷酒店业务模式的标准化复制扩张，比发达国家的酒店做得还好。活动行业的标准化建设同样是可以行得通的。

要建立活动行业的标准，首先就要将活动执行与可变因素多的创意剥离开来看待，就像制造业把生产车间与研发中心分开来一样。我更愿意将做活动视为服务行业，而非较虚的文化产业。不少清高的文化人往往热衷将活动产业看成是后者。做服务不丢人，世界上最具实力的企业都属于服务业，而非制造业、文化产业，将来更是如此。其实，每个行业不仅是其他行业服务的享用者，也是其他行业服务的提供者，大家互惠互利。是服务就得精耕细作，服务的最高境界就是用心服务和服务到心。

策划创意实际上也是可以固化成一定模式的，如英国输出的大量电视节目模式《流行偶像》(超女的前身)、《谁是百万富翁》、《幸存者》等，活动创意也是如此。策划创意的魅力在于它可以不断创新，最后呈现出来的活动模式就像苹果手机与平板电脑一样，可以隔一个阶段就会升级换代。再天马行空的创意，最终还是要落地形成活动产品。产生不了价值的文化创意就是一堆垃圾。所以，我觉得能解决问题的创意才是好创意，这是评判创意优劣的唯一标准。标准若有多个，不同的标准就成了执行者推脱责任的借口。

如果说标准化的管理是超市的血脉，那么平台、供应商、顾客三要素将构成超市的主体。超市首先是个整合平台。它将大量品牌商品整合在一起，整体对外展示，顾客置身其中，可以任意选择自己喜爱的物品。想买什么随时可以拿，不想买了也可以随时放下。日用品超市的平台是在各地租的门面店铺，而活动超市的平台则是互联网。

活动超市有了平台，接下来就要往平台货柜上铺货，超市里的商品要丰富。这就需要整合大量有品质的供应商提供服务产品，这些产品可大体分三大类。第一类是物品的租赁，如场地、灯光、音响、鲜花、礼品等；第二类是人的服务，如策划人、主持人、专家、明星艺人、礼仪等；第三类是人与物的结合服务，如摄像、照相、翻译、速记、活动布展、节目表演、烟花燃放等。客户可以从活动超市里一站式采购到他所需要的服务。这样既减低了成本，节省了时间，还容易把控活动的质量。因为过去，活动方要与十多家供应商合作，需要沟通的环节多，就很容易出现问题。现在他们只需跟一家活动超市沟通就行了，活动的各项服务都由活动超市统一保障质量，进行整体服务。

超市有丰富的商品还远远不够，关键得有顾客来消费。对于活动超市琳琅满目的服务产品而言，各种类型的活动便是消费者和买主。活动超市里聚集的活动越多，活动人气越旺，需求就会越大，交易也就越多。活动服务交易量多了，聚拢来的供应商自然会更加丰富，活动服务产品的品质和档次也会"水涨船高"。买方和卖方相互促进，互为成就。最终，越做越大的是活动超市这个平台。

目前，有很多活动网聚集的都是单一的供应商，只有卖货的没有买货的，自然就没法构成真正的超市。还有很多礼品网、鲜花网、场地网、礼仪网等，为什么一直做不起来？前面提到的原因是一方面，另一方面的原因则是在单项服务的网站只能得到单项产品，而不能实现将性价比最好、最省事的活动服务进行一站式采购。

为何活动超市过去没有出现呢？过去的百货店，售货员只能提供一对一服务，顾客的选择性不大，这种模式只适用于商品贫乏的时代。同样，活动超市也是经济发达与科技发展的产物。一方面，过去活动没有形成产业，随着经济的发展和人们生活水平的提高，活动经济日益壮大。活动数量越来越多，质量要求越来越高，活动专业化服务的需求也就越来越大。另一方面，互联网的发展为活动超市提供了展示与交易的平台。活动服务的产品很分散，无法将他们进行整体仓储和门店销售。如明星艺人，平时都是在家里等活干，而且每个经纪人负责代理推广的艺人也有限，不可能让大量艺人天天聚集在一个地方让活动方选择。互联网则可以将过去无法聚集与展示的活动服务产品，轻松地聚集在一起。用于展示的虚拟门店比实体门店成本低，而且消费者到网上超市寻找与购买活动服务的成本也大为降低。

建超市一般的做法是先建大平台，然后大量召集供应商，再来吸引买主。我们的做法则反其道而行之，先占位置，率先推出大型活动专业机构典盛传播、环球活动网和活动超市这一概念。环球活动网先是作为典盛传播旗下的一家网站，时机成熟时才会作为独立门户推出。在典盛传播创办的前两年时间，由于活动资源不多，所以其战略是从自创活动开始的。其成功举办了两届中国电视创新论坛、两届活动营销峰会、两届新媒体大典、一届奥马奖颁奖盛典、一届环球春晚、一届中国创意节、一届中国高校营销峰会、一届传媒领袖与企业家高峰论坛、一系列中华文化之旅(走访了50多个城市)

和高端沙龙活动。这些活动都是全公司为数不多的人自己策划、自己主办、自己推广、自己招商、自己执行的，所以做得非常艰苦。

　　环球活动网于2006年2月正式成立，在我、史红涛、阳辉三个人的情况下，于当年5月28、29日在北京成功举办了首届中国电视创新论坛。论坛得到了中国电视艺术家协会领导的认可与支持，而且功夫不负有心人，经过多次努力，在临近论坛举办时还争取到了北京总部基地的大力赞助支持。在两天的论坛中，来自中央电视台、湖南电视台、上海文广、江苏电视台等全国著名电视栏目制片人以及维汉传播、唐龙国际等影视制作公司等共300多人分享了电视创新方面的成功经验与体会，该活动在电视行业引起了很大反响。腾讯网对整个论坛进行了全程直播。创业初期的艰苦，有过创业经历的人才会有切身的体会。看电视剧《我的团长我的团》时，我打趣自己当初"我是团长，带着两个兵"，从活动策划到拉赞助，从邀请嘉宾到保证现场人气，都得靠自己亲自冲锋陷阵。

　　环球活动网在2008年1月27日举办"远东杯·2008中国活动营销峰会暨品牌活动颁奖盛典"。记得在活动前一夜都凌晨1点多了，我还在落实邀请颁奖嘉宾。当时，我给不少知名人士发了邀请短信，其中也给全国青联常委彭丹发了一条，没想到都那么晚了，她还回复答应出席。远东控股集团董事局主席蒋锡培和首席品牌官徐浩然就是这样被我们的敬业精神打动的，蒋总主动提出，今后凡是你们办的活动我们都支持。活动开幕我代表主办方上台致辞时，没想到我说的第一句话竟然是："活动真不是人干的！"此话引起了活动界与会嘉宾们的共鸣，从他们的掌声中可以听得出。我强忍着热泪做完了简短致辞。经过折腾办活动，我体会到了其中的难和累。我出席了很多活动，同样发现做活动的人"很苦"，活动现场"很乱", 客户"很失望"。我和同事们说，正因为办活动难和累，我们公司才有存在的价值。如果经过我们的打拼，把办活动变得容易和轻松了，就说明我们已经拥有了发展的核心竞争力。到那时，活动行业的进入门槛自然也就抬高了。

通过自办活动阶段，环球活动网和典盛传播机构在业界的影响打开了，同时积累了大量操办活动的经验。接下来，我们的业务就发生了一定转变，有客户主动来找我们，委托我们帮他们策划、执行活动。在第一阶段，大部分客户都是知名媒体，第一单业务是中央电视台综合频道黄金剧场播出剧《铁色高原》剧组委托我们做后期与长丰汽车的捆绑营销，接着就是中央电视台七套《乡约》栏目的活动策划与品牌推广，还有上海文广《第一财经》日报委托我们做的"财经媒体高峰论坛"，北京卫视委托我们做的"爱上电视"北京台未来电视创意征选活动，深圳卫视委托做的"美梦成真·企业家精神与公益事业恳谈会"，东南卫视委托我们做的"节目创新与品牌价值研讨会"等。

第二阶段是从大部分承办媒体活动到承办企业活动，如长丰集团委托我们执行帕杰罗参加央视二套的汽车电视赛事，东方雨虹(上市公司)委托我们策划执行"上市公司企业社会责任论坛"，华彬集团委托策划执行2010中国(咸宁)低碳人居环境高峰论坛，优派克委托我们在钓鱼台国宾馆策划执行2010年上海世博会特许商品首发仪式，执行和推广在紫禁城太庙举行的"《同根的文明》吟诵真赏会"，北京神墨教育机构委托我们在国家会议中心策划执行的首届心算小博士网络争霸赛，北京湖南企业商会委托策划执行的年度总结表彰大会暨新春联谊会等。远东控股集团、蒙牛集团、爱国者、万豪酒店、暖倍儿、吴地人家、福田汽车、全聚德、一起飞国际机票网等企业也先后赞助和支持我们的活动。

　　在第三阶段，政府节庆活动策划执行成了环球活动网的主营业务。如内蒙锡林郭勒委托我们策划推广中华模特民族时装大赛；张家界市政府聘请我为2008中国湖南国际旅游节开幕式系列活动总顾问，并由环球活动网策划执行旅游节启动仪式、绝美张家界"美丽天使"选拔赛、张家界书画体验创作大赛等系列活动；湖南永州市委托我们策划执行"舜帝文化万里行"；刘邦故里江苏沛县委托我们策划执行"刘邦文化万里行"及推广第八届刘邦文化节；湖南怀化市委托我总策划"湘商寻祖"大型活动；山东泰安市邀请我策划"泰山论坛"，等等。此外，这一阶段环球活动网还与政府部门合作，承接了首届中国商标节、国际茶业博览会等大型展会的部分活动；与战略合作伙伴一起合作举办了2009赵传全国巡演北京演唱会、2010齐秦北京演唱会等。

　　看清路才能走好路。创办之初的五年是一个企业的培育期，稍有不慎企业就有可能夭折。我主张企业在这个时期要慢跑快走，刚学会走路跑快了就会摔大跟头。但是探索新路的节奏还得加快，要不停地按自己的想法去做，不断去"试错"。对于一件事，做和不做有天壤之别，做好和做得更好那是锦上添花。虽然在这个时期，是在艰难中前行，发展会慢一些，但庆幸的是我们没有走过弯路。现在回过头来看，创业初期我给环球活动网的定位和发展思路都还是很准确的，包括活动超市概念的提出。自2007年8月8日，环球活动网历经一个月的设计开发上线后，没有把时间花在不停地改版上，而是花在积累活动案例、聚集大量活动和供应商产品以及客户上，一切都在为构建活动超市打下坚实的"物质"基础。我们所做的这些工作都是有用的，而且在将来发挥的作用会越来越大。

对于一个新兴的行业，尤其是在探索一种新的商业模式时，创业之初不宜有多个股东，也不宜过早吸引投资，否则资金链一断，公司也就完了。新创的公司和网站对于创始人而言，就像其亲生的孩子，为了孩子的成长亲爹亲娘吃再多的苦受再多累也心甘情愿。我对环球活动网就有这份深厚的感情。这五年中，也有投资人或朋友想投资进来，都被我婉言谢绝了。因为我知道，一方面活动超市的模式尚处在探索当中，一方面还要面对许多未知的困难，需要有耐心，要有立足长远打持久仗的心理准备。可是有了投资和新股东后，我们就得对他们负责，决策的效率自然就会降低，探路的勇气也就会大大削弱，最要命的是他们遇到困难后有可能会撤退，而我则是没有给自己留后路的。另一方面，对于一种还在探索中的新模式，产品还没有出来，管理工具、营销工具和盈利模式也都还没有成型，而产品、营销与管理工具的研发没有人能代替创始人的角色，所以此时不宜扩大营销队伍和公司规模，引入进来的资金也派不上用场。走过了探索期，清晰了发展路径之后，就不能再这样快走慢跑、小打小闹了，而应该抓住时机奋力奔跑，迅速引入合作伙伴和投资，扩大经营队伍，主动出击铺市场，强力推品牌，建渠道，提高市场占有率。不同阶段有不同的发展节奏，违背规律则会导致事与愿违。

过去五年，环球活动网还做了一件具有战略意义的事，那就是发展渠道建设，建立分站或分支机构。环球活动网创建的第一个分站是与河南天博传媒合作的河南站，这对活动超市的建构具有里程碑的意义。天博传媒李研总经理很有眼光和魄力，在环球活动网的发展还处在起步阶段时，她就看好了这一新的模式，在总站举办奥马奖颁奖盛典时她还主动请缨提供支持，令我很感动。环球活动网的第二个分站在我的"大本营"湖南开通，原来跟着我在湖南电视台做电视栏目的袁正兵，在不懂网络的情况下找技术人员花了一个冬天加春节的时间建起了湖南站。而且他还动员上弦月(厦门)影视机构总经理卢贤明加盟环球活动网开拓福建市场。他创新活动营销与影视发展相结合之路，还牵线地方政府让环球活动网发起的中华文化之旅走进了厦门、泉州、漳州、泰宁、桂阳、安仁等地。还有北纬国际传媒与环球活动网的战略联盟在酝酿多年之后，也开始了实质性的合作，目前正在联手河南站天博传媒三方开展跨区域的大型活动项目合作。我与北纬国际传媒董事长杨国林是十多年的老朋友，一直在寻求时机合作做些大事。为建构活动超市，我们终于有了联手的机会。今后，由环球活动网总协调、总调配全国各分站的项目和资源，这一做法能让原本由一家公司无法承接的项目变得轻而易举，各方的优势在互补型合作中得到了最大限度的盘活。

我曾提出过，企业要快速发展，最需要的是合作、合作、还是合作。因为企业各有所长，也各有所短，合作才能轻松快捷地将各自的短板补上。要达成合作，首先得探索出一种共赢的合作模式和高效的合作机制。其次，前期合作伙伴的选择也非常重要，有时合作不慎，会后患无穷。要找到合适的合作伙伴是件不容易的事。这些都是需要时间来磨合的。合作一旦顺畅，今后也就好办了。这几年有不少地方急于要合作建立环球活动网分站，都被我往后推了，因为在合作模式没有成熟之前，欲速则不达。我采取的做法是局部区域试点，在获取经验后再大规模扩展，这样环球活动网的发展才能保持良性、健康和快速态势。如今，各地分站的合作模式已经相对成熟，接下来就是在全国大力推广和建设了。

五年是一道坎。走过五年，环球活动网已经上了一个新的台阶。过去五年我们主要以线下活动为主。我参与策划、运作的活动就达几百个，出席的活动上千个。一种商业模式要做大做强，一方面需要在各地通过内部复制快速扩张，另一方面还要打造出竞争者一两年拷贝不走的东西。现在，网络技术已不能形成门槛。环球活动网通过几年时间积累下来的大量活动案例、渠道、客户、品牌，以及建网站的用户体验、运营活动的实操经验等，这些是竞争者一时难以复制的。

如今到了我们该发力的时候了。今后三五年，我们将采取线上与线下并行，通过承办企业活动、政府活动、媒体活动与自办活动四轮驱动，在全国所有省、自治区、直辖市开设分支机构和分站，迅速扩大市场份额。我们创收的主要方式是承办企业与政府活动。与媒体合作活动主要是为了扩大环球活动网的影响，打造自己的品牌。我们的目标是，今后只要大家一想起办活动，就会想到环球活动网。自办的活动都属于整合资源型的，目标是快速整合各类高端资源，让活动超市的"货源"更充足。我们特别要重点打造评判活动影响力和创意力的奥马奖。在创办这个奖项时，我们立下的目标就是"奥马奖，源自中国，影响世界"。第一届奥马奖颁奖盛典成功举办之后，新华网等主流媒体发的新闻标题是《环球活动"奥家族"又添新成员"奥马奖"》。环球活动网致力通过20年将奥马奖办成具有国际影响力的活动，填补中国在全世界没有品牌活动的空白，从而真正成为环球活动"奥家族"(奥运会、奥斯卡一样)的成员。

活动超市能否打造成功，归根结底起决定因素的是：是否拥有强大的活动资源整合能力。活动行业是个买方市场。活动是超市的购买方、消费者，有了买方，不愁没有卖方(供应商)。环球活动网既是一家活动资源的整合商，又是大型活动的集成运营商，它率先将分散在全国各地、各个领域有价值的活动聚合在一起。环球活动网有如下两大方面的优势吸引着更多活动来落户。一方面，如果活动交由环球活动网来执行，可以得到"减低成本、提高效果、带来资源、提高效率"四大好处。第一，因为我们是规模化经营、集团采购，所以能大大减低执行成本。一个地方一年才办一次大型活动，对被邀出场的明星艺人来说，那是零售。而环球活动网将全国各地大型活动的需求整合在一起，请一位明星一年出场十次二十次，那就是团购，享受批发价格。第二，因为我们有专业团队全程运营，所以活动效果有绝对保障。第三，环球活动网是活动资源的蓄水池，能为合作活动提供其所需的资源支持，譬如邀请高端嘉宾等。第四，因为是专业化运作，所以活动执行的效率自然就高了。另一方面，环球活动网还能为合作活动提供招商、建立活动官方网站、全媒体直播、免费策划咨询、视觉设计、人员培训等增值服务。单个活动的赞助价值是不大的，而且独立招商的运营成本太高，环球活动网整合上万个品牌活动后，就可以建立招商团队对成批量的活动进行规模化打包经营了。通过长期运营活动，环球活动网积累了大量成功举办过的活动方案和活动视觉设计原始文件等，这些成果都可以盘活起来与合作活动分享。

　　超市是一个把关者，它要对消费者做出信誉承诺。消费者从超市买了有问题的商品，首先就会找超市投诉或投诉超市。要维护好活动超市，就要建立好活动的信誉体系和质量评价标准。有形商品都有其质量标准，也都有明码标价，超市进货只需要确认商标、核准保质期，就能把控住商品质量。而活动方面的服务产品则没有这么简单。活动服务分为两种，一种是有形的服务，另一种是无形的服务。文化层面的服务更多的是一种无形服务，也是最高的一种服务形态，因为它是直接服务于心的。如何把无形的活动服务有形化呢？只有把各项服务指标细分化、标准化，然后进行量化跟踪，才能进行有形化的质量把控。另外，如何判断一台晚会、一场论坛等活动的质量好坏？通常与看一部电影、一本新书、一个节目等文化产品的消费一样，采取的是事后评判法，大家只有看过、品过、参与过，才能得出自己的结论。但是对于活动的消费者或赞助商而言，活动过后的评价为时已晚，只能是个"马后炮"。那我们就得做系统的研究工作，将活动的事后评判前移至消费之前就能识别。需要对每个品牌活动确立具体量化的价值考核指标，对营销效果建立一套科学可行的评估体系和反馈机制。

对于一个新项目，一般的做法是先做产品，然后做营销，再做渠道，最后做品牌和标准。而我们在资金有限、模式不清的情况下，是按相反的逻辑来发展环球活动网的——先做品牌和标准，然后做渠道，再做产品，最后落到全方位营销。这样做的最大好处是，可以大大减少前期运营成本，降低探路风险。先做产品会占用大量人力、物力和财力资源，更何况没有大量前期调查和用户体验的产品是脱离"群众"远离市场的。品牌会将我们找客户，变成客户主动来找我们。有了标准，才有利于大规模复制。产品与销售则是水到渠成的事。我们的发展已经历前期做品牌、标准、渠道的探索阶段(当然这三方面今后还需大力发展)，现在到了出产品和大举营销的扩张阶段。全国各地每天的大型活动成千上万，市场大得很。不是活动没有需求，而是他们不知道我们能提供什么样的产品服务。为此，环球活动网总部将着力搭建平台、发展品牌、开发产品、研发创意。各地分站实际上就是分布在各区域的市场营销中心，它们共享总站的品牌、案例以及客户、产品与设计资源等。

再往后五至十年时间，环球活动网的营运重心将逐步转移到线上。我们将开发出一系列的线上产品，供大众选用。我们将开通英文版，在海外设立分支机构，以活动为载体和纽带，广泛开展中外文化与经济交流，开拓国际市场。到那时，一个基于电子商务平台、能自动运转的真正活动超市就算构架成功了。我从很多上市公司的成长历程中发现，一个企业要做到上市基本是"十年磨一剑"，企业的快速发展关键就在厚积薄发中的几年时间。"一万年太久，只争朝夕"，一个新行业的战略机遇期就那么几年，错过了就再也没有了。

依托于活动超市，我们还将在各地合作运营"群英汇"活动咖啡吧，时机成熟时我们还将建立活动城——大型活动演艺王国。迪士尼乐园是全世界儿童的游乐超市，环球活动网活动城则是全球商务与政务人士进行学习交流、合作洽谈与休闲娱乐于一体的实体活动超市，在这里将聚集最有影响的会议、论坛、展览、演艺、大赛、庆典等大型活动。到那时，活动的线上与线下营销将达到一种前所未有的高度融合。

人生最快乐的事是什么？我认为，就是能做自己想做的事，不停追梦，并通过努力最终实现梦想，而且这一事业还能让很多人从中受益。为客户、为社会持续创造价值，这是企业发展的生命之源与基业长青之本。我主张人生要有梦想，但是做事还得脚踏实地。环球活动网将会始终秉承造福于人类的核心理念，专注做好一件事——构建好服务大众的活动超市！

写这本书，比我预想的难度要大，花的时间也长了许多。

首先是创业中浮躁的心很难静下来。由于处在创业初期事务特别繁忙，模式还不清晰，人手还极为有限，管理还不完善，所以没有办法不亲力亲为。有不少专家视管理者的亲力亲为为管理大害，但是，作为创业者没有捷径可走，这个焦灼混沌的过程无法逾越，是必定要亲身经历的。没有"山重水复疑无路"的艰苦探索，就不会迎来"柳暗花明又一村"的惊喜成长。

其次是确实没有时间。不停办活动，建各地分站，还不断有地方请去做活动营销等方面的培训讲课，有不少地方政府和企业邀请我帮他们策划操作各类大型活动。所以，我有一大半时间在全国各地飞。我只能趁别人休息的时候，挤出时间来写。从2000年到2006年，我几乎每年出版一本新书，自从创业之后就再也没有时间动笔了，连新浪、搜狐给我力推的名人博客都停笔荒废了。

人天生是有惰性的。我也逃不过这一俗，能偷懒时肯定会偷懒，能拖到第二天办的事内心里绝对不会心甘情愿现在就办。但是我有一个对付偷懒的好办法。事情还没有正式开始做，我就把目标说出去了，结果就会时常有人来"追债"。很多报刊给我约稿，我基本都答应了，等到要"交货"的前一夜，我就不得不动笔写了，"不能失信于人"的做人原则会督促我。所以，我很多文章都是这样被"逼"出来的。这本书，更是如此。所以，每到周末、节假日时我就特别开心，因为终于能腾出一整块时间坐下来写作了。

好在我是个乐观主义者，首先会把复杂的事情想得简单些，所以做起来心里也就没有什么负担，真正开工后会非常投入，而不是缩手缩脚。如果一开始就把事情想复杂了，也许还没有迈开步子心里就想往后撤了。就像爬50层的高楼，我会享受爬上一层又一层楼的幸福快乐，而不会望着上面还有那么多楼层而发愁。埋头一点一滴写，每写完一章我都有一种过节的感觉，庆祝自己离完成书稿又近了一步。在漫长的写作过程中这种精神胜利法还是挺管用的。另外，我对摸爬滚打多年的活动行业太熟悉不过了，所以著书时不用参考什么书，这一新领域也没有什么书可以参考，我可以完全按照自己的体会和真实想法来写。所以，从理论提炼到案例分析行文起来也就没有什么磕磕绊绊。

写这本书的过程，其实也是我对自己这几年创业大梳理、大反思的过程。磨刀不误砍柴工，思绪久了不梳理就会千头万绪，反而会拖延前行的步伐。正好借著书之机，把原来没有想清楚的事想清楚，把朦胧的思路进一步理顺畅，等再上路时，就可甩开膀子轻装上阵了。

最后，得感谢所有理解、支持我的亲人、朋友、老师、同学！感谢与我一起奔跑的同事们！感谢热情的读者们！感谢这个可以创造奇迹的伟大时代！

庆幸一路有你！

欧阳国忠

2011年9月于北京